Kubitschek · Paulwitz
Deutsche Opfer, fremde Täter

## Über die Autoren

Götz Kubitschek, 1970, ist verantwortlicher Redakteur
der Zeitschrift *Sezession* und Verleger.
Michael Paulwitz, 1965, ist selbständiger Publizist,
Redakteur und Lektor.

Götz Kubitschek · Michael Paulwitz

# Deutsche Opfer, fremde Täter

Ausländergewalt in Deutschland
Hintergrund · Chronik · Prognose

antaios thema ℞ 2011

Buchgestaltung und Satz: info@purpurreiter.de
Druck: Maxroi GmbH, Görlitz
Umschlagbild: dpa München

*Bibliographische Informationen der Deutschen National-
bibliothek, abrufbar unter http://dnb.ddb.de*

Kubitschek, Götz / Paulwitz, Michael
Deutsche Opfer, fremde Täter. Ausländergewalt in
Deutschland. Hintergrund – Chronik – Prognose
272 Seiten, broschiert
Erste Auflage
© Antaios, Schnellroda 2011
www.antaios.de
www.deutscheopfer.de

ISBN: 978-3-935063-65-4

# Inhalt

# Kapitel 1

# Deutsche Opfer, fremde Täter – warum dieses Buch?

Der Mord von Schöppingen · Falsche
Normalität · Die Strategie der
Verschleierung · Alles nur Einzelfälle?

## Der Mord von Schöppingen

Am 21. August 2009 wurde in Schöppingen, einer Gemeinde im Norden Nordrhein-Westfalens, der 18jährige Deutsche Kevin Wiegand erstochen. Der Täter, Muhammad M. (28 Jahre alt, irakischer Asylbewerber) war erst wenige Wochen zuvor in die Zentrale Unterbringungseinrichtung für Asylbewerber (ZUE) in Schöppingen aufgenommen worden. Nach der Tat haben Bürger die Interessengemeinschaft »Schöppinger Friede« gegründet. Sie tritt gegen den Verbleib der ZUE in der Gemeinde ein und hat auf ihrer Internetseite den Mord an Kevin Wiegand umfassend dokumentiert.[1]

Muhammad M. war in der ZUE als Einzelgänger bekannt und hatte in und außerhalb der Einrichtung bereits des öfteren Frauen bedrängt und belästigt. Er trug stets ein Messer bei sich. Am Tag der Tat hatte er die Ablehnung seines Asylantrags zugestellt bekommen. Abends versuchte er dann, sich an einer privaten Party zu beteiligen (»I love Sex, I love Girls, I love Alkohol«). Er wurde jedoch abgewiesen, bekam aber eine Flasche Bier gereicht. Mit Hilfe der leeren Flasche schlug er auf die Scheibe eines Schlecker-Marktes ein, um sich Geld zu beschaffen. Gegen 22.00 Uhr kehrte er zur Party zurück, belästigte ein Mädchen, nahm ihr das Mobiltelefon ab, gab es nach Aufforderung wieder zurück und trollte sich in den angrenzenden Park. Dorthin ging Kevin Wiegand kurze Zeit später mit einer Freundin. Muhammad M. belästigte auch dieses Mädchen, und nach einem kurzen Wortwechsel stach er Kevin von hinten mit einem Messer nieder. Kevin schleppte sich zurück zur Feier, konnte noch einen Hinweis auf den Täter geben und brach zusammen. Ein Notarzt versuchte, ihn zu reanimieren. Die Rettung schlug fehl, Kevin starb. Muhammad M. war mittlerweile ins Asylbewerberheim geflüchtet. Dort nahm ihn die Polizei wenig später fest.

Prozeßauftakt war am 3. Februar 2010. In seiner Aussage behauptete Muhammad M., Kevin habe ein Mädchen sexuell belästigt. »Sie rief mich zur Hilfe. Dann gab es Streit, und ich habe zugestochen. Es tut mir leid.«[2] Die Eltern Kevins und seine Freundin (das »Mädchen«) reagierten entrüstet auf diesen Versuch, den Mord als so etwas wie Nothilfe darzustellen. Die Verteidigungsstrategie von Muhammad M. ging nicht auf, er wurde am 18. März 2010 zu einer lebenslangen Freiheitsstrafe verurteilt.

Dank der Arbeit der Interessengemeinschaft »Schöppinger Friede« ist der Mord an Kevin Wiegand einer der gut dokumentierten Fälle, bei denen Deutsche zu Opfern fremder Täter wurden. Interessant ist die Interessengemeinschaft auch deshalb, weil sie in dem Mord den Höhepunkt einer langen Reihe von Problemen und Bedrohungen sieht, die ihren Ausgang in der ZUE Schöppingen haben. Die Existenz dieser Einrichtung wird nach dem Mord nun von etlichen Bürgern in Frage gestellt, und vielleicht ist es genau diese Politisierung, die zunächst verhindert werden sollte.

Der regionale Berichterstatter *wmtv-online.de* verwies nämlich in einem ersten Internetbericht zum Mord zunächst noch auf die nicht unwichtige Aussage, daß es sich beim Täter um einen Asylbewerber handelte.[3] Einen Tag später jedoch war nur noch eine gesäuberte Version zu sehen: Aus der »Wohnunterkunft für Asylbewerber« war »eine Wohnunterkunft« geworden. Auch für die *Westfälischen Nachrichten* war der Tatverdächtige nur »ein Mann – wohnhaft ebenfalls in Schöppingen«, den die Polizei »an der Pforte einer Wohnunterkunft« habe festnehmen können. Der »Migrationshintergrund« des Täters spielte nur noch indirekt eine Rolle: Die Presse zitierte die Befürchtungen lokaler Politiker, dieser Angriff eines Ausländers auf einen Deutschen könnte verallgemeinert werden und in der Bevölkerung zuwanderungskritische Anschauungen hervorrufen. Vehement wurde betont, daß es sich um einen »Einzelfall« handele. Vor allem der Pfarrer der Gemeinde sorgte sich im Gespräch mit der Lokalpresse mehr um einen Anstieg der Fremdenfeindlichkeit bei jungen Deutschen als um deren Sicherheit.

Es ist aufschlußreich, daß diese Verdrehungen, Vertuschungen, Verharmlosungen den emotional aufgewühlten Schöppingern rasch auffielen: Leserbriefschreiber äußerten ihr Unverständnis über das Lavieren in der Berichterstattung. Jedoch führte diese Erkenntnis nicht zu einer vertiefenden Beschäftigung mit dem Thema »Deutsche Opfer – fremde Täter«. Auch blieb die Fragestellung aus, warum ein so offensichtlicher Unruheherd wie das Asylbewerberheim nicht längst als ein solcher thematisiert worden ist und warum die Forderung nach einer Schließung der ZUE gleich unter den Verdacht geriet, daß hier ein »Einzelfall« politisch von »rechts« instrumentalisiert werde. Der Reflex blieb nicht aus, die Initiative »Schöppinger Friede« distanziert sich auf ihrer Internetseite von rechtem Gedankengut. Warum aber? Die Wirklichkeitsbeschreibung von Schöppingen hat doch zunächst gar nichts mit »rechts« oder »links« zu tun, viel aber mit dem Leben in einer kleinen Gemeinde und die von außen hereingetragene Unsicherheit durch ein Asylantenheim. Und ganz im Gegensatz zu den Beschwichtigungsversuchen offizieller Stellen nehmen etliche Bewohner von Schöppingen den Mord an Kevin nicht als Einzelfall wahr, sondern als Gipfel einer dauerhaften latenten oder handfest gewordenen Gefährdung durch die Asylbewerber. Selbst daß deren Aufenthalt oftmals nur einen fadenscheinigen Grund hat, scheint bei den Mitgliedern der IG »Schöppinger Friede« ein offenes Geheimnis zu sein, so offen, daß auf der Internetseite »keine weitere Steuerverschwendung für die ZUE« gefordert wird.

## Falsche Normalität

Es scheint so, als habe der Mord an Kevin Wiegand wiederum einer ganzen Reihe von Deutschen die Augen dafür geöffnet, daß sie sich jahrelang mit einer »falschen Normalität« abgefunden haben: einer Bringschuld gegenüber Fremden, die bescheiden, dankbar, fleißig und unauffällig ihren Teil zum Reichtum und zur Zukunft Deutschlands beizutragen bereit seien. In diesem seltsamen Weltbild sind es stets die Deutschen, deren Kälte und Abschätzigkeit zu Konflikten führen. Diese Wirklichkeitsverzerrung verfängt regelmäßig dann nicht mehr, wenn ein Fall wie eben der Mord an Kevin die Normalbürger dazu zwingt, ihre Erfahrungen einmal gesammelt auf den Tisch zu legen. Wenn dann die Reaktionen ausbleiben, die der gesunde Menschenverstand einfordert, werden die richtigen Fragen gestellt. Und so wurde zu Recht in Leserbriefen die Verwunderung darüber zum Ausdruck gebracht, warum der Mord an Kevin Wiegand in den überregionale Medien kaum Beachtung gefunden habe: Berichtet worden sei nur in den Randspalten oder gar nicht.

Dies ist – und auch darauf verwies einer der Leser recht bitter – regelmäßig dann anders, wenn die Rollen vertauscht sind und ein Ausländer angegriffen wird. So war der alltägliche Rassismus »der Deutschen« tagelang Thema, als im Sommer 2007 einige Inder am Rande eines Stadtfestes im sächsischen Mügeln von aufgebrachten Bürgern in eine nahegelegene Pizzeria gejagt wurden. Man hätte den Vorfall als Festzeltschlägerei zwischen Einheimischen und Fremden abhaken können, bei der es Beulen und Schrammen und blutige Nasen gab. Daß letztlich gegen vier Deutsche und gegen vier Inder wegen Körperverletzung und Landfriedensbruchs verhandelt wurde, ist ein starkes Argument für diese Vermutung. Aber auf Beweisaufnahmen und Hergangsanalysen wollten Presse und Politik nicht warten: Gleich war von einem »Mob« und von »Ausländerhaß« die Rede, und der sächsische Innenminister besuchte den Ort des Geschehens, um sich ein Bild von der Lage zu machen. Ihm und vielen anderen war von vornherein klar, daß es sich nur um deutsche Täter und fremde Opfer handeln konnte, zumal »Ausländer raus!«-Rufe zu hören gewesen seien.

Das Messen mit zweierlei Maß ist in Deutschland beispielhaft. Täternamen werden in Artikeln eingedeutscht, die Herkunft kommt in der Berichterstattung nicht vor, Ausländerkriminalität als alltägliche Erscheinung des multikulturellen Experiments wird totgeschwiegen, und jede Tat soll ein »Einzelfall« sein. Es handelt sich jedoch eben nicht um die viel bemühten Einzelfälle, sondern um einen Trend. Gewalt gegen Deutsche ist ein wachsendes Problem, von dem fast jeder weiß, über das aber fast niemand öffentlich spricht.

Dabei gibt es seit einigen Jahren doch Ansätze einer Theorie: Als 2007 wenige Tage vor Weihnachten in einem Münchner U-Bahnhof ein Rentner von einem Türken und einem Griechen zusammengetreten und schwer verletzt worden war, schrieb Frank Schirrmacher in der *FAZ* vom 15. Januar 2008 über »Junge Männer auf Feindfahrt«. Diese jungen Männer hätten begonnen, »einen Feind zu identifizieren«. Es handle sich dabei um die Deutschen: »Es steht so nicht in den Lehrbüchern. Uns war historisch unbekannt, daß eine Mehrheit zum rassistischen Haßobjekt einer Minderheit werden kann.« Und weiter: »Die Polizei bestätigt, daß deutschfeindliche Äußerungen bei den Angriffen zunehmen.«

Die Deutschen sind wahlweise »Scheiß-Deutsche«, »Scheiß-Nazis« und »Schweinefresser«, und Schirrmacher irrt sich, wenn er in solchen Verbalattacken den Angriff einer Minderheit gegen eine Mehrheit sieht: In jeder westdeutschen Stadt gibt es mittlerweile Viertel, in denen die Deutschen nur noch eine Minderheit sind. Wer Geld und eine Ausweichgelegenheit hat, räumt das Feld, übrig bleiben Deutsche ohne Lobby, also: ohne einen Inländerbeauftragten, der sich um sie kümmert. Dies wäre aber dringend notwendig, denn vor allem diese Deutschen werden von Schirrmachers »jungen Männern« als »Opfer« identifiziert und auch so bezeichnet. Schon 2001 hat das in Berlin ansässige *Institut für Staatspolitik* in einer Studie in Anlehnung an das Kriminologische Forschungsinstitut Niedersachsen von sogenannten »Machokulturen« gesprochen.[4] Deren Angehörige seien mit einem vom deutschen stark unterschiedenen Wertesystem ausgestattet und schwer bis gar nicht integrierbar. Vor allem seien sie immun gegen sozialpädagogische Aufforderungen, Konflikte ab sofort im Gespräch zu lösen oder es mit der »Ehre« nicht zu übertreiben. Die Studie kommt zu einem erschreckenden Ergebnis: »Deutsche Jugendliche befinden sich in der Position des bevorzugten Opfers der ›Machokultur‹, weil bei ihnen mit relativ wenig Widerstand zu rechnen ist. So gaben kurdische Jugendliche in Celle offen zu, daß sie Deutsche nicht nur als Opfer bevorzugen, sondern verachten, weil diese sich in der Regel nicht wehren.«

Deutsche Opfer, fremde Täter. – Es geht dabei nicht in erster Linie um Mord und Totschlag oder um schweren Raub. Das, wovon so viele Normalbürger wissen, kann als »Alltagsaggressivität« bezeichnet werden: Sie reicht von Unflätigkeit, Beleidigung und Demütigung über verbale und körperliche Drohung bis hin zu Gewalttätigkeit, Körperverletzung und jener Form des kleinen Raubes, die in der Sprache der Täter »Abziehen« heißt. Es ist nicht leicht, solche Fälle systematisch zu erfassen. Dies gelingt aber stets dann, wenn die schweigende Mehrheit zur Mitarbeit aufgerufen wird. So baten die *FAZ* im Oktober und November 2009 und die *Welt* im Mai 2011 ihre Leser um Einsendungen von Erlebnisberichten – und konnten danach spielend in mehreren Artikeln die Alltagsaggressivität dokumentieren. Sie ist in ihrem Umfang in Interviews und Reportagen schon von Stadtteilbürgermeistern (Buschkowsky, Berlin-Neukölln), Lehrern (Rütlischule, Berlin), Staatsanwälten (Reusch, Berlin) und Streifenpolizisten bestätigt und für nicht mehr kontrollierbar erklärt worden.

Wenn im zweiten Teil des vorliegenden Buches eine Auswahl von Fällen aus den fünf Jahren 2006 bis 2010 abgedruckt ist, so handelt es sich um Beispielfälle aus der weit umfangreicheren Sammlung der Autoren. Diese Fälle sind im Internet unter www.deutscheopfer. de dokumentiert und von dort aus über Internetverweise oder hinterlegte Beiträge aus Zeitungen belegt und somit nachprüfbar gemacht. Sie geben Einblick in die bundesdeutsche Realität und stehen exemplarisch für die Bedrohung der Deutschen in einer aus den Fugen geratenen Gesellschaft, deren Multikulturalität in weiten Teilen nicht bereichernd ist, sondern »hart, schnell, grausam und wenig solidarisch« (Daniel Cohn-Bendit).

Wenn junge, männliche Ausländer also in allen Statistiken und mit steigender Tendenz für 65 bis 80 Prozent aller Gewaltdelikte verantwortlich sind, dann ist es nicht nur legitim, sondern notwendig, in einem Buch eine Bestandsaufnahme dieser mehr als punktuellen Bedrohung zu präsentieren. Es ist dies um so wichtiger, als es weiterhin und trotz aller Erkenntnisse und Wirklichkeitsbeschreibungen noch immer gang und gäbe ist, die Hintergründe der Gewalt auf deutschen Straßen zu verschleiern und zu vertuschen und den Zusammenhang von Jugendgewalt und Deutschenfeindlichkeit zu verschweigen.

## Die Strategie der Verschleierung

Ein gutes Beispiel dafür ist das Titelthema des Nachrichtenmagazins *Der Spiegel* vom 2. Mai 2011. Unter der Überschrift »Mordswut« präsentierte das Blatt eine Untersuchung über »Die unheimliche Eskalation der Jugendgewalt«.[5] Auf dem Umschlag zu sehen sind »Torben P.« und sein Opfer, aufgenommen von einer Überwachungskamera des Berliner U-Bahnhofs Friedrichstraße. Der Fuß von Torben P. schwebt für den finalen Tritt über dem Kopf eines neunundzwanzigjährigen Mannes, der am Boden liegt und sich längst nicht mehr rührt. »Ein Bein wie eine Guillotine«, schreibt der *Spiegel:* »Eine Hinrichtung mitten in Berlin?« Weil diese unkontrollierte Gewalt, diese Aggressionsausbrüche ohne Hemmung »das Problem aller« geworden seien, will der *Spiegel* tiefer schürfen: »Man muß die Ursachen der Gewalt analysieren und eine Antwort auf die Frage finden, wie sie sich verhindern läßt.«

Der *Spiegel*-Artikel dringt zu den Ursachen allerdings nicht vor, und die Versäumnisse sind rasch benannt: Nirgends auf den insgesamt 13 Seiten des Beitrags ist davon die Rede, daß Ausländer oder eingebürgerte Einwanderer in Berlin für rund 75 Prozent dieser Gewalttaten verantwortlich sind, und dies bei einem Anteil an der Gesamtbevölkerung von noch immer unter 20 Prozent. Nirgends ist des weiteren die Rede davon, daß die Gewalttäter normalerweise nicht, sondern nur selten, aus heiterem Himmel zu brutalen Schlägern geworden sind: Wer die Täterbiographien liest, erkennt, daß am Anfang die vermeintlich harmlose Erpressung von Schulkameraden stand, der kleine Handtaschenraub, die Schlägerei um ein Revier, die Demütigung deutscher Daueropfer, von denen man auf dem Schulhof Schutzgeld dafür erpreßte, daß man sie wieder für ein paar Tage in Ruhe ließ.

Auf solche Einordnungen verzichtet die *Spiegel*-Titelgeschichte vom 2. Mai freilich, und man kann sie deshalb ohne Übertreibung ein ziemlich gut gelungenes Verschleierungs- und Ablenkungsmanöver nennen. Wer auch nur Bruchstücke der Diskussionen um das Buch der Jugendrichterin Kirsten Heisig[6] oder die erste, sträflich lange versäumte »Deutschenhaß-Debatte« vom Oktober und November 2010 mitbekommen hat, weiß, daß es sich bei der »unheimlichen Eskalation der Jugendgewalt« vor allem um eine voraussehbare Eskalation der Gewalt ausländischer junger Männer handelt.

Noch einmal also die Formel »Deutsche Opfer, fremde Täter« – so pauschal läßt sich das Problem fassen, und es ist müßig zu betonen, daß es natürlich auch deutsche Täter gibt (Torben P. eben) und Opfer unter den Ausländern. Aber Torben P. ist – wenn man sich Täterstatistiken und Fall-Auflistungen ansieht – eine große Ausnahme: Er war zuvor nie auffällig, stammt aus geordneten Verhältnissen und hat – das wurde allenthalben wie eine besondere Muskelgruppe präsentiert – »den Philosophen Kant als jemanden bezeichnet, der ihn inspiriert«.[7]

Fälle wie der mit dem Täter Torben P. dürfen aber nicht ablenken von dem, was man mit Blick auf die eskalierende Gewalt allgemein konstatieren kann und muß, und was die Autoren des vorliegenden Buches im Theorieteil (Kapitel 2–4) beschreiben und dann in einer vierteiligen Chronik (Kapitel 6, I–IV) vor Augen führen: nämlich daß man in drei von vier Fällen einen ausländischen oder erst eingebürgerten Täter und sein deutsches (oder seltener: ein wiederum ausländisches) Opfer vorfinden wird.

Das Pauschale ist zwar immer ein grobes Raster. Es ist aber völlig legitim, mit solchen Rastern zu hantieren, zumal dann, wenn eben die Statistik eine überdeutliche Sprache spricht. Und natürlich argumentiert auch der *Spiegel* im erwähnten Beitrag pauschal, sucht jedoch die Kriterien dort, wo sie von linker Seite seit je gesucht und nicht gefunden werden: im Milieu der Unterprivilegierten, der sozial Benachteiligten, der Ausgebeuteten, Perspektivlosen. Die Täter, heißt es da, »zählen zu jenem aggressiven Prozent der Jugendlichen, das am Rand von

Klein- und Großstädten lebt, am Rand der Gesellschaft; das die Welt als ungute Mischung aus Angst, Kälte und der Macht des Stärkeren betrachtet und daraus den gefährlichen Schluß ableitet: Wenn ich überleben will, muß ich so brutal sein wie das Leben selbst.«[8]

Man muß sich diese Passage, die dem ganzen *Spiegel*-Artikel den Ton vorgibt, einmal auf der Zunge zergehen lassen, vor allem die Schlußfolgerung. Da ist von »überleben« die Rede – im deutschen Sozialstaat, der an Umverteilung die kühnsten Träume eines Kommunisten von 1920 noch weit übertreffen dürfte; da ist von einem Leben die Rede, das so »brutal« sei wie ein guillotinierendes Bein und dem nur mit gleicher Münze heimgezahlt werde, was zuvor erlitten worden sei; und da ist von Jugendlichen die Rede, die – dies betrachtend und in sich gären lassend – am Ende doch wieder im Innern die rote Fahne hissen und gegen ihre Ausbeuter aufstehen: Ein paar davon lassen dabei ihre Wut (ihre »Mordswut«, wie der *Spiegel* verständnisvoll titelt) dann eben an einem zufällig an der gleichen Haltestelle wartenden Passanten aus ...

### Alles nur Einzelfälle?

Um es kurz zu machen: Soziale Gründe mögen eine gewisse Rolle in diesem Drama spielen. Wer aber vom Kampf der Kulturen, von der Deutschenfeindlichkeit, vom Überschuß junger, männlicher, aggressiv gestrickter Einwanderer und von den geistig und körperlich völlig verteidigungsunfähigen Deutschen nicht sprechen will, soll von der Jugendgewalt schweigen. *Der Spiegel* hat aber wieder einmal nicht geschwiegen, sondern ein Thema, das zu Recht die Gemüter erregt, in der für ihn typischen Mischung aus bedrohlichem Ton und Vertuschung in eine bestimmte Richtung abgebogen. Begreifen soll der Leser dreierlei:

1.  Wir haben es mit gewaltbereiten Jugendlichen zu tun, ein paar Ausländer sind auch darunter.
2.  Wir haben es mit Einzelfällen zu tun, denen kein bestimmtes Schema zugrunde liegt.
3.  Die Brutalität ist eine Antwort auf die Brutalität der Gesellschaft.

Alle drei Aussagen sind falsch, oder genauer: These 1 und 2 sind falsch, These 3 mag zwar unter Sozialpädagogen weiterhin diskutabel sein, ist aber durch diejenigen, die nicht nur theoretisch über die Lebenswirklichkeit in »Problemvierteln« Bescheid wissen, längst widerlegt. Auf den Punkt gebracht haben das – neben der bereits erwähnten Richterin Kirsten Heisig – unter anderem auch der Berliner Oberstaatsanwalt Roman Reusch und der *Spiegel*-Kolumnist Jan Fleischhauer.

Roman Reusch war im Mai 2007 im *Spiegel* zu einem Streitgespräch mit dem Hamburger Strafrechtler Bernd-Rüdeger Sonnen eingeladen und erwiderte auf dessen Einwand, daß sich Jugendkriminalität mit zunehmendem Alter auswachse: »In den Problemkiezen ist eine eigene Welt entstanden. Inzwischen bessern schon Kinder mit sechs, sieben Jahren auf kriminelle Weise ihr Taschengeld auf. Die lernen von Kindesbeinen an, daß das Geld auf der Straße nur so rumläuft. Die betrachten jeden, der mit ehrlicher Arbeit sein Geld verdient, als ›Opfer‹«.[9] Von der Brutalität, die den jungen Kriminellen erst zu dem mache, was er sei, ist da keine Rede, viel eher schon vom Reiz, in fünf Minuten sich das zu nehmen, wofür ein anderer lange gearbeitet hat. So wies Reusch zu Recht darauf hin, daß die Gewaltkriminalität aufgrund mangelnder Konsequenzen für die Straftäter zu einem gangbaren Weg für viele Nachahmer geworden sei. Daß Reusch auch wegen solcher deutlichen Worte seines Amtes enthoben und versetzt wurde, wird im vorliegenden Buch an anderer Stelle noch einmal dargestellt.

Von dem Redakteur Jan Fleischhauer erschien zeitgleich zum Aufmacher über die »unheimliche Eskalation der Jugendgewalt« eine Kolumne mit dem Titel »Strafe muß wehtun«.[10] Sie ist ein Plädoyer für die Rückkehr der Strafe als Vergeltung für begangenes Unrecht. Indirekt deckt Fleischhauer mit seinen Überlegungen auch einen Denkfehler derjenigen auf, die in der Brutalität des Schlägers nur eine Antwort auf die Brutalität der Gesellschaft sehen: Wäre nämlich die Gesellschaft so brutal wie behauptet, würde sie sich nicht mit Streetworkern, Antiaggressionstraining, Wohnprojekten, Erlebnispädagogik und unendlichen Ketten von Bewährungsstrafen um die Erziehung und Resozialisierung der Gewalttäter bemühen. Sie würde sie vielmehr hart bestrafen und – im Falle der Unverbesserlichkeit – für lange Zeit wegsperren. Fleischhauer zeichnet in seinem Beitrag hingegen ein völlig anderes Bild und resümiert: »Man kann nur froh sein, daß sich der Vergeltungswunsch derer, denen der Staat keine Satisfaktion mehr gewährt, nicht öfter außerhalb der vorgeschriebenen Verfahrenswege Bahn bricht. Der Rechtsfrieden hält auch deshalb, weil der Staat auf die Aggressionshemmung der Geschädigten vertrauen kann, die sich schon beim ersten Mal nicht wehren konnten. Es ist die Gesetzestreue, die den braven Bürger von seinem Peiniger unterscheidet.«

Anders ausgedrückt: Obwohl die staatliche Rechtsprechung für das allgemeine Rechtsempfinden zu milde und fürsorglich mit den Tätern verfährt, kommt es bisher praktisch nie zu Fällen von Selbstjustiz. Mit der Brutalität der Gesellschaft und derer, die sie tragen, kann es also in dreifacher Hinsicht nicht weit her sein: überbordende Prävention samt überbordendem Sozialstaat; milde Strafen samt intensiver Betreuung; keine Selbstjustiz durch die zuerst verletzten, dann düpierten Opfer. Es scheint vielmehr so zu sein, daß sich kriminelle Karrieren ohne Widerstand auf einer nach oben offenen Skala entwickeln können. Die Brutalität bestimmter Täter kann sich wohl nur deshalb so gedeihlich entwickeln, weil die Gesellschaft es am notwendigen und frühzeitigen, möglicherweise auch einmal »brutalen« Konter fehlen läßt.

Ein Zweites: Wenn der *Spiegel*-Beitrag vom 2. Mai nahelegt, daß unter den gewalttätigen Jugendlichen auch ein paar Ausländer zu finden seien (These 1), dann ist es in Wirklichkeit – wie bereits ausgeführt – gerade andersherum: Unter den Schlägern finden sich auch ein paar Deutsche, und es ist offensichtlich, daß »Torben P.« mit seinem Namen nur deshalb genannt wird, damit von dieser Tatsache abgelenkt werden kann. Auch »David« und »Simon«, deren Gewaltkarriere sich als roter Faden durch den *Spiegel*-Artikel zieht, haben einen Migrationshintergrund: Der eine stammt aus Polen, der andere ist Eritreer, ihre Namen aber werden erwähnt, weil sie nach Deutschland klingen. Recherchen im Internet geben Aufschluß über weitere *Spiegel*-Fälle, bei denen keine Vornamen genannt werden.

◈ Symptomatisch dafür ist dieser Fall:»In Berlin überfielen im Februar vier Jugendliche, 14 und 17 Jahre alt, am U-Bahnhof Lichtenberg einen 30jährigen Maler. Sie prügelten ihn die Treppe hinunter, traten ihn ins Koma. Bis heute muß das Opfer behandelt werden. Die Täter kannten ihr Opfer nicht – sie hatten es wohl nur auf sein Handy abgesehen«, heißt es im *Spiegel,* mehr erfährt man nicht. Verschwiegen wird, daß die Täter aus Albanien, dem Kosovo, dem Irak und Kenia stammen. Bei der Polizei geben sie als Schutzbehauptung an, der Maler hätte sie mit »Sieg Heil«-Rufen provoziert. Man glaubt ihnen diese Version nicht. Die Jugendlichen sitzen deshalb seither in U-Haft. Ein weiteres Detail dieses Falles ist aufschlußreich und beweist, daß die heute gängigen Gewaltpräventionsmaßnahmen zumeist ihr Ziel verfehlen, denn einer der Komaschläger, ein 17jähriger Kenianer, hatte kurz vor der Tat ein Anti-Gewalt-Projekt absolviert, das ihn von einer Fortsetzung seiner kriminellen Karriere jedoch nicht abhielt.

◈ Ebenso ungenau beleuchtet *Der Spiegel* den Totschlag an einem 19jährigen in Hamburg am S-Bahnhof Jungfernstieg. Am 14. Mai 2010 sticht dort ein afghanischer Intensivtäter (16) mehrfach auf den jungen Mann ein, der noch am Bahnhof stirbt. Das spätere Urteil: sechs Jahre Jugendstrafe.

◈ Selbst der Fall des pensionierten Schuldirektors Hubertus Bruno N. bleibt im *Spiegel* seltsam undeutlich, obwohl diese Gewalttat in der Münchner U-Bahn im Dezember 2007 bundesweit für Aufsehen gesorgt hatte. Ein »17- und ein 20jähriger« seien damals die Täter gewesen, schreibt der *Spiegel* und unterschlägt wiederum, daß es sich dabei um den Türken Serkan A. und die Griechen Spyridon L. handelte.

Auch die Chronik der Gewalt in Berlin für April 2011, die der *Spiegel* abdruckt, ist unvollständig. Warum auch leicht zu recherchierende Fälle nicht aufgenommen wurden, kann man nur vermuten. Mit der engen Begrenzung seiner Chronik hat *Der Spiegel* wohl dafür gesorgt, daß der Leser nicht auf brisante Hintergründe der einzelnen Taten stoßen kann, denn im bundesweiten Vergleich vertuscht die

Berliner Polizei die Nationalität und das Alter der Angreifer am besten: Sie notiert in ihren öffentlichen Meldungen keine Angaben zu Aussehen und Alter des Täters und schon gar nicht zu dessen Herkunft oder Nationalität. Recherchen bringen meist nicht mehr als ein diffuses »Südländer« an den Tag:

❖ Ein solcher »Südländer« (20) überfiel am 10. April 2011 in Berlin eine 49jährige Frau. Er sticht viermal zu, weil die Frau sich weigert, ihr Geld herauszugeben. Die Frau wehrt sich auch nach den Stichen und Schlägen mit Hilferufen, und so flüchtet der Täter und bleibt unerkannt. Die Frau muß im Krankenhaus operiert werden.

Das sind nur wenige Beispiele – Fundstücke einer nicht ausgedehnten Gegenrecherche im Internet. Die Chronik am Ende des vorliegenden Buchs listet Hunderte Fälle abgestufter Gewalt auf, und der eben analysierte *Spiegel*-Beitrag ist ein weiterer guter Grund, die Aufstellung auf fremde, also nicht-deutsche Täter zu beschränken. Denn wenn bei mehr als zwei Dritteln aller Fälle von Jugendgewalt Deutsche die Opfer sind und auch als solche angesprochen werden, hat man es mit einem Schema zu tun und kann nicht mehr von zusammenhangslosen Einzelfällen sprechen. Dann muß dieses ethnisch-kulturelle Täter-Opfer-Gefälle ans Licht, dann muß der Vertuschung etwas von dem entgegengestellt werden, das der Lebenswirklichkeit in Deutschland und dem Erfahrungsbild der Deutschen entspricht. Erst dann, wenn auch die Mitglieder der Interessengemeinschaft »Schöppinger Friede« das, was in ihrer Heimatgemeinde geschah, in einen Zusammenhang mit einer unheilvollen Entwicklung für das ganze Land bringen, verzieht sich der Nebel, der über einem fundamentalen Problem liegt. Das vorliegende Buch wurde geschrieben, um diese Klarheit in die Debatte zu bringen.

# Kapitel 2

# Die Entdeckung der Deutschenfeindlichkeit

Zäher Abschied von geliebten Tabus · Die
ethnische Dimension, oder: Wer oder was ist
ein »Rassist«? · Alles nur eine Frage des
»Sozialen«? · Multikulturalismus: Ideologie
macht blind · Das »Einwanderungsland«, das
keines ist · Integration und Assimilation

## Zäher Abschied von geliebten Tabus

»Manches starke Wort der letzten vier Monate wäre ohne mein
Buch wohl ungesagt geblieben. Aber über Worte ging es bislang
eben nicht hinaus, in der Sache hat sich noch gar nichts geän-
dert.«[11] Was Thilo Sarrazin in einer ersten Zwischenbilanz über
die Wirkung seines Buches *Deutschland schafft sich ab* illusions-
los feststellt, gilt ebenso für die kurze, aber heftige öffentliche Auseinandersetzung, die im Herbst des Sarrazin-Jahres 2010 über das
plötzlich entdeckte Phänomen der »Deutschenfeindlichkeit« ausge-
tragen wurde. Man darf es fraglos den indirekten Auswirkungen
der Debatten um die Buchveröffentlichungen von Kirsten Heisig
und Thilo Sarrazin zuschreiben, daß der Begriff der Deutschenfeindlichkeit von Immigranten, vornehmlich aus dem muslimischen Kulturraum, überhaupt im kontrollierten und tabubehafte-
ten öffentlichen Diskurs angekommen ist. Daß selbst Bundesmi-
nisterinnen, Länderparlamente und Gewerkschaftsfunktionäre zumindest einige Wochen lang darüber gesprochen haben, sprechen
mußten, daß selbst linksliberal ausgerichtete Zeitungen wie die

*Süddeutsche Zeitung* dem Thema ganze Schwerpunkt-Seiten widmeten[12], ist ein Fortschritt und hat die Zone des Sagbaren erweitert – mehr aber zunächst auch nicht.

Es war schließlich nicht das erste Mal, daß das Phänomen sogar die Rederituale des deutschen Politikbetriebs erreicht hat. Die von Boulevardmedien ausgehende Empörung über die deutschenfeindliche Gewalttat der Münchner U-Bahn-Schläger vom Dezember 2007 und deren versuchte Instrumentalisierung im Wahlkampf des damaligen hessischen Ministerpräsidenten Roland Koch sind noch in Erinnerung. Auf eine Schlagzeile wie diese hat man trotzdem lange warten müssen: Die »Integrationsbeauftragte der Bundesregierung«, Maria Böhmer, »fordert Maßnahmen gegen Deutschenfeindlichkeit«.[13] Der Kontext dieses überraschenden Realitätseingeständnisses aus dem Munde einer eingefleischten Lobbyistin, die an den türkischen Einwohnern Deutschlands bislang vor allem die »kulturelle Bereicherung« durch »Herzlichkeit und Lebensfreude« sehen mochte[14], zeigt zugleich die Grenzen der Erkenntnisfähigkeit auf. In ihrem zeitgleich im Bundestag vorgestellten achten »Bericht der Beauftragten der Bundesregierung für Migration, Flüchtlinge und Integration über die Lage der Ausländerinnen und Ausländer in Deutschland« findet nämlich weder der Begriff noch die Sache selbst Erwähnung, von konkreten »Maßnahmen« oder auch nur Vorschlägen, wie diese aussehen könnten, ganz zu schweigen.

Die Auslassung ist absichtsvoll. Böhmer bezog sich auf eine Anfang Oktober 2010 abgehaltene Tagung der Berliner Lehrergewerkschaft Erziehung und Wissenschaft (GEW) zum Phänomen der Deutschenfeindlichkeit an Problemschulen.[15] In der Hauptstadt hat dieses Problem offenkundig solche Ausmaße erreicht, daß die Betroffenen – Lehrer in diesem Falle – es trotz eingeübter ideologischer Verdrängungsmechanismen nicht mehr komplett ausblenden und ignorieren können. Zwei von ihnen hatten namens des GEW-»Ausschusses für multikulturelle Angelegenheiten« bereits im November 2009 einen Artikel in der Gewerkschafts-Mitgliederzeitschrift *blz*[16] veröffentlicht, der in Pädagogenkreisen für anhaltende Diskussionen sorgte. Es ist unwahrscheinlich, daß diese der Integrationsbeauftragten und ihrem Mitarbeiterstab komplett entgangen sind. Dennoch sah sich Frau Böhmer wohl erst unter dem Eindruck der Sarrazin-Debatte zu einer Stellungnahme genötigt, zu einem Zeitpunkt also, da das Thema eine breitere Öffentlichkeit erreichte. Diese Öffentlichkeit hatte über den Meinungskampf um Sarrazins Thesen rasch zu einer Selbstverständlichkeit gefunden, die in Deutschland keine ist: zu dem Mut, die Dinge beim Namen zu nennen. Diese neue Tonlage blieb Frau Böhmer nicht verborgen, und so äußerte sie sich zur Deutschenfeindlichkeit – nicht um einen Irrtum einzugestehen, ein Versäumnis nachzuholen oder einen Kurswechsel anzuzeigen, sondern um ein heikles Thema durch verbale Zugeständnisse zu entschärfen und um sich nicht dem Vorwurf der Ignoranz auszusetzen. Nach dem erwarteten Abebben der Debatte würde man wieder zur Tagesordnung übergehen können.

Die Einlassung der »Integrationsbeauftragten« Maria Böhmer steht damit in einer Reihe ähnlicher Stellungnahmen von Politikern, die das aufbrandende Thema zu kurzfristigen Profilierungsversuchen zu nutzen verstanden. Am ernsthaftesten positionierte sich noch Bundesfamilienministerin Kristina Schröder mit ihren in mehreren Interviews und Verlautbarungen wiederholten Warnungen vor »Diskriminierung im eigenen Lande«[17] und »grundsätzlich feindliche[n] Einstellungen […] gegen Deutsche und Christen«, gegen die genauso entschieden vorgegangen werden müsse wie gegen »Ausländerfeindlichkeit«. Kristina Schröder führte nicht nur das offenbar besonders motivierende Moment der persönlichen Betroffenheit[18] an, sie kann auch deswegen eine gewisse Glaubwürdigkeit beanspruchen, weil sie bereits im Januar 2008 als hessische Bundestagsabgeordnete versucht hatte, die Auseinandersetzung um die Münchner U-Bahn-Schläger auf die »deutschenfeindliche Gewalt von Ausländern gegen Deutsche« zu lenken und dafür vom ARD-Magazin »Panorama« wenige Tage vor der hessischen Landtagswahl massiv verunglimpft worden war.[19]

Die FDP-Fraktion im Berliner Abgeordnetenhaus legte im November sogar einen »Berliner Aktionsplan für Toleranz und gegen Deutschenfeindlichkeit« als Antrag vor, mit dem sie »Deutschenfeindlichkeit in den Fokus der Arbeit der Berliner Antidiskriminierungsstelle« rücken, mithin die Aufgabe den bestehenden sozialindustriellen Strukturen übertragen wollte.[20] Der Fraktionsvorsitzende der CDU im selben Parlament, Frank Henkel, griff das Thema in der Aussprache über die Neufassung des Berliner Integrationsgesetzes auf.[21] Beide Initiativen sind als Entlastungsübungen im Kontext der Sarrazin-Debatte zu verstehen, stießen auf erwartbar heftigen Widerspruch der politischen Linken und wurden nicht weiterverfolgt. Die Veranlassung für derartige Manöver begründet in schöner Offenheit der hessische Ministerpräsident Volker Bouffier, »es dürfe nicht der Eindruck erweckt werden, daß Sachverhalte nicht angesprochen würden, weil sie unbequem seien«.[22] Noch unverblümter drückte sich Bundeskanzlerin Angela Merkel aus, nachdem sie einem Berliner Polizeihauptkommissar gerade mal zehn Minuten gegeben hatte, um vor dem »vierten nationalen Integrationsgipfel« ein knappes ungeschöntes Lagebild zu geben: »Wir müssen die Themen benennen, damit sie nicht von Rattenfängern benannt werden.«[23]

Von ernsthaften Lösungsversuchen ist man also trotz deutlicher Risse in der Schweigemauer noch weit entfernt. Die alten Reflexe funktionieren weiter, selbst das bloße »Benennen« von Mißständen ist auf weniger prominenter Ebene noch immer nicht risikolos. Das mußte jedenfalls der Sozialarbeiter Thomas Knorr erfahren, der auf einem Elternabend den anwesenden Erziehungsberechtigten ähnlich ungeschminkt über die tatsächlichen Verhältnisse an der von ihm betreuten Sekundarschule in Berlin-Schöneberg mit einem Einwandereranteil von 70 Prozent berichtete wie etwa zur selben Zeit der Polizeihauptkommissar Christian Horn gegenüber der Kanzlerin. Der Sozialarbeiter indes verlor eine Woche nach dem Elternabend seine Stelle. Er sei sich sicher, gab Thomas Knorr einer Zeitung gegenüber zu Protokoll, daß er ohne diesen Elternabend seine Stelle noch hätte.[24] Dabei habe er nur berichtet und aus eigener Erfahrung bestätigt, was die GEW auf ihrer Tagung hatte vortragen lassen: von Beschimpfungen wie »Schweinefleischfresser«, von der Einschüchterung deutscher Klassenkameraden durch türkisch- und arabischstämmige Schüler. »So habe ich es erlebt. Einmal sagte ein Schüler in meiner Gegenwart, hier stinkt es nach Schwein«, berichtete Knorr. Kurz nach seinem Vortrag sei er dann von der Schulleitung zur Seite genommen worden.

»Danach wehte mir ein eisiger Wind entgegen.« Eine Woche später war seine Arbeit beendet.

Es liegt an solchen Exempeln, daß das Offensichtliche nicht öffentlich wurde. Der Fall Thomas Knorr hat nicht zu einer Solidarisierung unter anderen Sozialarbeitern geführt, nicht zu einer politischen Debatte über die Isolation aufgrund freier Meinungsäußerung. Daß deutschenfeindliche Einwanderergewalt überhaupt existiert, ist ohnedies erst allmählich und erst seit wenigen Jahren in das Bewußtsein einer breiteren aufmerksamen Öffentlichkeit gesickkert. Damit das überhaupt geschehen konnte, mußte die Gewalt zunächst einmal die Ghettos, in denen die wachsenden allochthonen Parallelgesellschaften in der Regel mit den lobbylosen deutschen Verlierern der multikulturellen Gesellschaft weitgehend unter sich sind, verlassen und die Lebensrealität der »Mitte der Gesellschaft« erreichen: jene Mitte, in der die politisch-medialen Eliten im Besitz der Diskurshoheit die Grenzen des ungestraft Sag- und Denkbaren bestimmen. Feindschaft und Gewalt zwischen Angehörigen unterschiedlicher Ethnien und »Kulturen« sollte innerhalb dieser Grenzen nur in einer Richtung denkbar sein: als zu ächtende und mit allen Mitteln zu bekämpfende »Ausländerfeindlichkeit« der deutschen Bevölkerung gegenüber Einwanderern.

Von diesem mit großem Aufwand errichteten Tabu verabschieden sich seine Hüter und Profiteure nicht ohne Widerstand. Ob man über deutschenfeindliche Aggressionen eingewanderter Bevölkerungsteile spricht, ihre Ursachen ergründen und Wege suchen will, um dem erkannten Problem entgegenzutreten, ist beileibe nicht nur die politische oder wissenschaftliche Bewertung einer soziologischen Fragestellung oder die staatspolitische Aufgabe, den gesellschaftlichen Frieden und die innere Sicherheit aufrechtzuerhalten. Vom Standpunkt der politisch-medialen Meinungsführer und der mit ihnen verbundenen Sozial- und Integrationsindustrie aus geht es um Diskurshoheit und kulturelle Hegemonie, die auf dem Dogma beruht, an allen Konflikten zwischen Einwanderern und Einheimischen trügen letztere die schlußendliche Alleinverantwortung. Dieses Dogma ist mittlerweile verknüpft mit der unbedingten Verpflichtung aller politischen und gesellschaftlichen Kräfte auf den Kampf gegen alles und jeden, was sich mit den unbestimmten Totschlagevokabeln »Ausländerfeindlichkeit« und »Rechtsextremismus« fassen läßt. Die Entfernung des Sozialarbeiters Thomas Knorr aus seiner Stelle ist aus diesem Blickwinkel heraus konsequent: Er hat mit seinen Äußerungen das grundlegende Erklärungsmuster der Sozial- und Integrationsindustrie in Frage gestellt. Da dieser Wirtschaftszweig von beträchtlichen Geldern des Staates und öffentlich finanzierten Stellen und Apparaten lebt, muß er entfernen, was sein Getriebe stören könnte. Wer stets gleichzeitig seine eigene Arbeit auf ihren Erfolg hin überprüfen darf und dabei ausschließlich mit Steuergeldern wirtschaftet, hat eine reale Machtposition inne.

Vor diesem Hintergrund ist bereits das bloße Aufkommen des Begriffs »Deutschenfeindlichkeit« eine Provokation, und die breite Zustimmung, die der lange Zeit unterbundenen öffentlichen Auseinandersetzung damit entgegenschlägt, wird als Angriff auf lange Zeit für uneinnehmbar gehaltene Machtpositionen empfunden. Er muß um so gefährlicher erscheinen, als immer mehr Bürger – Leserbriefe, Online-Kommentare und Umfragen sind ein, wenn auch nur mit Einschränkungen repräsentatives, wichtiges Indiz – die Diskrepanz zwischen der Erfahrung der eigenen Lebenswirklichkeit und politisch-korrekten Sprachregelungen geschärft wahrnehmen und sich von bislang schweigend akzeptierten Denk- und Sprechverboten nicht mehr beeindrucken lassen. Um die in Unordnung geratenen Reihen der Meinungseliten wieder zu schließen, ist deshalb im Kampf um die Besetzung der Begriffe die Problembezeichnung »Deutschenfeindlichkeit« als erstes ins Visier geraten.

Zu spüren bekam den ideologischen Gegenwind ausgerechnet die GEW Berlin. Die Lehrergewerkschaft wäre freilich keine sozialistische Musterorganisation, wäre sie nicht zur Selbstkritik nach nicht-linientreuem Verhalten fähig. Ein Jahr nach Veröffentlichung des vieldiskutierten Artikels »Deutschenfeindlichkeit in Schulen« beschloß die Berliner Landesdelegiertenkonferenz, den Begriff »Deutschenfeindlichkeit« künftig nicht mehr zu verwenden.[25] Begründung: Der Begriff sei »von Rechtspopulisten als Kampfbegriff gegen das Wort Ausländerfeindlichkeit erfunden« worden, man sei von politisch Andersstehenden »instrumentalisiert« worden, der Begriff verdrehe die »soziale Realität« demagogisch, denn durch ihn »konzentriere sich die Debatte nur auf die Ethnie«. Eine Fundamentalabrechnung aus linksextremer Feder[26], die sich der »Landesausschuß multikulturelle Angelegenheiten« in Kurzfassung zu eigen machte[27], schlägt den GEW-Autoren um die Ohren, daß die ethnische Dimension – Deutsche und Ausländer – und der kulturelle Aspekt – der Kulturkonflikt mit dem »rückwärtsgewandten« Mehrheitsislam – im Zusammenhang mit Migrantengewalt nicht einmal zur Miterwähnung in Frage kommen, sondern komplett ausgeblendet werden sollen: Die Ursachensuche habe sich auf soziale und Klassengegensätze (»Unterschichtsjugendliche«), auf Jugendsoziologie (»Mobbing«) oder gar die »Rückgabe erlittener Ausgrenzungserfahrung« zu beschränken.

Die Sache selbst ist durch die Verteufelung ihrer Bezeichnung freilich nicht aus der Welt geschafft, auch wenn beispielsweise die integrationspolitische Sprecherin der Berliner Grünen, Canan Bayram, stellvertretend für viele Einwanderungslobbyisten aufatmend erklärt, ohne den Begriff »Deutschenfeindlichkeit« sei es »einfacher, vorurteilsfrei über das Thema zu sprechen«. Um das Thema herumzureden, dürfte die Intention wohl eher treffen. Die Realität der Deutschenfeindlichkeit besteht ungeachtet solcher Verbalkosmetik weiter. Um sich mit ihr fundiert auseinandersetzen zu können, ist die Klärung der Schlüsselbegriffe unabdingbar.

## Die ethnische Dimension, oder: Wer oder was ist ein »Rassist«?

»Auch Deutschenfeindlichkeit ist Fremdenfeindlichkeit, ja Rassismus. Denn hier wird jemand diskriminiert, weil er einer bestimmten Ethnie angehört.«[28] Die Formulierung von Bundesfamilienministerin Kristina Schröder mutet auf den ersten Blick kurios an: Sie weist dem deutschen Staatsvolk den Rang einer »Ethnie« unter vielen zu und scheint zugleich das Bewußtsein zahlreicher autochthoner Deutscher zu bestätigen, fremd im eigenen Land geworden zu sein. Dennoch zielt diese Aussage auf den Kern der Sache – den ethnisch-kulturellen Gegensatz zwischen abstammungsmäßigen Deutschen und bestimmten Einwanderern. Von linksliberaler Seite wurde die Ministerin dafür wütend attackiert.[29] Der mitschwingende Haß verwundert kaum: Die Verwendung des Begriffs »Rassismus« entgegen dem üblichen, die autochthone Bevölkerung anprangernden Sprachgebrauch ist ein direkter Angriff auf eine »linke Lebenslüge«: den »Mythos der Ausländerfeindlichkeit«.[30]

Da nützt es wenig, daß die Qualifizierung von »Deutschenfeindlichkeit« als »Rassismus« durchaus in Einklang mit den einschlägigen Definitionen in UNO- und EU-Dokumenten steht. Die Verurteilung jeder »Theorie, welche die Behauptung enthält, daß bestimmte ›Rassen‹ oder Volksgruppen von Natur aus anderen überlegen oder unterlegen sind«[31], die strafrechtliche Abwehr der öffentlichen »Aufstachelung zu Gewalt oder Haß gegen eine nach den Kriterien der Rasse, Hautfarbe, Religion, Abstammung oder nationale oder ethnische Herkunft definierte Gruppe von Personen oder gegen ein Mitglied einer solchen Gruppe«[32]: Das alles läßt sich logisch mühelos auf Situationen übertragen, in denen jugendliche Einwanderer beispielsweise einen Rentner als »Scheiß-Deutschen« verprügeln oder christliche deutsche Mitschüler als »Schweinefleischfresser« beschimpfen oder nicht-kopftuchtragende einheimische Mädchen als »deutsche Huren« verunglimpfen.

Derlei offizielle Definitionen hatten wohl auch die Autoren des bereits erwähnten GEW-Beitrags zur »Deutschenfeindlichkeit in Schulen« im Sinn, als sie formulierten, es gebe »verschiedene Arten des Rassismus: Inländer, die Ausländer hassen; Ausländer, die Inländer hassen; Inländer, die andere Inländer hassen; Ausländer, die andere Ausländer hassen. Jeder Rassismus muß bekämpft werden«[33]. Die ideologische Zurechtweisung aus dem eigenen Lager stellte dagegen prompt fest, »Rassismus« sei »immer in einen gesamtgesellschaftlichen Kontext rassistischer Machtverteilung« zu stellen: »So können Angehörige des gesellschaftlich hegemonialen Bevölkerungsteils – in Deutschland also weiße Deutsche – zwar individuelle Ausgrenzungserfahrungen machen, sie sind jedoch keinem strukturellen Rassismus ausgesetzt, der beispielsweise auf dem Arbeits- oder Wohnungsmarkt wirksam ist.«[34] Und in einer bereits

2008 veröffentlichten »Diskursanalyse« eines von der brandenburgischen Landeszentrale für politische Bildung geförderten Netzwerks heißt es noch deutlicher:

»Rassismus braucht Macht und geht von der Mehrheit aus: als ökonomischer und kultureller Ausschluß, in Form von Bildungsbarrieren, über aufenthaltsrechtliche Regelungen, diskriminierende Berichterstattung über ›die Ausländer‹ und auch immer wieder mittels Gewalt. Vorurteile gegen die Mehrheitsgesellschaft, selbst verbunden mit Abwertungen und gewaltförmig, sind kein Rassismus, denn um die deutsche Mehrheitsbevölkerung rassistisch auszugrenzen, bräuchten diese ›gewalttätigen muslimischen Jugendlichen‹ eine gesellschaftliche Durchsetzungsmacht, die sie de facto nicht haben.«[35]

Es ist müßig, über solchen Zynismus den Kopf zu schütteln und darüber nachzusinnen, wie »gesellschaftlich hegemonial« sich die restdeutsche Bevölkerung in Stadtteilen wie Duisburg-Marxloh oder Berlin-Neukölln noch fühlen mag und wie es um die »gesellschaftliche Durchsetzungsmacht« frustrierter muslimischer Jugendlicher bestellt ist, in deren Namen eine gutorganisierte sozialindustrielle Lobby fleißig Papiere verfaßt und auf den öffentlichen Diskurs Einfluß nimmt. Der Begriff des »Rassismus« krankt nicht nur an einer Reihe immanenter gedanklicher Defizite, angefangen mit der Ablehnung des Begriffs »Rasse«, von dem er sich ableitet.[36] Entscheidend ist, daß es sich nicht um einen wissenschaftlichen, sondern um einen ideologischen Terminus handelt. Zweck der »Ideologie des Antirassismus« ist es, durch Einschüchterung eine offene Diskussion über die negativen Folgen, Risiken und Nebenwirkungen von Einwanderung gezielt zu verhindern, wie jüngst die französische Demographin Michèle Tribalat festgestellt hat[37]: »Antirassistische Wächter« widersetzten sich jeder rationalen Analyse der Realität, die dazu führen könnte, sich mit adäquaten politischen Strategien auseinanderzusetzen. »Rassismus« und »Antirassismus« sind ihrem Wesen nach linke Kampfbegriffe, die sich einseitig gegen die autochthone Bevölkerung richten und dafür je nach Interessenlage zurechtgebogen werden. Es ist zweifellos eine taktische Volte, solche Begriffe gegen jene zu richten, die sich die alleinige

Interpretationshoheit anmaßen und durch Denkverbote absichern; zur sachlichen Problembeschreibung sind sie kaum zu gebrauchen.

Eine präzise Erfassung der wirkmächtigen Grundlagen kommt dagegen an den Begriffen Volk, Nation und Kulturkreis nicht vorbei. Nation beschreibt das politisch organisierte Staatsvolk, das als Träger eines Nationalstaates zugleich handelndes und souveränes Subjekt im internationalen Verkehr mit anderen Nationen ist, während unter Volk eine ethnisch-kulturelle, durch gemeinsame Geschichte und Überlieferungen verbundene Abstammungs-, Sprach- und Kulturgemeinschaft zu verstehen ist. Der nicht nur von Ministerin Schröder gern – auch zur entpolitisierenden Vermeidung der Bezeichnung »Volk« – benutzte Begriff »Ethnie« kann in diesem Zusammenhang übergangen werden, da er dem Bereich der Völkerkunde angehört und für politische Analysen nicht zielführend ist.

Wichtig ist, daß Volk und Nation nicht notwendig deckungsgleich sind und es tatsächlich in der europäischen und insbesondere deutschen Geschichte häufig nicht waren. Angehörige desselben Volkes können in verschiedenen Staaten leben und Glieder unterschiedlicher Nationen sein, während Angehörige unterschiedlicher Völker oder Volksgruppen durchaus zu einer Nation verbunden sein können. Zugehörigkeit zur Staatsnation wird üblicherweise durch Bekenntnis und Einbürgerung erworben, die eine bewußte Integrationsentscheidung vollendet und nicht etwa Voraussetzung von »Integration« ist; Zugehörigkeit zum Volk als Abstammungsgemeinschaft ist das Ergebnis eines längeren, über Generationen hinweg sich vollziehenden Einschmelzungs- und Vermischungsprozesses. Voraussetzung für das eine wie für das andere ist der beiderseitige Wille zur Zusammengehörigkeit und ein ausreichender Vorrat an Gemeinsamkeiten, der naturgemäß dann am größten ist, wenn Einheimische (Autochthone) und Zuwanderer (Allochthone) demselben oder einem nahe verwandten Kulturkreis entstammen. Samuel Huntington unterscheidet deren acht, die er auch Zivilisationen nennt, und sieht Westeuropa und Nordamerika sowie Australien im westlichen, Osteuropa und Rußland im orthodoxen, Nordafrika und die arabische Welt im islamischen Kulturkreis verbunden.[38] Da Deutschland seit Einführung der »Anspruchsein-

29

bürgerung« durch den damaligen Bundesinnenminister Wolfgang Schäuble in den neunziger Jahren und verstärkt seit der rot-grünen Umwälzung des Staatsbürgerschaftsrechts im Jahr 2000 in großem Stil Einwanderer auch ohne vorangegangene Integrations- und Assimilationsleistung und Bekenntnis zur deutschen Nation einbürgert, ist der Begriff »Deutscher« zwiespältig geworden. Im Sinne der Verfassung Deutschlands als Nationalstaat der Deutschen meint »Deutscher« primär den ethnischen Deutschen; dagegen wäre es irreführend, einen lediglich formal eingebürgerten, der sich weder als Teil des deutschen Volkes noch als Teil der deutschen Staatsnation empfindet, ohne erklärende Zusätze zu seiner Abkunft ebenfalls einfach als »Deutschen« zu bezeichnen.

Wenn muslimische Jugendliche türkischer oder arabischer Herkunft Gewalt gegen Deutsche verüben, dabei ihre Opfer explizit als »Deutsche« und »Christen« ansprechen – wobei diese Ansprache mit »Schweinefresser«, »Kartoffel« oder »Nazi-Sau« oft drastisch ausfällt – und ihre Aggression mit Haß und Abneigung gegen »die Deutschen« und »die Christen« begründen, dann handelt es sich primär und offenkundig um einen Konflikt zwischen Angehörigen verschiedener Völker und Kulturen. Der andere wird nicht als Christ und Deutscher gehaßt, weil er zufällig anders ist, sondern als anders gehaßt, weil er Deutscher und Christ ist. Erst die ethnisch-kulturelle Feindbestimmung läßt weitere Konfliktpunkte – soziale Gegensätze, gesellschaftlicher, beruflicher oder schulischer Mißerfolg, subjektives Nicht-Zugehörigkeits-Empfinden – bis zur offenen verbalen oder körperlichen Gewaltanwendung eskalieren. Die geläufige Warnung von links, das Phänomen der Deutschenfeindlichkeit nicht – etwa durch Verwendung ebendieses Begriffs – zu »ethnisieren« und zu »kulturalisieren«[39], entpuppt sich somit als Warnung vor den Ursachen und Realitäten selbst und Fortschreibung eines Denkverbots. Anders gesagt: Wer die ethnische Stigmatisierung der Deutschen durch die erwähnten Schimpfwörter nicht als Zeichen eines Kulturkampfes, wenngleich auf unterem Niveau, lesen möchte, sondern auf sozialen Konfliktbeschreibungen beharrt, will betrügen.

## Alles nur eine Frage des »Sozialen«?

Zum eisernen Grundbestand linker Weltanschauung gehört es, Völkern und Nationen mit Mißtrauen zu begegnen, ihre Existenz und die Wirksamkeit ihrer Bindungen in Frage zu stellen und zu negieren. Der einzelne wird in erster Linie als Produkt der materiellen und gesellschaftlichen Umstände betrachtet, in denen er lebt. Das Individuum wird in dieser Betrachtungsweise über seinen sozialen Status, seine »Schichtzugehörigkeit« – die als modernisierte Formulierung für »Klassenzugehörigkeit« betrachtet werden kann – und seine Position in der Arbeits- und Bildungswelt definiert. Seine tiefere Prägung durch die ethnische und kulturelle Herkunft, in deren Traditionen und Zusammenhängen jeder Mensch steht, tritt demgegenüber stark in den Hintergrund, ebenso der Einfluß, den diese Prägungen auf seine familiären und sozialen Verhältnisse haben und auf seine Fähigkeit, seine persönliche Freiheit wahrzunehmen, um diese Umstände aus eigener Kraft zu ändern. Die Änderung der materiellen und sozialen Verhältnisse, des »Seins«, das nach marxistischer Lesart das »Bewußtsein« bestimmt, wird im linken Denken als politische und letztlich staatliche Aufgabe gesehen.

Ein sichtbarer Ausdruck dieser Denkweise ist die pauschale Subsumierung sämtlicher Gruppen von Ausländern und Einwanderern aller Völker und Kulturen unter dem in letzter Zeit kritiklos in den öffentlichen Diskurs übernommenen Verwirrbegriff »Migranten« und »Menschen mit Migrationshintergrund« für Einwohner und Bürger ausländischer Abstammung. Der »Migranten«-Begriff ebnet bewußt notwendige Differenzierungen ein, indem er den deutschstämmigen Aussiedler aus Osteuropa, den orthodoxen Russen, den katholischen Italiener oder Spanier mit muslimischen Türken und Arabern in einen Topf wirft, den ins Sozialsystem eingewanderten Analphabeten mit dem aus politischen Gründen emigrierten und aufstiegswilligen Akademiker vermengt. Es dient einem kalkulierten Zweck, wenn die Zahl der Einwohner und Bürger »mit Migrationshintergrund« maximal ausgeweitet wird – aktuell bescheinigt man über 15 Millionen Menschen, einem knappen Fünftel der Wohnbevölkerung Deutschlands, einen solchen:

Zum einen lassen sich im Namen eines so großen Bevölkerungsseg-
ments lobbyistische Forderungen besser begründen, die dann freilich nicht jeder einzelnen der darin zusammengefaßten Gruppen
zugute kommen oder von diesen auch benötigt werden, zum zweiten lassen sich Probleme mit einzelnen Gruppen besser kaschieren,
wenn man sie in der großen Zahl auflöst.

Auch die Zurückführung von Phänomenen wie Ausländerkriminalität und Deutschenfeindlichkeit auf soziale Ursachen und Bedingungen ist eine ideologisch motivierte Reduktion von Komplexität, die eine Teilwahrheit gezielt verabsolutiert. Natürlich trifft es zu,
daß Gewalt und Kriminalität gerade dort gedeihen, wo sich Ghettos
und Parallelgesellschaften bilden; wo Integration nicht mehr statt-
findet und die Mehrheitsgesellschaft nicht mehr prägend wirkt, sondern auf dem Rückzug ist; wo es an Sprachkenntnissen und Alphabetisierung fehlt und damit an Schulbildung, Chancen und Per-
spektiven auf dem Arbeitsmarkt. Dies festgestellt zu haben, erklärt
freilich noch nicht, warum bestimmte Ausländergruppen sich von
der Mehrheitsgesellschaft absondern, andere hingegen nicht, und
warum bestimmte Gruppen überproportional zu den Bildungs- und
Arbeitsmarktverlierern gehören und hohe Sozialhilfe- und Krimi-
nalitätsquoten aufweisen, andere hingegen unauffällig bleiben oder
sogar besser abschneiden als die ethnischen Deutschen. Oder, wie
es der Berliner Oberstaatsanwalt Roman Reusch ausdrückt:

»Es führt schließlich kein Weg an der Erkenntnis vorbei, daß
die entstandenen kriminalitätsfördernden Verhältnisse auch mit
der schieren Zahl von Ausländern bzw. Migranten in den hochbe-
lasteten Quartieren zu tun haben sowie mit der ›Qualität‹ derselben, insbesondere ihrer sozialen Herkunft, ihrer Integrationsfähigkeit und -willigkeit etc. Hieraus folgt zwingend auch die Lösung,
nämlich Reduzierung der Zahl der nicht integrierbaren Ausländer
auf ein verkraftbares Maß.«[40]

Es sind gerade ethnische und kulturelle Differenzen, die soziale Gegensätze einerseits erst verursachen, andererseits bestehende
Konflikte zusätzlich verschärfen. Dieser Grunderkenntnis kann die
»Antirassismus«-Lobby nur mit gewagten argumentativen Verren-
kungen aus dem Weg gehen. Zum Beispiel mit an Hohn grenzender

Verharmlosung: »Tatsächlich machen sich nicht nur Jugendliche, sondern Migranten unterschiedlichen Alters auch über die Eigenheiten der in Deutschland Geborenen lustig. Das sollten die Deutschen mit Humor auch ertragen können.«[41] Oder mit falschen Analogien: »Wenn beispielsweise in einer Schule sehr viele Dänen und die Deutschen in der Minderheit sind, kann es ebenso zu Mobbing kommen.«[42] – Als hätte man je in Deutschland von »abziehenden«, prügelnden und messerstechenden Dänen-Gangs in Dänen-Ghettos gehört. Diese abwiegelnde Sichtweise ist auch in Politikerkreisen verbreitet: Daß Minderheiten »gemobbt« würden, gebe es überall, meint beispielsweise der Berliner Integrationsbeauftragte Günter Piening; »in Neukölln sind es eben Deutsche«.[43] Angesichts der vielfältigen Formen deutschenfeindlicher Gewalt an Problemschulen, von Raub über Erpressung bis zum tätlichen Angriff, stellt sich vielmehr die Frage, ob nicht bereits der Gebrauch der Bezeichnung »Mobbing« eine unzulässige Verharmlosung darstellt.

Ein Standardargument zur Untermauerung der These, es handele sich bei Deutschenfeindlichkeit um ein rein »schichtspezifisches und damit soziales Phänomen«, ist die Behauptung, es gehe dabei »um die Übernahme ethnisierender Zuschreibungen und die Rückgabe erlebter Diskriminierungen«.[44] In solchen Äußerungen sind Ursache und Wirkung vertauscht, und die Absicht ist offenkundig: Indem ganz im Sinne der »Antirassismus«-Ideologie die »strukturell« und »hierarchisch« Macht ausübenden und »diskriminierenden« ethnischen Deutschen zum stereotypen Schuldigen, »Migranten« gleich welcher Herkunft dagegen zum ewigen und alleinigen Opfer falscher gesellschaftlicher Verhältnisse erklärt werden, sichert man zugleich den eigenen Macht- und Herrschaftsanspruch. Man schwingt sich zum Anwalt dieser ungerecht Behandelten auf, arbeitet in ihrem Namen an der Veränderung der Verhältnisse und betreut die »Opfer«, fördert sie und legt vermeintlich alles daran, sie aus ihrer unverschuldeten Not zu befreien.

Mit anderen Worten: Das Argument ist ein Taschenspielertrick, um selbst aus der Niederlage der eigenen Ideologie den Anspruch auf noch weitergehenden Ausbau der Sozial- und Integrationsindustrie abzuleiten, obwohl diese ganz offensichtlich versagt hat. Daß dieser Kunstgriff verfängt, verrät stellvertretend für viele wieder der Berliner Integrationsbeauftragte Piening, dem zur Bekämpfung der Deutschenfeindlichkeit an Problemschulen als erstes und einziges einfällt, die »Schulen in den Kiezen mit mehr Mitteln, mit mehr Sozialarbeitern« zu versorgen.[45]

Der Denkfehler in dieser »antirassistischen« Argumentation liegt zum einen darin, daß sie selbst tut, was sie zu bekämpfen vorgibt: Sie »ethnisiert«, denn bei der Suche nach dem Schuldigen bleibt man eben doch wieder beim ethnischen, beim »weißen« Deutschen stehen.[46] Zum zweiten fragt sie nicht kritisch nach den Ursachen der starken Identifikation von Schul- und Arbeitsmarktverlierern mit ihrer ethnischen und kulturellen, sprich muslimischen Herkunft, die sie aggressiv gegenüber den ethnischen Deutschen zum Ausdruck bringen, die in manchem Stadtteil schon zur Minderheit geworden sind. Geht sie dabei wirklich von den paar deutschen Lehrern, eingeschüchterten Klassenkameraden oder Arbeitsagentur-Sachbearbeitern aus, die sie in ihrer Lebenswelt noch antreffen? Oder ist es nicht vielmehr ein selbstgewählter Abwehrmechanismus, der durch das sozialpädagogische »Die deutsche Mehrheitsgesellschaft ist schuld«-Mantra noch verstärkt und zementiert wird? Der Soziologe Gunnar Heinsohn bringt es auf den Punkt:

»Da wir nicht als wandelnde Niederlage durchs Leben gehen können, suchen wir Vorwände, hinter denen wir die Schwächen zu verstecken suchen. So mögen vorzeitige Schulabgänger die Vorstellung entwickeln, daß sie keineswegs Gescheiterte sind, sondern wegen ihrer Herkunft und ihrer Religion diskriminiert werden. [...] Wenn nun die Mehrheitsgesellschaft eine solche Selbstinterpretation glaubt oder sie durch Integrationsarbeiter den Betroffenen sogar aufdrängt, ist die neue Existenz in eine rückwärtsgewandte Türkenseligkeit schon halbwegs etabliert.«

Wenn die Gescheiterten dann selbst Familien gründeten, würden die eigenen Kinder von vornherein zu National- und Glaubensstolz erzogen und dadurch selbst der begabte Nachwuchs offensiv an das eigene Milieu gebunden:

»Die Enkel treten also nicht mehr angepaßt wie die Großväter oder unsicher suchend wie die Väter, sondern in stolz-fremder Ehre vor die Mehrheitsgesellschaft. Wo die Großväter die Deutschen respektierten und die Väter ihnen auswichen, sehen die Enkel in ihnen Nazis, Schweinefleischfresser und Schlampen, zu denen sie niemals gehören wollen.«[47]

## Multikulturalismus: Ideologie macht blind

Ideologen sind leicht daran zu erkennen, daß sie im Falle eines gravierenden Auseinanderdriftens von Theorie und Wirklichkeit nicht etwa die von den Tatsachen falsifizierte Theorie in Frage stellen, sondern die Realität als nicht hinnehmbaren Verstoß gegen die unantastbare Ideologie verurteilen. Die Leugnung der Existenz von Völkern und Nationen, die in der Sozial-Ideologie des »Antirassismus« als irrationales Konstrukt und Produkt einer ausgrenzenden »Wir-Sie-Logik« abgetan werden, gehört in diese Kategorie. Anthropologisch gesehen, ist die Selbstbestimmung über Wir-Gruppen in Abgrenzung zu anderen eine Tatsache, die in der Evolutionsgeschichte des Menschen als territorialem Lebewesen begründet liegt.[48] Einwanderung aus gänzlich anderen Kulturkreisen ruft daher unvermeidlich Abwehrreaktionen seitens der eingesessenen Bevölkerung hervor, insbesondere wenn sie ein gewisses Maß überschreitet, während umgekehrt kulturkreisfremde Einwanderer ihrer Herkunftskultur verbunden bleiben, Angehörige des eigenen Volkes bevorzugen und zur Kolonienbildung neigen.

An solchen Realitäten muß jede Vision einer »multikulturellen Gesellschaft« notwendig scheitern. Das Scheitern ist mit dem Multikulturalismus untrennbar verbunden, es liegt in ihm begründet: Er ist als Konzept bereits das Eingeständnis eines geplatzten Traumes. Entstanden ist er nämlich in den Einwanderungsgesellschaften des nordamerikanischen Kontinents, um das Scheitern der lange Zeit gültigen Einschmelzungspolitik weltanschaulich zu verschleiern. Das Aufgehen von Einwanderern aus unterschiedlichen Völkern in einer neuen Nation sollte das Trennende einebnen und dadurch mögliche Konflikte neutralisieren. Dieser »Schmelztiegel« schien zu funktionieren, solange die Einwandererströme sich aus

Völkern desselben Kulturkreises, des westlich-europäischen nämlich, speisten, und solange genügend Platz da war. Letztlich aber
scheitert er schlicht daran, daß sich eben nicht alle Menschen mi-
schen wollen.[49] Dieses Scheitern erhebt der Multikulturalismus zum
Prinzip, indem er das bunte, vielfältige, vermeintlich »bereichernde«
Nebeneinander von »Kulturen« zum Ideal erklärt.[50]

Der Begriff »multikulturelle Gesellschaft« selbst ist dabei ein
doppelter Euphemismus, eine gefährliche Schönrederei. Zum einen
spricht er statt von Völkern und ihren Angehörigen entpolitisie-
rend von »Kulturen«.[51] Gemeint ist die angelsächsische Bedeutung
von »culture«, die in etwa dem deutschen Begriff »Zivilisation« entspricht, mithin äußerliche und veränderbare Formen des Zusammenlebens. Das Wort »Kultur« in dieser Bedeutung legt also nahe,
es träfen bei der Einwanderung aus fernen Kulturkreisen nicht Angehörige verschiedener Völker mit unterschiedlichen, über viele Generationen weitergegebenen Wertesystemen aufeinander, sondern
lediglich neutrale Individuen mit vielfältiger Regionalküche, Sprache und Folklore. Der zweite Euphemismus ist die Qualität (»multum« – viel) und Quantität (»multa« – vielerlei) verwechselnde Vor-
silbe »multi«. Dieses Wörtchen verheißt Vielfalt, ignoriert aber bewußt, daß Völker sich nicht einfach zu »Kulturen« neutralisieren
und entpolitisieren lassen, zwischen denen es keine Unterschiede
und keine Werteentscheidungen geben könnte. Ein bloßes Addieren
von – bleiben wir bei dem Begriff – nicht integrierten und nicht integrierbaren »Kulturen« kann bestenfalls eine neue Form auf klein-
stem gemeinsamem Nenner herbeiführen und mündet schlimm-
stenfalls in Konflikt und Bürgerkrieg. Ergebnis ist also in jedem
Fall ein »Weniger« und nicht ein »Mehr« an Kultur.[52]

Die Ideologie des Multikulturalismus fällt dort auf fruchtbaren
Boden, wo das Bedürfnis besteht, erkennbare Fehlentwicklungen zu
beschönigen und unbequemen Konsequenzen aus dem Weg zu gehen. Ihre Verfechter machen sich dabei gern tiefsitzende gesellschaftliche Schuldkomplexe zunutze: Im anglo-amerikanischen Raum solche, die mit Sklaverei und Kolonialismus verbunden sind, in Deutschland die NS-Vergangenheit. Eine Vorreiterrolle übernahm die Evangelische Kirche in Deutschland (EKD), die in der Ausländerpatronage

ein neues Betätigungsfeld entdeckt hatte und seit 1980 das Schlagwort von der »multikulturellen Gesellschaft« durchsetzte. Um die EKD formierte sich eine Multikulturalismus-Lobby, in der Gewerkschaften, Wirtschaftskreise, »Achtundsechziger« und vorhandene wie neuentstandene linke und liberale Gruppen das Wort führten.

»Achtundsechziger« wie Daniel Cohn-Bendit entdeckten den Multikulturalismus rasch als nützlichen Gehilfen für den »Marsch durch die Institutionen« und die eingewanderte neue Unterschicht als Ersatzproletariat für die Aufpolierung der eigenen marxistischen Wunschträume. Bald erkannte man, daß die Schaffung neuer, nur für Gesinnungsgenossen reservierter Institutionen noch effektiver als die Besetzung vorhandener ist. Spätestens mit dem Aufstieg der Grünen, die sich auch der gutorganisierten Netzwerke der Multikultur-Lobby bedienen konnten, wurde Multikulturalismus zum Karrierevorteil. 1989 trat Daniel Cohn-Bendit in Frankfurt sein Amt als Deutschlands erster »Dezernent für multikulturelle Angelegenheiten« an.

Posten bringen Macht, und Macht bringt den Zugriff auf Steuergeld, der noch größeren Einfluß schafft. Öffentliches Geld wurde in den Neunzigern nicht nur mit vollen Händen für die Propagierung einwanderungsfreundlicher Haltungen und die Diffamierung kritischer Stimmen ausgegeben, sondern auch für die Schaffung von Stellen und Apparaten für Ausländerbeauftragte, Sozialarbeiter, Migrationsforscher, die sich gegenseitig die Notwendigkeit einer Ausweitung ihrer Aktivitäten bescheinigen. Diese Integrationsindustrie ist inzwischen so unüberschaubar gewuchert und perfekt eingespielt, daß sie selbst aus dem Scheitern der ihr zugrundeliegenden Ideologie noch Profit ziehen kann – werden Rezepte gegen die Risiken und Nebenwirkungen der multikulturellen Gesellschaft gesucht, ertönt meist als erstes der Ruf nach neuen Studien und mehr Sozialarbeitern. Die überall in Europa blühende »Integrations- und Migrationsindustrie« hat auch gar kein Interesse daran, die Mißstände, von denen sie lebt, tatsächlich abzustellen. Ihre Profiteure »benehmen sich wie Schmarotzer und leben parasitär von Geldern, die andere erwirtschaften. Ihr einziges Ziel: noch mehr Menschen aus fernen Kulturkreisen nach Europa holen, damit man noch mehr

Geld vom Staat bekommt, noch mehr Menschen mit der Verwaltung von Migranten beschäftigen« kann.[53]

Der Mechanismus funktioniert noch immer, und er verschärft die Probleme weiter. Multikulturalismus vertieft die Gräben zwischen Zuwanderern und Einheimischen, weil er auf Integrationsverweigerung mit dem Verzicht auf Anpassungsforderungen reagiert und so zum Verharren in den Herkunftsidentitäten, zur Abschottung, zum Ausbau und zur Zementierung von Parallelgesellschaften geradezu ermuntert.[54] Das wiegt um so schwerer, als gerade in stark individualistischen modernen westlichen Gesellschaften der Zusammenhalt wesentlich von der Zustimmung des einzelnen abhängt; »Multikultur in diesem essentiellen Sinn befindet sich deshalb ständig in Gefahr, ihre materiellen Grundlagen zu zerstören«.[55] Mehr noch: Das erklärte Ziel der Beseitigung der ethnischen Homogenität der Bevölkerung führt konsequent zum Austausch des Souveräns, des Staatsvolks, und in die »Vielvölkerrepublik«.[56] Robert Hepp sieht deshalb die »multikulturelle Gesellschaft« geradezu als Antithese, als Gegenentwurf zum demokratischen Nationalstaat.[57]

Das inzwischen selbst von der Bundeskanzlerin konstatierte »Scheitern« der multikulturellen Gesellschaft[58] hat viel mit der dem Konzept innewohnenden Unehrlichkeit zu tun. Der Multikulturalismus ist letztlich ein »Konstrukt akademischer Mittelschichten, die die Alltagsprobleme der sozial Schwachen in den französischen Vorstädten und den ethnischen Kolonien in Deutschland ignorieren«.[59] Die aus der Türkei stammende Rechtsanwältin Seyran Ates wirft deshalb den »Multikulti-Fanatikern« ihre Verantwortungslosigkeit vor, die sich in der lediglich »unverbindlichen Toleranz gegenüber anderen Kulturen« äußere. »Die Toleranz des klassischen Multikulti-Menschen gegenüber ›Ausländern‹ hat allerdings deutliche Grenzen. Wenn er Nachwuchs erwartet, sucht er sich sehr bald einen anderen Bezirk mit weniger ›Ausländern‹. Denn seine Sprößlinge sollen ja eine Chance haben.«[60] Sogar der – kinderlose – Regierende Bürgermeister von Berlin hat bekanntlich Verständnis für solche Fluchtbewegungen. 2006 äußerte er in einem Interview mit dem Fernsehsender N24, daß er seine Kinder, so er welche hätte, auch nicht gern in einem Problemstadtteil – konkret ging es um

Kreuzberg – zur Schule schicken würde. »Ich kann auch jeden verstehen, der sagt, daß er da seine Kinder nicht hinschickt.«[61]

Daß andere, die einheimischen »Modernisierungsverlierer« nämlich, die Rechnung begleichen sollen, wird von den Nutznießern des Multikulturalismus unumwunden zugegeben: »Die multikulturelle Gesellschaft ist hart, schnell, grausam und wenig solidarisch, sie ist von beträchtlichen sozialen Ungleichgewichten geprägt und kennt Wanderungsgewinner ebenso wie Modernisierungsverlierer; sie hat die Tendenz, in eine Vielfalt von Gruppen und Gemeinschaften auseinanderzustreben und ihren Zusammenhalt sowie die Verbindlichkeit ihrer Werte einzubüßen.«[62]

Solches verkündete Daniel Cohn-Bendit schon 1991, aber es hielt ihn nicht davon ab, die Umsetzung der mit drastischen Worten beschriebenen Ideologie weiter zu betreiben und den inneren Frieden Deutschlands aufs Spiel zu setzen. Da ein konkurrenzloses Nebeneinander widerstreitender Kulturen letztlich nicht möglich ist, funktioniert eine multikulturelle Gesellschaft, in der Einwanderer an ihrer Herkunftsidentität festhalten können, nur so lange, wie sich die einheimische Bevölkerung die Zurückdrängung ihrer eigenen ethnischen und kulturellen Identität zumuten läßt: »Die eigene Herkunftskultur, sprich die deutsche Kultur, wird abgewertet, die Kultur der anderen wird verherrlicht.«[63] Man anerkennt also die ethnische Realitäten der einen, der Zuwanderer, und verlangt die Einebnung derselben bei den anderen, den Einheimischen. Daß die relativistische Verleugnung der eigenen Werte irgendwann zur Konfrontation von Deutschen und Fremden führen und zugleich in »zunehmender Ausländerfeindlichkeit der Einheimischen und Ghettoisierung der Zuwanderer« enden muß, haben hellsichtige Kritiker wie der aus Syrien stammende Politikwissenschaftler Bassam Tibi früh erkannt.[64]

Es ist bezeichnend, daß es der Stimmen von in Deutschland aufgewachsenen und sozialisierten Einwanderern bedarf, um auf diese offensichtlichen Zusammenhänge hinzuweisen. Bassam Tibi setzt dem Werterelativismus der Multikulturalisten sein Konzept einer »Leitkultur« entgegen, die in der europäischen kulturellen Moderne zu finden sei.[65] Er nimmt also eine Gewichtung vor und formuliert damit etwas an sich Selbstverständliches: daß nämlich nach Deutschland eingewandert werde, weil dieses Land sich in irgendeiner Weise fundamental unterscheiden müsse von den Herkunftsländern, und daß dieser Unterschied als so schwerwiegend und verlockend angesehen werde, daß es sich lohne, die Heimat aufzugeben und in die Fremde – Deutschland – zu gehen. Diese, im deutschen Falle selbstredend deutsche Eigenart gilt es zu erhalten, sie muß die Richtschnur des Zusammenlebens bleiben. Nichts anderes ist mit Leitkultur gemeint. Recht bedacht, ist dieser Vorschlag schon eine Schwundstufe im Vergleich etwa zu der naheliegenden Forderung, daß jeder, der nach Deutschland einwandern und dauerhaft bleiben wolle, so gut wie möglich zum Deutschen werden sollte, mithin: eine echte Assimilation, eine An- und Einpassung zu vollziehen habe. »Leitkultur« ist da bereits das Eingeständnis, daß es »Nebenkulturen« geben werde. Tibis Schlagwort wurde indes vom damaligen CDU-Fraktionsvorsitzenden im Bundestag, Friedrich Merz, aufgegriffen und in den politischen Diskurs eingebracht, wo dieser Herausforderung an die Doktrin des Multikulturalismus, ungeachtet ihrer vermeintlich unverdächtigen Herkunft aus der Feder eines naturalisierten Einwanderers aus dem islamischen Kulturkreis, wütender Widerstand entgegenschlug. Anläßlich der Inszenierung des sogenannten »Aufstands der Anständigen« wurde der Begriff im Rahmen einer Staatsdemonstration am 9. November 2000 in Berlin zeremoniell hingerichtet. Das Grundproblem ist damit aber nicht aus der Welt geschafft: Weigert sich die Aufnahmegesellschaft aus Schwäche, eine Leitkultur vorzugeben, wird dieses Machtvakuum von anderen gefüllt. Dann herrscht eben statt der deutschen eine islamische Leitkultur. Oder, um die berühmte Wendung des Staatsrechtlers Carl Schmitt zu zitieren: »Dadurch, daß ein Volk nicht mehr die Kraft oder den Willen hat, sich in der Sphäre des Politischen zu halten, verschwindet das Politische nicht aus der Welt. Es verschwindet nur ein schwaches Volk.«[66] Das ist ein starkes Wort, aber es muß in all seiner Konsequenz bedacht und ernstgenommen werden: Ein deutsches Volk ohne deutsche Leitkultur – worunter nicht der »Musikantenstadl«, sondern etwa die Rechtsordnung gemeint ist – wäre kein deutsches Volk mehr.

## Das »Einwanderungsland«, das keines ist

Einwanderungsland Deutschland: Mit diesem in der politisch-medialen Elite kaum noch hinterfragten Glaubenssatz haben sich die Verfechter des Multikulturalismus begrifflich – und damit auch ideologisch – auf ganzer Linie durchgesetzt. Jahrzehntelang hat die politische Klasse darüber einen substanzlosen Streit um Worte geführt: Die Selbstdeklaration als »Einwanderungsland« wurde von links gebetsmühlenartig eingefordert, von den Unionsparteien bis zum Ende der Ära Kohl ebenso rituell zurückgewiesen, inzwischen schrittweise unter dem Eingeständnis der viel zu späten Einsicht und unter dem Beifall der Einwanderungslobby übernommen und nur noch gelegentlich zum Zwecke der Stammwählerpflege halbherzig abgelehnt.[67] Es bleibt in jedem Fall ein Etikettenschwindel: Selbst wenn Deutschland sich als Einwanderungsland bezeichnet, verhält es sich nicht so, weil es Einwanderung nämlich nur geschehen läßt und nicht nach einem vordefinierten staatspolitischen Interesse steuert.

»Es gibt keine Einwanderungspolitik, die nicht im Dienste nationaler Interessen steht«, postuliert der Bevölkerungswissenschaftler Josef Schmid:

»Das entscheidende Kriterium dafür, was ein Einwanderungsland sei, ist nicht der Druck von außen. Es ist auch nicht die Zahl der schon im Lande lebenden Migranten. Vielmehr bedarf es neben einer politischen Absichtserklärung einer entsprechenden Geisteshaltung. Das aufnehmende Land braucht eine mentale Bereitschaft und eine Festigkeit, den Prozeß der Migration durchzustehen, also die Ankommenden auszuwählen und einzugliedern und an die geeignete Stelle zu setzen. Einwanderungsländer sind nüchtern und selbstbewußt.«[68]

In Deutschland ist dagegen die Hypermoral das größte Hindernis, das einer rationalen und interessegeleiteten Einwanderungspolitik im Wege steht. Mit Hypermoral bezeichnete der Soziologe Arnold Gehlen die verhängnisvolle Entwicklung, Privatinteresse und »Familienmoral« auf die Ebene des Staates zu übertragen und ihn dadurch entscheidend zu schwächen in der Erfüllung seiner Hauptaufgabe: das Gemeinwesen zu sichern. Diese Sicherung kann nur gelingen, wenn sie als Hauptaufgabe strikt getrennt bleibt von einem geradezu sentimentalen, auf die ganze Menschheit gerichteten Glücksversprechen, das einzulösen jedem Zuwanderer an einem Ort seiner Wahl freistehe.

In keinem anderen Land der Welt sind die Einwanderungsschranken aufgrund der beschriebenen Hypermoral weiter geöffnet als in Deutschland. Anforderungen, wie sie klassische Einwanderungsländer wie Kanada oder Australien an Zuzugswillige stellen – gute Ausbildung, hohe berufliche Qualifikation, ausreichende Sprachkenntnisse, eigenes Startkapital –, erscheinen, gemessen an den Vorgaben des deutschen Multikulturalismus, schlechthin jenseits des Denkbaren. Während also echte Einwanderungsländer im Wettbewerb um die Besten der Welt, die ihre demographischen Defizite ausgleichen sollen, einen gewissen Prozentsatz an Arbeitsmarktversagern in Kauf nehmen, um von den Qualifikationen der Masse der Angeworbenen zu profitieren, ist die Relation in Deutschland umgekehrt; die wenigen durchgerutschten »erfolgreichen« Einwanderer müssen noch als Rechtfertigung für eine Fortsetzung der einwanderungspolitischen Beliebigkeit herhalten.

In der Konsequenz folgt Einwanderung in Deutschland keiner Staatsräson, sondern ist gefangen in einem Interessendreieck: Da ist zum einen das strategische Streben einer Wirtschaftslobby nach steter Vergrößerung des Arbeitskräfteangebots, die den Preis der Arbeit senken soll. Wenn man dies begreift, kann es nicht verblüffen, daß in der Frühphase der Gastarbeiteranwerbung in Deutschland die Arbeiterpartei SPD sich als Gegner der Zuwanderung positionierte: Den deutschen Arbeitern sollte keine billige Konkurrenz entstehen. Ein Zweites ist das egoistische Interesse der Sozial- und Integrationsindustrie an der Vermehrung ihrer Klientel und der Fortschreibung ihrer Existenzberechtigung. Und da ist drittens der oftmals unterbewußte nationale Selbsthaß, den weniger das breite Volk, stark hingegen die politisch-mediale Elite auslebt. Dieser Selbsthaß ist nicht leicht zu fassen, in seiner Wirksamkeit aber gut nachweisbar. Er sorgt jedenfalls für ein geistiges Klima, in dem gerade die Meinungsführer sich von den Einwanderern unterschwellig eine Erlösung vom eigenen Volkscharakter erhoffen. Der

Blick auf die Ausländer ist sentimental-romantisch, jeder »Migrant« gilt als Opfer globaler, vom Westen zu verantwortender Ungerechtigkeit, an dem ein Teil der eigenen vermeintlichen Erbschuld abgetragen werden kann. Unter diesen Vorzeichen ist eine rationale Einwanderungspolitik kaum möglich.

Es gibt aber noch einen zweiten Grund, warum Deutschland kein klassisches Einwanderungsland ist und sein kann: der Sozial- und Wohlfahrtsstaat europäischen Zuschnitts, dessen Auswüchse Deutschland als einziges Land nicht im geringsten beschnitten hat. Die beiden Konzepte schließen einander aus: Der Wohlfahrtsstaat, der soziale Probleme durch Umverteilung auf hohem Niveau lösen will, braucht eben deswegen die Abschottung, um den Kreis der Zugangsberechtigten zu den sozialen Leistungen zu beschränken. Einwanderung in den Wohlfahrtsstaat, die über ein gewisses Maß hinausgeht, muß daher notwendig Verteilungskonflikte produzieren, die durch Leistungskürzungen, Abgabenerhöhungen oder Schuldenaufnahme nur begrenzt ausgeglichen oder vielmehr aufgeschoben werden können.[69] Deutschland, das sich im europäischen Vergleich ein besonders aufwendiges Sozialsystem und mit das höchste Steuer- und Abgabenniveau leistet, ist daher als Einwanderungsland von allen westlichen Industriestaaten am wenigsten geeignet. Dennoch gestattet es sich ein Zuwanderungsniveau, das zum Teil um ein Vielfaches über dem der klassischen Einwanderungsländer liegt; die Zahl der jährlichen Zuwanderer liegt deutlich über der der Geburten.[70]

Das hohe Abgaben- und Umverteilungsniveau hat darüber hinaus die Wirkung, daß Deutschland als Zielland vor allem für solche Einwanderer attraktiv ist, die sich allein aufgrund des hohen Versorgungsniveaus ein höheres Einkommen und einen besseren Lebensstandard ausrechnen können, als es ihnen in ihren Herkunftsländern als in der Regel gering Qualifizierte durch Arbeitsaufnahme möglich wäre.

Wie drastisch sich Deutschlands Umverteilungspolitik von derjenigen anderer Länder unterscheidet, hat der Politikwissenschaftler Gunnar Heinsohn in einem seiner Beiträge zur Sarrazin-Debatte geradezu genüßlich ausgeführt:

»Die Welt kennt fünf Ränge der Sozialpolitik. Unten stehen rund 160 Nationen ohne Hilfe für soziale Notlagen. Konkurrenten wie China und Indien gehören dazu. Darüber rangieren die Vereinigten Staaten. Sie geben ihren Bürgern ein Fünfjahreskonto, mit dem diese sparsam umgehen, um bei Notlagen Halt zu finden. Vorher weichen sie auf Ersparnisse, Verwandte oder schlechtbezahlte Arbeit aus. Auf dem dritten Platz liegt ein rundes Dutzend Nationen, bei denen zwar lebenslänglich Sozialhilfe gewährt wird, diese aber knapp ausfällt wie in Italien und England. Auf dem zweithöchsten Rang findet sich ein weiteres Dutzend Nationen. Auch sie zahlen lebenslänglich und dazu relativ großzügig aus, wobei Norwegen, Finnland und die Schweiz an der Spitze liegen. Den ersten Rang belegt Deutschland allein. Es zahlt ebenfalls lebenslänglich und liegt in der Höhe nur knapp hinter der Schweiz. Überdies aber gibt es den Frauen auf Sozialhilfe in Form von Elterngeld Sonderprämien, wenn sie ihre risikoreiche und pädagogisch ungünstige Existenz auf weitere Neugeborene ausdehnen. Aus diesem Grund haben Frauen in Deutschland eine viermal höhere Wahrscheinlichkeit für prekäre Mutterschaften als in den übrigen hochentwickelten Nationen.«[71]

Wer nun aufgrund guter Ausbildung und potentiell hohen Einkommens erwarten muß, überproportional zur Mitfinanzierung dieses Sozialstaatsmodells herangezogen zu werden, wird Deutschland eher meiden und in Länder mit höheren Zugangshürden und niedrigerem Abgabenniveau streben. Die periodisch aufflackernde und in der Regel von Wirtschaftslobbyisten angestoßene Debatte um einen vermeintlichen »Fachkräftemangel«, der durch weitere Lockerung von Zugangshürden auf den deutschen Arbeitsmarkt behoben werden soll, ist von daher regelmäßig eine Geisterdiskussion: Die anvisierten Bewerber sind gar nicht in Sicht.

Statt dessen verlassen Hochqualifizierte, Einheimische ebenso wie Einwanderer oder deren Nachkommen, Deutschland jährlich in sechsstelliger Zahl. Die Verteilungsprobleme werden dadurch weiter verschärft: »Für jede Hartz-IV-Mutter benötigt man die Steuern von zwei voll erwerbsfähigen Bürgern. Jedes Jahr wandern von denen 160 000 aus. Damit verlieren jährlich 80 000 Hartz-IV-Familien ihre Versorger.«[72] Die immer wieder als Rechtfertigung für ein hohes Zuwanderungsniveau angeführte Absicht, die demographischen Probleme des deutschen Sozialstaats durch Einwanderung zu lösen, gilt bei Bevölkerungswissenschaftlern längst als gescheitert. Ohnehin ist Einwanderung nur eine Notlösung, um Überalterung abzuwenden; die beste Lösung wäre ein Wiederanstieg der Geburtenrate, der freilich erst mit einer Verzögerung von Jahrzehnten wirksam würde. Wollte man den Altenquotienten, also das Verhältnis der nicht mehr Erwerbstätigen zur Bevölkerung im erwerbsfähigen Alter von 20 bis 60 Jahren, bis zur Jahrhundertmitte stabil halten, müßten bis 2050 netto 188 Millionen Menschen nach Deutschland ziehen, Arbeit finden und Beiträge zahlen.[73] Eine unrealistische Annahme. Hinzu kommt, daß auch die fiskalische Bilanz der bisher stattgefundenen Einwanderung negativ ist:»Deutschland zahlt mehr Sozialtransfers an Ausländer, als die Ausländer selber ins Steuer- und Sozialsystem einzahlen.«[74]

Deutschland kann, ohne seinen ursprünglichen Charakter als demokratisch verfaßter Nationalstaat der Deutschen zu ändern, kein Einwanderungsland sein, das im großen Stil um qualifizierte Einwanderer aus aller Welt wirbt. Doch auch mit der Einwanderung, die bereits stattgefunden hat, wird sich die Zusammensetzung der Bevölkerung gravierend ändern. Durch Geburtenüberschüsse und weitere Einwanderungen wird die zugewanderte Population bis 2050 auf 19 Millionen wachsen, während die ethnisch deutsche Einwohnerschaft im gleichen Zeitraum auf 49 Millionen schrumpft.[75] Herwig Birg prophezeit als Konsequenz aus den dargelegten Entwicklungen und demographischen Fehlsteuerungen massive Verteilungskonflikte zwischen Einheimischen und Zuwanderern vor allem in den jüngeren Generationen, »wobei die Zugewanderten [...] eine ethnisch geprägte Unterschicht bilden, die einen wachsenden Anteil des staatlichen Sozialbudgets beansprucht«.[76] Diese Situation steht unmittelbar bevor und erklärt das plötzlich erwachende politische Interesse an einer besseren »Integration« von Einwanderern, die freilich hartnäckig mit den falschen Mitteln angestrebt wird.

»So wächst zur Zeit eine starke, im ganzen wenig assimilationsfähige völkische Minderheit heran. Die übliche Integrationspolitik ist in vielen Türkenstadtteilen jetzt schon eine Farce.« Die Feststellung ist heute noch genauso richtig wie vor fast drei Jahrzehnten; der sozialdemokratische Kommunalfachmann Martin Neuffer hat diesen Satz schon 1982 niedergeschrieben.[77] Das ist in vielfacher Hinsicht aufschlußreich: Es ist nicht nur einer von vielen Belegen dafür, daß die aus der ungesteuerten Einwanderung nach Deutschland erwachsenden Gefahren durchaus frühzeitig erkannt – und offenkundig hartnäckig ignoriert – worden sind, sondern auch für die absehbare Nutzlosigkeit einer staatlichen »Integrationspolitik«, die gleichwohl unbeirrt und mit stetig steigendem Aufwand fortgesetzt wurde.

In klassischen Einwanderungsländern – zu denen, wie dargelegt, die Bundesrepublik Deutschland trotz eifriger politischer Selbstbekundungen gerade nicht gehört – wird Integration und Assimilation selbstverständlich als Verpflichtung der Einwanderer, nicht des Aufnahmelandes betrachtet. Die Konditionen lauten: Du erhältst den Zugang zu unserem Land und damit die Chance, unter den Bedingungen, die wir dir bieten, etwas aus deinem Leben zu machen; im Gegenzug erwarten wir, daß du die Fähigkeiten, Qualifikationen und auch materiellen Voraussetzungen mitbringst, um für dich selbst zu sorgen, und daß du dich den hier geltenden Regeln und Gesetzen anpaßt. – Ein solcher Schmelztiegel der Assimilation ist das Idealbild eines als Einwanderungsland verfaßten Gemeinwesens, dem freilich auch die traditionellen Einwanderungsländer selbst immer weniger gerecht werden können.

Die Verlagerung der Integrationsverantwortung vom einzelnen auf den Staat hat offensichtlich wenig Gutes bewirkt. Trotz eines nie dagewesenen Ausmaßes an Hilfen für Einwanderer in materieller, rechtlicher und ideologischer Hinsicht durch staatliche wie nichtstaatliche Stellen, trotz der Milliardensummen, die alljährlich allein in Sprach- und Integrationskurse investiert werden, geraten die Ergebnisse immer dürftiger.[78] Der Bundesinnenminister geht, ohne nähere Begründung, von »zehn bis zwölf Prozent« Integrationsverweigerern unter Deutschlands Einwanderern aus. Heißt: Einige leben in ethnischen Kolonien, Parallelwelten, in denen sie sich von Generation zu Generation der Aufnahmegesellschaft mehr entfremden und praktisch niemand mehr etwas mit den Deutschen zu tun hat oder zu tun haben will; andere bewegen sich unauffällig inmitten der deutschen Bevölkerung, vielleicht dort, wo diese noch die Mehrheit stellt. Türken, Kurden und Araber mit Rußlanddeutschen und Vietnamesen unter dem gleichmacherischen Etikett »Migranten« in einen Topf zu werfen, ist auch in dieser Hinsicht wenig erkenntnisfördernd.

Tatsächlich gibt es reale Integrationshindernisse, die unabhängig von Herkunftskultur und -religion jeden Einwanderer betreffen können. Ein Arbeitsplatz und die Teilnahme am Arbeitsleben sind der direkte und schnellste Weg zur Einfügung in die Aufnahmegesellschaft. Wo sie fehlen, wird es schwierig: In hochtechnisierten modernen Industriegesellschaften brechen die Arbeitsplätze unqualifizierter Einwanderer als erste weg, sie sind in Rezessionen auch überproportional von Entlassungen betroffen. Schulbildung und Sprachkenntnisse sind essentiell für Jobsuche und Arbeit; fehlende Qualifikation, insbesondere muslimischer Einwanderer, ist also ein wesentliches Integrationshindernis. Auch das bedeutet wieder: Eine Immigrationspolitik, die nicht auf die Qualifikation der Immigranten achtet, macht einen Fehler. »Und wenn der Bildungsstand der Eltern von besonderer Bedeutung für den schulischen Erfolg der Kinder ist, dann ist der niedrige Bildungsstand der meisten muslimischen Eltern ein Integrationshindernis auch für die Kinder.«[79]

Sprachkenntnis allein entscheidet allerdings nicht über den Integrationserfolg; schon von daher ist der staatliche Fokus auf Angebot und Ausrichtung geförderter Sprach- und Integrationskurse fraglich. Es gibt den fließend Deutsch sprechenden Studenten muslimischer Herkunft, der gleichwohl Attentatspläne hegt wie der in Hamburg studierende Mohammed Atta; es gibt aber auch den hart arbeitenden und kaum Deutsch sprechenden vietnamesischen Imbißbesitzer, der sich von den Früchten seiner Arbeit selbst nichts gönnt, um seinen Kindern den erfolgreichen Besuch einer weiterführenden Schule ermöglichen zu können. Es kommt auf den »Chip« an, der »im Kopf schon drin« ist, wie Hamed Abdel-Samad im Rahmen seiner »Deutschland-Safari« mit Henryk M. Broder tiefsitzende und fortwirkende kulturelle Prägungen beschrieb – am Beispiel eines scheinbar vollintegrierten, nicht-religiösen, Alkohol trinkenden, Brezeln verkaufenden Türken, der umstandslos von Verkaufsgespräch auf Familienehre umschalten kann. »Der Chip, damit ist das Programm gemeint, die kulturelle Hirnabschaltung, die verhindert, daß Integration wirklich gelingt.«[80]

Daß die in Deutschland lebenden Türken die »Sorgenkinder der Integration« sind, liegt an ihrer stärkeren Neigung, unter sich zu bleiben, wie eine Studie des Bundesamts für Migration und Flüchtlinge im vergangenen Jahr statistisch untermauert hat.[81] Die Abschottung ist die eigentliche Wurzel von schlechten Sprachkenntnissen und Bildungsvoraussetzungen. In der Mediennutzung ist die Parallelgesellschaft die Regel; mehr als die Hälfte der drei Millionen in Deutschland lebenden Türken bevorzugt türkische Fernsehsender vor deutschen.[82] Der Einfluß des Mutterlandes bleibt durch moderne Medien dominant; Satelliten-TV, Internet-Telefonie und Billigflüge sind faktisch Integrationsfeinde: »Je intensiver der Kontakt mit dem Herkunftsland, desto geringer in der Regel die Integrationsbereitschaft.«[83] Dies ist erst recht der Fall, wenn das Mutterland durch politische Intervention seinen Einfluß auf die ausgewanderten Landsleute instrumentalisiert und dadurch deren Identitätswechsel und Aufgehen in der Aufnahmegesellschaft verhindert. Das Wirken des staatlichen türkischen Religionsamts Ditib als Moscheezentren-Großunternehmer und die explizite Aufforderung des türkischen Ministerpräsidenten an seine Landsleute, sich der »Assimilation« zu widersetzen[84] und in Deutschland als Lobby der türkischen Politik aktiv zu werden, sind die markantesten Beispiele.

Ein nicht zu unterschätzendes Integrationshindernis ist schließlich der Sozial- und Wohlfahrtsstaat selbst. Intensive Fürsorge lähmt den Willen, das eigene Schicksal selbst in die Hand zu nehmen, und neutralisiert den Ehrgeiz, durch eigene Sprach-, Bildungs- und Arbeitsaufnahmebemühungen am Leben der Deutschen teilzunehmen. »Kinder und Jugendliche wachsen in einem sozialen Umfeld auf, in dem die Nichtteilhabe am Erwerbsleben und die Abhängigkeit von staatlicher Unterstützung Normalität sind. Dies hat Konsequenzen für die Integrations- und Leistungsbereitschaft«, hat das Bezirksamt Neukölln erkannt. In klassischen Einwanderungsländern ist der Zwang, zu arbeiten und selbst für sich zu sorgen, der Integrationsmotor schlechthin; in einem Wohlfahrtsstaat wie dem deutschen kann man sich lebenslang in der Fürsorge einrichten und dank des Transfereinkommens, das durch Kinderreichtum noch steigerbar ist, in der Herkunftskultur verharren. Mit anderen Worten: Der Sozialstaat begünstigt Entstehen und Wachstum ethnischer Kolonien. Die Sozialindustrie ist Teil des Problems und nicht der Lösung.

Wenn Integration nicht gelingt, kann dies angesichts des immensen staatlichen Aufwands im Grunde keine Frage fehlender Angebote sein; die Gründe des Mißerfolgs liegen vielmehr in mangelnder Nachfrage, in der Weigerung, diese Angebote auch anzunehmen. Im Bildungs- und Integrationserfolg zeigen sich klare ethnisch-kulturelle Unterschiede; die Kinder vietnamesischer Einwanderer beispielsweise übertreffen aufgrund ihrer Erziehung im bildungsbewußten konfuzianischen Ethos oft die einheimischen Deutschen in ihren schulischen Leistungen.[85]

Integrationsdebatten und Integrationspläne scheitern in Deutschland regelmäßig daran, daß der Begriff »Integration« zur unscharfen Wohlfühl- und Allzweckvokabel verkommen ist, unter der je nach Bedarf Verschiedenes verstanden werden kann. Klare Vorstellungen entwickeln im Grunde nur die türkischen Lobbyverbände; Kenan Kolat deutet Integration knallhart und konsequent als »Partizipation«, sprich gesellschaftliche und politische Teilhabe[86], und möchte den Begriff »Integration« inzwischen am liebsten aus dem politischen Wortschatz streichen.[87] Das Ziel im Sinne Kolats und seiner »Türkischen Gemeinde Deutschlands« (TGD) heißt also: geordnetes Nebeneinander ethnisch gefestigter Volksgruppen.

Verhandlungsrunden »auf Augenhöhe« wie der »Integrationsgipfel« der Bundeskanzlerin oder die »Islamkonferenz« des Bundesinnenministers können ebenso als Entgegenkommen an diese Forderung verstanden werden wie die Verabschiedung von »Nationalen Integrationsplänen« und »Integrationspakten« auf unterschiedlichen Ebenen, bei denen sich nur die staatliche Seite auf weitere

Leistungen verpflichtet und im Gegenzug vor allem unverbindliche Absichtserklärungen erhält. Das setzt sich im Sprachgebrauch fort: Die beliebte Formel »Integration ist keine Einbahnstraße« macht Integration zur Verhandlungssache zwischen dem deutschen Staat und verschiedenen ethnischen Einwanderergruppen. Der frühere nordrhein-westfälische Integrationsminister, Armin Laschet, hat sogar den Begriff »Leitkultur« im Sinne eines künftig zwischen Deutschen und Einwanderern auszuhandelnden Kompromisses umzudeuten versucht[88]: Den Deutschen müsse bei der »Integration« der wahllos hereingelassenen Einwanderer dieselbe Solidarität abverlangt werden wie beim Lastenausgleich mit den ostvertriebenen Landsleuten und der Wiedervereinigung mit dem von der kommunistischen Diktatur befreiten mitteldeutschen Teil von Staat und Volk. Weiß Laschet nicht, daß er mit dieser Gleichsetzung die nationalstaatliche Solidarität als Grundlage von Sozialsystem und Wohlfahrtsstaat abwickelt?

Darüber gerät der Kern des Problems außer Sicht: Integration braucht Richtung und Ziel. Alle »Integration« läuft letztlich auf Assimilation hinaus: »Wer sich erfolgreich in eine moderne Industrie- und Dienstleistungsgesellschaft integrieren will, muß erhebliche Anpassungsleistungen erbringen und kommt nicht darum herum, seine ›Herkunftsidentität‹ in wesentlichen Teilen abzulegen.«[89] Wirksamer Druck, diese Leistung auch zu erbringen, besteht nur dann, wenn im Falle der Verweigerung dieser Leistung als Sanktion der Verlust des Aufenthaltsrechts gefürchtet wird; »wenn das Ende des gemeinsamen Weges nicht gefürchtet wird, ist er nichts wert«.[90]

Und es muß klar sein, wohin ein Einwanderer sich integrieren soll. Der allgemeine Hinweis auf Grundgesetz und Werte reicht nicht aus; Integration funktioniert letztlich erst dann, wenn sie mit dem Wunsch verbunden ist, als Einwanderer dazugehören, »Deutscher werden« zu wollen. Nichts anderes meint der britische Oberrabbiner Lord Jonathan Sacks, wenn er die Stärkung des nationalen Gemeinschaftsgefühls fordert und davor warnt, die nationalen Identitäten aufzulösen, weil es für Minderheiten unmöglich sei, sich zu integrieren, wenn es nichts gebe, in das man sich integrieren könne.[91] Die Wurzel des Staatsversagens im Umgang mit Einwanderung und Integration liegt im vorsätzlichen Ignorieren dieser einfachen Wahrheiten.

Es gehe bei dem ganzen »Gerede von der Integration«, appelliert der Schriftsteller Richard Wagner auf dem Autorenblog »Achse des Guten«, doch schon lange nicht mehr um die Frage, »ob ein Anatolier ein bißchen mehr deutsch, und wir insgesamt ein bißchen mehr anatolisch werden, es geht doch längst ums Ganze. Es geht ums Überleben unserer Gesellschaft als deutsche Gesellschaft. Hören wir damit auf, es den Einwanderern bequem oder auch nur recht zu machen. [...] Die Frage, um die es geht, lautet: Wollen wir unser Land und unsere Kultur aufgeben oder wollen wir an dem Gebäude, das unsere Vorfahren uns hinterlassen haben, weiterbauen? Deutschland muß als Deutschland erkennbar sein. Für die anderen, aber auch für uns.«[92]

# Kapitel 3

# Staatsversagen

Unverdaute Zuwanderung · Die Entstehung
der Ghettos · Vorsätzlich blind · Bürgerkrieg
gegen das eigene Volk · Problemlösung durch
Denkverbote · Islam und Deutschenfeindlichkeit

## Unverdaute Zuwanderung

Deutschenfeindliche Aggressionen sind ein direktes Ergebnis unverdauter Zuwanderung. Diese bewirkt den schleichenden Zerfall von Staat, Bevölkerung und Territorium eines Landes entlang ethnisch-kultureller Bruchlinien, die bestehende soziale Unterschiede und Spannungen verfestigen und verschärfen. Nicht die soziale Lage der Gewalttäter gebiert die Aggression, sondern die radikalisierend hinzutretenden ethnisch-kulturellen Unterschiede und Identitäten.

Die seit 1960 voll einsetzende Anwerbung ausländischer Arbeitskräfte löste die größte Einwanderungsbewegung von Ausländern in der Geschichte Deutschlands aus.[93] Zur Verschleierung und Relativierung der Tragweite taugt weder der gern herangezogene Vergleich mit der Beschäftigung ausländischer Arbeitskräfte in Bergbau und Landwirtschaft des deutschen Kaiserreichs im späten 19. und beginnenden 20. Jahrhundert: Sie war von geringerem Ausmaß, überwiegend saisonal und erfolgte noch dazu aus benachbarten Kulturräumen.[94] Erst recht nicht kann eine Analogie zu Flucht und Vertreibung der Deutschen aus den abgetrennten Ostprovinzen und den osteuropäischen Siedlungsgebieten nach 1945 gezogen werden.[95] Sie war ethnisch gesehen eine Binnenwanderung, allerdings eine von gigantischem Ausmaß. Und obwohl die Vertriebenen millionenfach in den durch den Bombenkrieg stark zerstörten westlicheren Teilen untergebracht werden mußten, gab es unter den Deutschen zwar Sozialneid und Reibereien; keinesfalls aber entstanden Parallelgesellschaften, die etwa bis heute Bestand hätten. Selbst der Lastenausgleich zwischen denen, die vom Kriege materiell verschont geblieben waren, und solchen, die nur das Leben gerettet hatten, wurde akzeptiert: Es waren Landsleute, denen das Schicksal zugesetzt hatte, die Nähe innerhalb der »Schicksalsgemeinschaft« war nicht erklärungsbedürftig.

Erklärungsbedürftig aber war und ist bis heute die zahlenmäßig in die Millionen gehende Zuwanderung von Ausländern, die mit der Anwerbung von Arbeitskräften anhob. »Aus heutiger Sicht war die Gastarbeitereinwanderung in den sechziger und siebziger Jahren ein gigantischer Irrtum«, schreibt Thilo Sarrazin in seinem Manifest[96] und befindet sich damit in bester Gesellschaft mit Altbundeskanzler Helmut Schmidt, der es schon im November 2004 als »Fehler« bezeichnet hatte, »daß wir zu Beginn der 60er Jahre Gastarbeiter aus fremden Kulturen ins Land holten«.[97] Binnen einer Generation hat sich die ethnische Zusammensetzung von Staatsvolk und Bevölkerung Deutschlands grundlegend verändert, von ethnischer Homogenität zu einer willkürlich entstandenen Vielvölkerstruktur, ohne daß diese Umwandlung vom betroffenen Volk als Souverän je abgesegnet worden wäre. Das Max Frisch zugeschriebene und meist oberflächlich sozialromantisch verstandene Wort, man habe »Gastarbeiter«[98] gerufen, und »Menschen« seien gekommen, gewinnt vor diesem Hintergrund einen tieferen Sinn: Die Einwanderer, die im Laufe des letzten halben Jahrhunderts nach Deutschland gekommen sind, waren nicht austauschbare Produktionsfaktoren, demographische Ziffern oder atomisierte Individuen, sondern Angehörige ihrer jeweiligen Völker und Religionen, die ihre ethnischen, kulturellen und religiösen Bindungen und Loyalitäten in das Aufnahmeland mitgebracht haben.

## Die Entstehung der Ghettos

Ziel- und planlos und wider besseres Wissen hat sich die Bundesrepublik Deutschland zum Hauptzielland für Einwanderung in der westlichen Welt gemacht. Stefan Luft hat bereits klargestellt, daß die Vereinbarung zwischen den Regierungen Deutschlands und der Türkei zur Anwerbung türkischer Arbeitnehmer im Jahr 1961 auf Wunsch und Drängen der türkischen Regierung geschlossen wurde.[99] In einer wirtschaftlichen Krisensituation erhoffte sich Ankara vom Export seiner rasch anwachsenden Bevölkerungsüberschüsse nach Deutschland Entlastung seiner agrarisch dominierten und rückständigen Wirtschaft, eine Verbesserung der Zahlungsbilanz durch Devisenüberweisungen der Gastarbeiter in die Heimat und einen Modernisierungsschub durch qualifizierte Heimkehrer. Das Anliegen, als Nato-Partner gegenüber Griechenland, das 1960 ein Anwerbeabkommen mit Deutschland geschlossen hatte, nicht »diskriminiert« zu werden, tat ein übriges und sorgte für den nötigen US-amerikanischen Druck, um die Bundesregierung zum Einlenken zu bewegen. Die Karlsruher Wirtschafts- und Sozialhistorikerin Heike Knortz hat schließlich nach systematischer Auswertung der Akten von Außenamt, Wirtschafts- und Arbeitsministerium und weiterer Regierungsstellen allen Mythen, Deutschland habe das Tor zur Arbeitsmigration aus Eigennutz geöffnet, ein für allemal den Boden entzogen. Die Akten belegen: Die Initiative zur »Gastarbeiter«-Anwerbung ging in allen relevanten Fällen nicht von der Bundesrepublik Deutschland aus, und die Motive der Bundesregierung, dem Drängen der Entsendeländer nachzugeben, waren primär außenpolitischer und außenwirtschaftlicher Natur; arbeitsmarktpolitische Überlegungen und die Interessen von Industrie und Wirtschaft traten erst später hinzu.[100]

Diese gewannen allerdings zügig die Oberhand über staatspolitische Erwägungen. Die deutsche Wirtschaft fand schnell Geschmack an der neuen »industriellen Reservearmee«: Mit einem flexibel verfügbaren und großen Angebot an ausländischen Arbeitskräften im Rücken konnte man notwendige Rationalisierungsinvestitionen zugunsten rascher Profite aufschieben und Gewerkschaftsforderungen nach höherem Lohn für knappe Arbeit elegant abwehren. Für den CSU-Bundesminister Franz-Josef Strauß war das schon 1955 ein wesentliches Argument für die Gastarbeiteranwerbung.[101] Es war logisch, daß man die einmal angelernten Arbeitskräfte auf Dauer behalten wollte und entsprechenden Druck auf die Politik ausübte. Bereits 1964 wurde das Rotationsprinzip – ursprünglich hatten alle Anwerbeabkommen die Zielgruppe auf ledige, kinderlose Arbeitnehmer beschränkt, die nach zwei Jahren wieder in die Heimat zurückkehren und durch frische Arbeitskräfte ausgetauscht werden sollten – in einem Zusatzabkommen mit der Türkei auch auf deren Drängen stillschweigend außer Kraft gesetzt. Ebenso wurde die anfangs strikte Absage an jeden Familiennachzug bald aufgeweicht. Den Arbeitgebern lag daran, daß Arbeitnehmer, die länger blieben, auch Frau und Kinder nachholen durften: Das war gut für die Arbeitsmoral. Zugleich versuchten aber auch türkische regierungsamtliche Stellen, schon bald nach Inkrafttreten des Anwerbeabkommens »mit orientalischer Behördenmentalität in ihrem Sinne Fakten zu schaffen«[102], um den Export heimischer Bevölkerungsüberschüsse auszuweiten – etwa, indem Kinder und Ehefrauen nachträglich in die mit Aufenthaltserlaubnissen versehenen Pässe türkischer Arbeitnehmer eingeschrieben wurden.

Die Freude über das vermeintlich gute Geschäft für die öffentlichen Haushalte durch Lohnsteuer und Sozialbeiträge der ausländischen Arbeitnehmer währte nur kurz, solange nämlich, wie deren Beschäftigungs- und Abgabenzahlerquote höher war als die der Einheimischen. Es handelte sich im Grunde um ein sozialpolitisches Schneeballsystem, das in dem Moment platzte, als nach der Rezession der ausgehenden Sechziger, die das »Wirtschaftswunder« beendete, und besonders nach der Ölkrisen-Rezession Anfang der Siebziger die Arbeitslosenzahlen nach oben und die ausländischen Arbeitnehmer nicht nach Hause gingen. Dennoch hält sich bis heute der von deutschen Politikern und türkischen Medien fortgeschriebene Mythos, Deutschland habe insgesamt von der Arbeitsimmigration profitiert, die »Gastarbeiter« hätten »nach dem Krieg mitgeholfen, unser Land wieder aufzubauen und die Arbeiten erledigt, die die Deutschen nicht mehr machen wollten«.[103] Tatsächlich setzte die Anwerbung ausländischer Arbeitskräfte, auf der Zeitachse leicht erkennbar, erst nach dem unmittelbaren Wiederaufbau in einer Phase wirtschaftlicher Expansion ein; und was die Bereitschaft zur Übernahme gewisser Arbeiten angeht, so hängt diese eben auch von der Bereitschaft der Arbeitgeber ab, angemessene Löhne für knappe Arbeitskraft zu zahlen – was ihnen durch den Import einer »Reservearmee« gerade erspart blieb. So waren die Gastarbeiterprogramme zwar für die Privatwirtschaft ein Erfolg, »nicht aber gesamtwirtschaftlich, da die Folgekosten die Gewinne schließlich übertrafen«.[104] Zu diesen Folgekosten zählen die kontinuierlich steigenden Ausgaben für Infrastruktur, Sozialapparate und Integrationsindustrien, die dem Steuerzahler bis heute unverdrossen aufgebürdet werden. Eine offizielle volkswirtschaftliche Gesamtbilanz wurde wohlweislich niemals aufgestellt; »eine Billion Euro Sonderschulden aber hatte Deutschland bereits 2007 für Migranten, die mehr aus den Hilfesystemen entnehmen, als sie aufgrund schlechter Schulleistungen und anderer Handicaps in sie einzahlen können«, schätzte Gunnar Heinsohn zuletzt.[105]

Als die sozialliberale Koalition in einer der vielleicht letzten souveränen einwanderungspolitischen Entscheidungen einer deutschen Bundesregierung am 23. November 1973 schließlich den generellen Anwerbestopp verfügte, hielten sich noch zweieinhalb bis drei Millionen der insgesamt vierzehn Millionen Angeworbenen in der Bundesrepublik Deutschland auf. Die größte Gruppe bildeten seit 1972 Gastarbeiter aus der Türkei mit rund 712 000 Registrierten, gefolgt von ca. 600 000 Spaniern und 400 000 Griechen. Die Angehörigen der beiden letztgenannten Nationen kehrten in der Folgezeit zu einem großen Teil in die Heimat zurück, verstärkt seit dem Ende der Franco-Herrschaft in Spanien 1975 und der Militärdiktatur in Griechenland. Diejenigen, die im Lande blieben – seit Ende der Achtziger zählt man noch gut hunderttausend Spanier und 270 000 Griechen, die nicht eingebürgert wurden –, integrierten sich binnen einer Generation ohne nennenswerte Reibungen.[106]

Die Arbeitsmigration aus der dem islamischen Kulturkreis zugehörigen Türkei wurde dagegen zum Sonderfall, der Deutschland tiefgreifend verändern sollte. An freiwillige Rückkehr dachten, anders als bei den westeuropäischen Gastarbeitern, die wenigsten; zu kraß wäre der Absturz im materiellen und sozialen Status ausgefallen. Zwar waren die meist ungelernten oder wenig qualifizierten türkischen Arbeitskräfte während des Strukturwandels, der auf Rezession und Ölkrise folgte, überproportional von Arbeitslosigkeit betroffen. Da sie jedoch sozial- und arbeitsrechtlich einheimischen Arbeitskräften von Anfang an faktisch gleichgestellt waren, war auch ein Verlust des Arbeitsplatzes kein Grund zur Rückkehr: Arbeitslosigkeit in Kreuzberg war der Arbeitslosigkeit in Anatolien noch immer vorzuziehen. Der Anwerbestop bewirkte also das Gegenteil seiner unausgesprochenen Intention – angesichts der Perspektive, nach einer Rückkehr möglicherweise nie wieder nach »Almanya« zurückkommen zu können, entschieden sich viele Gastarbeiter, zu bleiben und ihre Familien ganz nachzuholen. Wer nur einen befristeten Aufenthaltstitel besaß, tauchte oft in die Illegalität unter; schon 1973 schätzte man über die »Registrierten« hinaus die Zahl der in Deutschland lebenden Türken auf annähernd eine Million.[107]

Damit war ein verhängnisvoller Mechanismus in Gang gesetzt. Statt mit dem Ersparten in die Heimat zurückzukehren, gingen die türkischen Arbeitnehmer vom vorübergehenden Arbeitsaufenthalt zur Einwanderung auf Dauer über. Gleichzeitig verloren sie den Anschluß an den Arbeitsmarkt, der ihnen am ehesten eine Integration in die Aufnahmegesellschaft erleichtert hätte. In der politischen Klasse ist man sich heute quer durch die Lager einig, der deutsche Staat habe damals schon »versagt«, weil man es versäumt hätte, Deutschland gleich zu Beginn der Gastarbeiteranwerbung zum »Einwanderungsland« zu erklären und die »Integration« der Einwanderer, insbesondere derer aus fremden Kulturkreisen, als obrigkeitliche Aufgabe zu forcieren. Nach jahrelangem Schlagwortbeschuß von links sind längst auch die Unionsparteien auf diese Linie eingeschwenkt; der vormalige nordrhein-westfälische »Integrationsminister«, Armin Laschet, sprach in diesem Zusammenhang von »jahrzehntelanger kollektiver Realitätsverweigerung« und der Notwendigkeit, »vierzig Jahre verpaßte Integrationspolitik« nachzuholen.[108]

Die Selbstbezichtigung geht gleich mehrfach ins Leere. Nicht nur weil, wie oben dargelegt, in veritablen Einwanderungsländern

Integration eine Bringschuld der sorgfältig ausgewählten Einwanderer darstellt, sondern vor allem deshalb, weil die Forderung anachronistisch ist: Weder die verantwortlichen Politiker noch die Mehrheit des Staatsvolkes, der man sich in jenen Jahren noch stärker verpflichtet fühlte, noch das Gros der Gastarbeiter selbst hatten ursprünglich eine dauerhafte Auswanderung und Ansiedlung größerer ausländischer Bevölkerungsgruppen in Deutschland beabsichtigt. Das Staatsversagen besteht darin, trotz erkannter Fehlentwicklung aus den durch die Folgen eigenen Handelns veränderten Realitäten nicht die notwendigen Konsequenzen gezogen zu haben. Das politisch gebotene Pendant zum Anwerbestopp wäre die rasche und gezielte Rückführung der auf dem Arbeitsmarkt nicht mehr benötigten Gastarbeiter gewesen – so wie man das ursprünglich auch im Sinn gehabt hatte – und die Schließung der Einfallstore für weiteren Zuzug.

Schon vor dem Anwerbestopp war der wachsende Zustrom ausländischer Arbeitnehmer auf Widerwillen bei der autochthonen deutschen Bevölkerung gestoßen. »Vielleicht nähert man sich leider einer Toleranzgrenze, wenigstens in den Gebieten mit der höchsten Konzentration an ausländischen Arbeitnehmern«, warnte eine Expertise der OECD bereits im Oktober 1972.[109] Großstädte wie Stuttgart und Frankfurt am Main hatten da schon Ausländeranteile an der Wohnbevölkerung von über 18 und 17 Prozent erreicht; Berlin wurde in den Siebzigern zur ersten türkischen Großstadt außerhalb der Türkei.[110] *Der Spiegel* veröffentlichte im Sommer 1973 eine alarmierende Reportage über die »Invasion« der Türken am Beispiel Berlin-Kreuzbergs, das zu »Kleen-Smyrna« geworden war: »So gründlich wie in Kreuzberg hat sich während der letzten Jahre in keiner deutschen City die Bürgerschaft verändert.«[111] Das Ghetto war als Begriff und Zustandsbeschreibung im deutschen Ausländerdiskurs angekommen.

Der politischen Führung waren nach dem leicht zu umgehenden »Anwerbestopp« die Antworten auf diese Herausforderung ausgegangen. Unter der wählerberuhigenden Parole »Deutschland ist kein Einwanderungsland« betrieb man faktisch eine gegenläufige Politik und sah der ungesteuerten Einwanderung über Familienzusammenführung und später über den Mißbrauch des Asylrechts passiv zu. Einwanderung wurde vorrangig zur Einwanderung in die Sozialsysteme und ließ vor allem den türkischen Bevölkerungsanteil stetig zunehmen. 1993, zwanzig Jahre nach dem Anwerbestopp, zählte man trotz von der Regierung Kohl in den Achtzigern schließlich zögerlich in Gang gesetzter »Rückkehrförderung« 1,8 Millionen Türken. Die Zahl der sozialversicherungspflichtig beschäftigten Türken verharrte dagegen im gleichen Zeitraum bei rund sechshunderttausend und ging im darauffolgenden Jahrzehnt sogar kontinuierlich zurück.[112]

Die Türkei hatte in schwieriger wirtschaftlicher Lage kein Interesse an der Rückkehr ihrer Landsleute und zog es vor, ihre sozialen, ökonomischen und demographischen Probleme nach Deutschland zu exportieren. Deutschlands Regierungen ließen es geschehen – ein weiteres Staatsversagen. »Warten Sie mal ab. Wir produzieren die Kinder, und ihr werdet sie aufnehmen«, hat der türkische Ministerpräsident Süleyman Demirel dem deutschen Kanzler Helmut Schmidt Ende der siebziger Jahre nach dessen Darstellung offen ins Gesicht gesagt.[113] Die Kinder kamen: Die Familienzusammenführung, 1974 erweitert und bestätigt, ließ durch beständigen Nachschub von Kindern, Jugendlichen und jungen Ehepartnern die türkische Bevölkerung in den Großstädten expandieren. Hier konnten die Neuankömmlinge – in der Regel schlecht gebildet und ausgebildet, mit keinen oder nur geringen Sprachkenntnissen – unter ihresgleichen bleiben; das soziale Netz fing sie auf und hielt sie zugleich in der Aufstiegsfalle fest, weil es sie vom unmittelbaren Zwang zur Integration durch Arbeit freistellte.

Die Arbeitsmigration wurde so zur Landnahme: »Eine Ethnie, die einer anderen, nicht integrationsbereiten in größerer Zahl Zuwanderung erlaubt, tritt damit zugleich Land an sie ab, sie schränkt ihre eigenen Fortpflanzungsmöglichkeiten zugunsten eines anderen Volkes ein.«[114] Konflikte zwischen Autochthonen und Allochthonen waren vorprogrammiert: Die Einheimischen fühlen sich majorisiert und werden verdrängt, aus dem Straßenbild, aber auch ökonomisch durch die Herausbildung paralleler Wirtschaftsstrukturen der eingewanderten Minderheit, die lokal zur Mehrheit wird.[115] Die gewohnten Regeln des Zusammenlebens werden überlagert durch fremde Sitten und Gebräuche, der Konkurrenzkampf am unteren Ende der sozialen Skala läßt wenig Raum für die Illusion vom »kulturellen Austausch«. Das Ergebnis ist, daß die »überforderten Nachbarschaften«[116] der alteingesessenen Deutschen schließlich ausweichen. Der Verdrängungsprozeß – auch »Binnenvertreibung« genannt – war schon frühzeitig zu beobachten: »Welchen Grad die Ballung ausländischer Mitbewohner annehmen muß, damit die Deutschen das Weite suchen, läßt sich bereits nachmessen. Der Kreuzberger Ausländerbeirat ermittelte, daß bei einem Ausländeranteil von 30 Prozent im Haus die Lawine abgeht.«[117] Als erste gehen die wirtschaftlich Stärkeren, die sich die Wahl der Wohngegend womöglich noch leisten können. »Gesetz des Ghettos« nannte der *Spiegel* das schon 1973; »white flight« heißt das Phänomen in der anglo-amerikanischen Literatur[118]: Die Einheimischen flüchten aus den Einwanderervierteln, die Aufsteiger unter den Zuwanderern schließen sich ihnen bald an[119], zurück bleiben die Chancenlosen der neuen fremdstämmigen Mehrheit und die der angestammten Bewohner, die sich nun in der Minderheit sehen.

Das Ghetto ist kein Übergangsphänomen mehr wie die Iren- oder Italiener-Viertel in US-amerikanischen Städten, die nach dem Einschmelzen der sie tragenden Einwandererwellen wieder verschwanden, sondern Dauereinrichtung. Ein Türke, der in einer deutschen Großstadt geboren wird, kann sich durchaus von der Wiege bis zum Greisenalter in einem rein türkischen Milieu bewegen: In der Familie wird nur Türkisch gesprochen und türkisches Fernsehen konsumiert, der Bekanntenkreis besteht aus Familie und Landsleuten, man arbeitet beim türkischen Kaufmann, geht abends in türkische Clubs, Diskos, Restaurants oder Einrichtungen, und der Mittelpunkt des öffentlichen Lebens ist nicht das Rathaus, sondern das Moscheezentrum.

Diese Ghettos in den alten Arbeitervierteln der Großstädte – heute spricht man von Parallelgesellschaften – gibt es seit vier Jahrzehnten. Den Verantwortlichen und der Öffentlichkeit war das bekannt. Direkte und indirekte Zuwanderung durch Familienzusammenführung[120] und höhere Geburtenraten ließen sie wachsen und sich verfestigen. Daß sie ein idealer Nährboden für Frustration, Aggression, Kriminalität und Gewalt sind, die sich als naheliegendes Ziel gegen »die anderen« richtet, wußte man ebenfalls. Doch die Politik hielt die Augen weit geschlossen.

## Vorsätzlich blind

»Wir können nicht mehr Ausländer verdauen, das gibt Mord und Totschlag.«[121] Nicht nur Bundeskanzler Helmut Schmidt hatte eingangs der achtziger Jahre erkannt, daß die Einwanderung nach Deutschland inzwischen eine Dimension erreicht hatte, die ethnische Konflikte wahrscheinlich machte. Seit 1978 hatte der Zuzug, vor allem aus der Türkei, wieder stark zugenommen. Auch der im selben Jahr berufene erste Beauftragte der Bundesregierung »zur Förderung der Integration der ausländischen Arbeitnehmer und ihrer Familienangehörigen«, der frühere nordrhein-westfälische Ministerpräsident Heinz Kühn, sprach Klartext:

»Ich wäre glücklich, wenn heute eine Million Türken wieder zurückgingen in ihre Heimat. Denn hier liegt für uns das schwerste Integrationsproblem, auch weil religiöse Probleme eine Rolle spielen. Wenn die Zahl der Ausländer, die als Minderheit in einer Nation leben, eine bestimmte Grenze überschreitet, gibt es überall in der Welt Stimmungen des Fremdheitsgefühls und der Ablehnung, die sich dann bis zur Feindseligkeit steigern. Allzuviel Humanität ermordet die Humanität. Wenn jedoch eine Grenze überschritten ist, wird sich die Feindseligkeit auch auf jene erstrecken, die wir sogar gern bei uns haben möchten.«[122]

Kühn hatte 1979 ein Memorandum vorgelegt, in dem er die »Anerkennung der faktischen Einwanderung«[123] gefordert und weitreichende staatlich organisierte Integrationsmaßnahmen angemahnt hatte, die zum Teil noch immer die Debatte bestimmen. Unter Multikulturalisten gilt Kühn deshalb bis heute als Kronzeuge für das weite Zurückreichen der Versäumnisse der Bundesrepublik Deutschland bei ihrer Öffnung als »Einwanderungsland« und bei

der Integration aller, die da kamen. Im Kontext seiner begleiten-
den Äußerungen wird klar, daß dem Sozialdemokraten Heinz Kühn
– anders als den meisten, die sich später auf ihn berufen sollten –
die Grenzen der Aufnahme- und Integrationsfähigkeit einer modernen Industriegesellschaft mit weitgehend homogenem Staatsvolk
sehr wohl bewußt waren. Sogar konkrete Schätzungen zu verträg-
lichen Dimensionen von Einwanderung hatte er parat, als er nach
dem Ausscheiden aus dem Amt des Ausländerbeauftragten und
dem Wechsel ins Europaparlament noch deutlicher wurde:»Unsere
Möglichkeiten, Ausländer aufzunehmen, sind erschöpft [...] Über-
steigt der Ausländeranteil die Zehn-Prozent-Marke, dann wird jedes Volk rebellisch.«[124] Daß »ethnische Gruppenkonflikte in Ländern mit großen, nichtintegrierten Einwanderungsbevölkerungen
[...] sich über generationenlange Zeiträume hinziehen und zu einer ständigen Quelle von Unstabilität und Unfrieden werden« können, wußte zur selben Zeit auch der SPD-Kommunalexperte Martin Neuffer. Weltweit hätten Wanderungen »größerer Bevölkerungsteile, wo sie nicht mit der völligen Verdrängung der Eingesessenen
verbunden waren, in aller Regel zu Konflikten, Spannungen und
Klassenherrschaft, zu Elend und Gewalt geführt«.[125]

Es ist bemerkenswert, daß gerade von Sozialdemokraten, die
in jenen Jahren den Draht zur Lebenssituation der Arbeiterschaft
offensichtlich noch nicht verloren hatten, einwanderungsbedingte
Konfliktsituationen so klar benannt werden. Alle kritischen Faktoren sind in den hier aufgeführten Äußerungen bereits erkannt: Ob
Einwanderer aus ähnlichen oder ganz und gar verschiedenen Kulturkreisen stammen, ist ausschlaggebend für Integrationsfähigkeit
und Integrationserfolg; und von der schieren Zahl der Neuankömmlinge hängt ab, ob Einwanderung den inneren Frieden gefährdet:
Wer sich durch faktische Landnahme verdrängt und überfremdet
sieht, will das Eigene verteidigen und reagiert sogar aggressiv.

Seiten ließen sich füllen mit einschlägigen Äußerungen verantwortlicher Politiker, deren Einsichten keine nachhaltigen Konsequenzen folgten. Die Palette reicht vom bereits zitierten Bundeskanzler Helmut Schmidt, dem 1982 »kein Türke mehr über die
Grenze« kommen sollte, bis zu Helmut Kohl, der ihn wenige Mo-

nate später ablöste und versprach, die Ausländerzahl in Deutschland zu halbieren; tatsächlich verdoppelte sie sich bis zum Ende seiner Regierungszeit. Die »Grenze der Belastbarkeit« war für Kohl 1992 mal wieder überschritten, für den SPD-Innenminister Otto Schily im November 1999. Kohls Nachfolger Gerhard Schröder, der 1997 jedem, der »unser Gastrecht mißbraucht«, ein markiges aber folgenloses »raus, aber schnell!« entgegenrief, sei nur der Vollständigkeit halber erwähnt.[126]

Ein Grund für die mangelnde Übereinstimmung von Wort und Tat lag in der sich rasch herausbildenden Deutungshoheit der sich zeitgleich formierenden Multikulturalismus-Lobby. Diese Meinungsmacht wurde beispielsweise in der medialen und sozialen »Hinrichtung« der Initiatoren des »Heidelberger Manifests« offenkundig. Im September 1980 hatte ein Ausschuß der Evangelischen Kirche in Deutschland (EKD) Thesen zum »Tag des ausländischen Mitbürgers« veröffentlicht, in denen erstmals die »multikulturelle Gesellschaft« für Deutschland proklamiert wurde. Die fünfzehn Professoren, die am 17. Juni 1981 das »Heidelberger Manifest« gewissermaßen als Gegenthese publizierten, um einen wissenschaftlichen Diskurs anzustoßen, warnten: »Die Integration großer Massen nichtdeutscher Ausländer ist daher bei gleichzeitiger Erhaltung unseres Volkes nicht möglich und führt zu den bekannten ethnischen Katastrophen multikultureller Gesellschaften.«[127] Viele Deutsche, heißt es weiter, fühlten sich »in ihren Wohnbezirken und an ihren Arbeitsstätten fremd in der eigenen Heimat, ebenso wie die Gastarbeiter Fremde sind in ihrer neuen Umgebung«. Sie seien über die Auswirkungen des Zuzugs weder aufgeklärt noch befragt worden.

Die Analyse unterschied sich zunächst nicht so sehr von den zeitgleichen Äußerungen sozialdemokratischer Regierungspolitiker. Dennoch schlug den Professoren eine konzertierte und diffamierende Kampagne entgegen. Nicht nur die evangelische, auch die katholische Kirche verurteilte das Manifest[128] und rückte es in die Nähe von Nationalsozialismus und Fremdenfeindlichkeit, ebenso wie ein Gegen-Manifest von 24 Professoren der Ruhr-Universität Bochum[129], die im Februar 1982, von GEW und evangelischer Studentengemeinde flankiert, den Heidelberger Unterzeichnern in schlagwortgesättigter Moral- und Empörungssprache »Apartheid« sowie »Xenophobie, Nationalismus und Rassismus« unterstellten und mit explizitem NS-Wiedergutmachungs-Bezug ihre »ausländerfreundliche Tradition« beschworen. Theodor Schmidt-Kaler, einer der Unterzeichner des »Heidelberger Manifests«, berichtet rückschauend von massiven physischen Bedrohungen und tätlichen Angriffen. »Einige Kollegen zogen sich unter solchem Druck schließlich zurück. Danach wollte sich – bis auf Einzelkämpfer wie den Soziologen Robert Hepp – niemand mehr dem aussetzen, und das Thema wurde nur noch an den politischen Rändern aufgegriffen. Was natürlich ganz im Kalkül der Meinungsterroristen lag, denn damit hatte es endgültig das Gütesiegel ›rechtsextrem‹«.[130]

Auch als konservativ geltende Medien verweigerten zur Enttäuschung Schmidt-Kalers die inhaltliche Auseinandersetzung. Eine naheliegende Wirkung des solcherart moralisch aufgeladenen Klimas der achtziger Jahre war, daß erste Maßnahmen zur Begrenzung oder gar Reduzierung der Einwandererzahlen nur halbherzig verfolgt wurden und bald wieder einschliefen. Unter der sozialliberalen Regierung Schmidt wurde das Nachzugsalter bei der Familienzusammenführung im Dezember 1981 lediglich von 18 auf 16 Jahre gesenkt; das zwei Jahre später unter der Regierung Kohl beschlossene »Gesetz zur Förderung der Rückkehrbereitschaft von Ausländern« konnte zwar einige hunderttausend Türken zur Heimreise bewegen, blieb aber, nicht zuletzt wegen der im Vergleich zum weiteren Verbleib im deutschen Sozialsystem unattraktiven Rückkehrerprämien, ohne dauerhafte Resonanz.[131]

Auch einem neuen Einfallstor für ungesteuerte Einwanderung im großen Stil wurde in dieser Situation von institutioneller Seite praktisch kein Widerstand entgegengesetzt: dem Mißbrauch des in Deutschland als Verfassungsgrundrecht besonders großzügig ausgestatteten Asylrechts. Stimmen wie der bereits zitierte Sozialdemokrat Martin Neuffer, der eine strikte Beschränkung des Asylrechts auf Europäer forderte, weil die Bundesrepublik nicht »ihre Grenzen für alle Asylanten der Erde weit offenhalten« könne[132], waren einsame Rufer in der Wüste. Asyl-Mißbrauch führt schneller als jede andere Form illegaler Einwanderung direkt in Ghettobildung und verfestigten Sozialhilfebezug. Ein prägnantes Beispiel sind die Libanon-Flüchtlinge in Berlin[133], meist in den achtziger Jahren über Ost-Berlin eingeschleuste Libanesen, Palästinenser und Mhallamiye-Kurden aus der Südosttürkei, die oftmals ihre Identität gezielt verschleierten, als »Staatenlose« gelten oder von ihren Heimatländern nicht zurückgenommen werden, dennoch aber als »Geduldete« dauerhafte Aufenthaltstitel und praktisch unbeschränkte Sozialhilfeansprüche erwerben konnten und auch nach dem Ende des Bürgerkriegs im Libanon 1990 im Lande blieben. In den Kriminalitäts- und Sozialhilfestatistiken nimmt diese Gruppe, in der Sozialhilfe als »Regeleinkommen« gilt und zusammen mit Einkünften aus im Clan- und Großfamilienverbund ausgeübter organisierter Kriminalität Einkommen weit jenseits des im Libanon je Erreichbaren garantiert, regelmäßig Spitzenpositionen ein.

Daß sich in diesen Parallelwelten Sprengstoff aufhäuft, konnte früh auch der Blick über die Grenzen auf die Erfahrungen anderer westlicher Länder mit Einwanderung aus fremden Kulturkreisen lehren. Für Neuffer waren die »asiatischen Minderheiten in Großbritannien« – Pakistaner aus der ehemaligen Kronkolonie auf dem indischen Subkontinent zumeist – ein »abschreckendes Beispiel«: Es sei Tatsache, »daß ihre Integration offenbar weithin mißlungen ist, daß sie in einer unterprivilegierten Ghettosituation leben, zum Teil in kriminelle Verhaltensweisen abgleiten und zu allem anderen auch noch zur Herausbildung von Reaktionen des Rassenhasses bei der eingesessenen weißen Bevölkerung Anlaß geben. Am Ende stehen dann jene grausamen Straßenschlachten und Stadtteilverwüstungen, die an die brennenden Negerviertel der nordamerikanischen Großstädte erinnern.«[134]

Die amerikanischen Rassenunruhen – wie die »Detroit riots« von 1967, die den Ausschlag zur Flucht der weißen Bevölkerung aus der Innenstadt der Automobilmetropole gaben, die in der Folgezeit zum Schwarzen-Ghetto wurde – hatten schon im April 1968 einen britischen Konservativen zu einer prophetischen Rede veranlaßt.[135] Enoch Powell, der humanistisch gebildete intellektuelle Star der britischen Konservativen, mit 24 Jahren bereits Griechisch-Professor, im Krieg jüngster Brigadegeneral, hatte in Birmingham die Über-

65

fremdungsängste seiner Wähler aufgegriffen und vor den Folgen übermäßiger Zuwanderung gewarnt. Er habe nicht das Recht wegzusehen, wenn ein anständiger Bürger ihm sage, England werde für seine Kinder nicht mehr lebenswert sein, und er denke an Emigration. Powell warnte davor, den Einheimischen ihre Heimat zu nehmen, wenn – nach seiner Schätzung – fünf bis sieben Millionen Zuwanderer das Land in nie dagewesener Weise völlig verändern und »ganze Gegenden, Städte und Stadtteile in England von Immigranten und ihren Nachkommen besetzt« sein würden. Powell forderte die Beschränkung des Zuzugs, weil sonst jede Integration ein »lächerliches Mißverständnis – und ein gefährliches« werde, und griff vor allem die »race relations bill« an, eine frühe Form von multikultureller Antidiskriminierungsgesetzgebung: Als Folge der Gewährung solcher Sonderrechte könnten Einwanderergruppen sich konsolidieren, ihre Landsleute gegen ihre Mitbürger aufhetzen und so den Rest der Bevölkerung »mit jenen Waffen überwältigen und dominieren, die Unwissende und Verantwortungslose ihnen in die Hand gegeben« hätten. »Ich sehe mit düsterer Vorahnung in die Zukunft; wie der römische Dichter [gemeint war Vergil] sehe ich den Tiber von Blut schäumen.«[136]

Die Rede, die wegen dieses – mißverständlich verkürzten – Zitats als »rivers of blood speech« in die Annalen eingehen sollte, kostete Enoch Powell seinen Platz im Schattenkabinett des Tory-Oppositionsführers Edward Heath. Die politische Klasse bestrafte den Überbringer der schlechten Nachricht, die Proletarier hielten zu ihm und veranstalteten Sympathiekundgebungen. Powell selbst bereute seine offene Rede, die ihn die politische Karriere gekostet hatte, nie: »Meine Voraussagen haben sich bewahrheitet. Was ich 1968 sagte, würde ich wieder sagen, wenn es wieder 1968 wäre«. erklärte er 1992.[137] Damit behielt er auch nach seinem Tod 1998 recht. Der Name der Arbeiterstadt Birmingham ist in der öffentlichen Wahrnehmung mit periodisch wiederkehrenden Rassenkrawallen verbunden; 2009 kam es zu heftigen Zusammenstößen zwischen Teilnehmern einer islamkritischen Kundgebung der »English Defence League«, weil das Oberhaupt der Zentralmoschee von Birmingham seine Anhänger aufgestachelt hatte, die Konfrontation zu suchen[138]; und während der »Birmingham race riots« im Oktober 2005 lieferten sich schwarze und asiatische Einwanderer ein Wochenende lang Straßenschlachten wegen einer angeblichen Gruppenvergewaltigung einer jugendlichen Jamaikanerin durch Pakistaner.[139] Es waren nicht die ersten und auch nicht die letzten Unruhen dieser Art. Jeder zweite Brite erkennt übrigens, wie jener namenlose Mann aus der »working class«, der Powell zu seiner Rede inspirierte, inzwischen sein Land nicht wieder und würde am liebsten auswandern.[140]

Der Auslöser der Birmingham-Krawalle von 2005 erinnert frappant an den Anlaß der Pariser Vorstadt-Unruhen im November desselben Jahres: Zwei halbwüchsige Einwanderer entziehen sich einer Polizeikontrolle, flüchten in eine Trafo-Station und kommen darin ums Leben, die Einwandererbevölkerung gibt der Staatsmacht die Schuld und läßt ihrem Haß auf die »Bullen«, den französischen Staat und letztlich die Franzosen freien Lauf.[141] Brennende Autos und Angriffe auf Polizisten gehören in Frankreichs Einwanderervorstädten zum Alltag. Im November 2007 lieferte sich in der nördlichen Pariser Banlieue Villiers-le-Bel eine regelrechte bewaffnete »Stadtguerrilla« Straßenschlachten mit der Polizei[142], im Juli 2010 schossen in Grenoble junge Einwanderer gezielt auf Vertreter der Staatsmacht, nachdem diese einen Räuber auf der Flucht erschossen hatten.[143] – In Frankreichs Banlieues läßt sich als Blaupause studieren, wie in Einwandererghettos, in denen jede Integration versagt, soziale Differenzen zum offenen Gewaltausbruch eskalieren, weil »die da oben«, die »Privilegierten«, eben nicht nur die Reicheren und Bessergestellten sind, sondern die »anderen« – die Franzosen, Engländer, Deutschen, Weißen, Christen.

Die englischen und französischen Erfahrungen lehren auch: Selbst volle politische, staatsbürgerliche und sozialstaatliche Teilhabe vom ersten Tag des Aufenthalts an ist kein Garant für erfolgreiche Eingliederung von Einwanderern. Ethnisch-kulturelle Zugehörigkeit ist tiefer verankert, wird durch lediglich äußerliche Ersatzidentitäten nicht eingeebnet und in Extremsituationen wieder zum bestimmenden Faktor. Die während der Banlieue-Unruhen gestellte Frage, ob derlei auch in Deutschland möglich wäre, ist deshalb berechtigt, auch wenn in den unmittelbaren Reaktionen die Beschwichtigungsübungen überwogen.[144] Die ethnischen Gemengelagen dafür sind vorhanden. In deutschen Großstädten gibt es sowohl die USA-typische Kombination von Innenstadtghettos und wohlhabenden Stadtrandsiedlungen (»chocolate cities, vanilla suburbs«) als auch ghettoisierte Trabantenstädte »à la française«.

Die Zuversicht deutscher Politiker, es werde so schlimm nicht kommen, speist sich vor allem aus der Gewißheit, hierzulande werde erheblich mehr Geld für Integrations- und Bildungsmaßnahmen ausgegeben als in den jetzt schon heimgesuchten Nachbarstaaten – von Sozialarbeitern und Sozialindustrie ganz zu schweigen. Darüber geht die Vorstellungskraft selten hinaus. Das Leben in der Sozialfürsorge führt freilich dazu, daß Isolation und Segregation in den ethnischen Kolonien sich verfestigen, statt aufzubrechen.[145] Die Konfliktsituationen zwischen unterschiedlichen ethnischen Einwanderergruppen und der eingesessenen Bevölkerung werden dadurch im günstigsten Fall gedämpft und vertagt, aber nicht gelöst. Werden die Mittel für sozialpolitische Umverteilungsmaßnahmen knapper, weil die Schicht der Leistungsträger, die sie finanzieren, unaufhaltsam schrumpft und die wirtschaftliche Lage sich insgesamt verdüstert, kann sich das Kalkül rasch als trügerisch erweisen. Bis 2014 würden in Deutschland die Sozialleistungen im Vergleich zu heute deutlich reduziert, sagte Bassam Tibi vor wenigen Jahren voraus; nach seinem Urteil ein »Pulverfaß par excellence«: »Diese ›No Future‹-Kids können dann nicht mehr gehalten werden. Es wird zu gewalttätigen Auseinandersetzungen kommen.«[146] Für den Soziologen Gunnar Heinsohn wäre das keine Überraschung: Er sieht einen direkten Zusammenhang zwischen einer Überzahl an jungen Männern, dem »youth bulge«, und der Wahrscheinlichkeit für Terrorismus, Eroberung und Aufstand. Junge Männer, die beschäftigungs- und chancenlos und unzufrieden mit ihrer Situation auf der Straße stehen, seien leicht zu radikalisieren und zur Gewalt gegen »die anderen«, denen sie die Schuld geben, aufzustacheln. Der »wachsende Widerstand gegen die Assimilation bei jungen Migranten«[147] könnte sich in diesem Lichte als erster Schritt in den zwischenethnischen Bürgerkrieg erweisen.

## Bürgerkrieg gegen das eigene Volk

Auf der Ebene des öffentlichen Schlagabtausches wird dieser Bürgerkrieg längst geführt – als geistiger Bürgerkrieg, in dem sich die politisch-medialen Eliten in der Regel gegen das eigene Volk stellen. Für die Einwanderungs- und Multikulturalismus-Lobby ist die Verfestigung und Fortsetzung der Einwanderung nach Deutschland existentiell wichtig: Nur so kann sie ihre Forderungen nach noch mehr gutdotierter Stellen zur Integrationsunterstützung vorbringen; außerdem sichert sie als moralischer Fürsprecher der als Opfer der Gesellschaft wahrgenommenen und dargestellten Ausländer eine dauerhafte linke gesellschaftliche Vorherrschaft. Der marxistische Ideologe alter linker Schule mag in den eingewanderten Unterschichten ein »Ersatzproletariat« für seine revolutionären Phantasien gesehen haben; der von historischen Schuldkomplexen und nationalem Selbsthaß geprägte Intellektuelle mag an die Idee einer multikulturellen Mischbevölkerung seinen Traum vom »Nie wieder Deutschland« geknüpft haben. Aber erst das lobbyistische Konzept, sich als Vertreter einer höheren, besseren Moral aufzuwerfen und mit gutbezahlten Stellen die Arbeit am Objekt (den Einwanderern) aufzunehmen, bot und bietet die Möglichkeit, Macht und Einfluß auszuüben.

Angesichts der bereits in den siebziger Jahren unübersehbaren gesellschaftlichen Probleme und solcher, die mit fortdauernder Einwanderung verbunden waren, mußte die Realität mit den Mitteln der Ideologie in die Schranken verwiesen werden. Das Argumentationsmuster war simpel: Man deutete die Folgen komplexbeladener Entscheidungsschwäche zu unausweichlichen Finalitäten um – Deutschland sei ein »Einwanderungsland« und als Einwanderungsland eine »multikulturelle Gesellschaft«; das müsse man akzeptieren, weil es nicht mehr rückgängig zu machen sei. Wer sich dem verweigere, sei ein »völkischer Nationalist«, ein »Ausländerfeind«, »Rassist« oder schlimmeres. Dankbar griff in den achtziger Jahren die Opposition aus Sozialdemokraten und den neu aufgetretenen Grünen solche Schlagworte und Agitationsmuster auf, um die Regierung moralisch an den Pranger zu stellen und daran zu hindern, dem Druck aus dem Wahlvolk nach Einwanderungsbegrenzung und -reduzierung nachzugeben. So hängt beispielsweise der Aufstieg der (westdeutschen) Republikaner ab den frühen achtziger Jahre direkt mit der immer drängender werdenden Ausländerproblematik zusammen. Der offensichtliche Mißbrauch des Grundrechts auf Asyl ließ sich nicht mehr vertuschen, und da die etablierten Parteien nicht willens oder in der Lage waren, diesen Mißbrauch zu stoppen, konnten die rechts der CDU verorteten Republikaner punkten – trotz aller Denunziationsversuche aus der Mitte. Dennoch dauerte es mehr als ein Jahrzehnt bis zum »Asylkompromiß« von 1993, und auch der konnte nur die gröbsten Mißstände abstellen. Die verdeckte Einwanderung über Familienzusammenführung, die den Ghettos und Parallelgesellschaften stetig frischen Zuwachs brachte, konnte praktisch ohne Einschränkung weiterlaufen, und auch das hat – wie der letztlich erfolgreiche Kampf gegen die Republikaner – viel mit dem Aufgehen solcher moralischer Erpressungsstrategien zu tun.

Politische Energie wurde demnach statt auf Lageanalyse und Problembewältigung vor allem darauf verwandt, Widerstände im eigenen Volk, die von Warnern im In- und Ausland mehr als einmal vorausgesagte »Rebellion«, propagandistisch niederzukämpfen. Anlässe sollten sich bald genug finden; der Druck im Kessel mußte nur lang genug ansteigen, bis die Spannungen zwischen Einheimischen und Einwanderern in den Multikulti-Vierteln auch zu gewalttätigen Übergriffen auf Ausländer führten. Undogmatischen Linken war anfangs durchaus bewußt, daß die ersten türkischen »Streetgangs« und Jugendbanden, die sich schon während der Siebziger und Achtziger in Berliner und Hamburger Ausländerquartieren formierten, und das Auftreten der ersten Skinhead-Banden, die »Ausländer klatschen« gingen, nur zwei Seiten derselben Medaille sind: des beginnenden »Kriegs in den Städten«.[148] Daß Hakenkreuzschmierereien und ausländerfeindliche Pöbeleien nicht unbedingt Ausdruck gefestigter nationalsozialistischer Gesinnung sind, sondern allzu oft Frusthandlung und größtmögliche Provokation, ist eine Erkenntnis, die bald in Vergessenheit geriet. Einem Jugendlichen, der Schwierigkeiten mit den neuen orientalischen Nachbarn hatte, hörte schlicht oftmals kaum jemand zu: »Fortschrittliche Lehrer kanzeln ›unqualifizierte, rassistische Wortmeldungen‹ souverän mit Verweisen auf den deutschen Faschismus ab.«[149] Klaus Farin und Eberhard Seidel-Pielen zitierten 1991 noch selbstkritische Stimmen von Pädagogen und Sozialarbeitern: »Wir haben in der Vergangenheit zu einseitig das Bild des edlen und hilflosen Ausländers beschworen, der per se Opfer ist und sowohl vor diskriminierenden Gesetzen geschützt werden muß wie vor denkbaren Angriffen.« – »Wir haben die deutschen Jugendlichen häufig mit einer Art positivem Rassismus überfordert. Einseitig haben wir von ihnen Verständnis für die kulturellen Eigenarten und Besonderheiten ihrer türkischen Nachbarn eingefordert, ohne dieselben Forderungen auch an die andere Adresse zu richten.« Man habe »Integrationsprojekte, Beratungsläden und Betreuungszirkel« aus dem Boden gestampft, sich aber kaum um die psychosozialen Folgen der Einwanderung für die Mehrheitsgesellschaft gekümmert. Der Deutsche, der »in weniger als zwanzig Jahren die Veränderung seines Wohnumfeldes von einem zentraleuropäisch geprägten, zumeist proletarischen Bezirk hin zu einem multiethnischen Konglomerat bereitwillig mitvollzog, bleibt mit seinen Verunsicherungen allein. Schwierigkeiten werden allenfalls am Stammtisch oder im Familienkreis, dann allerdings lautstark geäußert. Für eine diskutierende Öffentlichkeit sind solche Äußerungen kein Thema. Sie würden unter der Rubrik Ausländerfeindlichkeit schleunigst abgeheftet.«[150]

Von solch verantwortungsbewußter Unvoreingenommenheit war nach den Übergriffen auf Asylbewerberheime in Hoyerswerda und Rostock und besonders nach den Brandanschlägen auf von Ausländern bewohnte Häuser in Mölln und Solingen im November 1992 und Mai 1993, bei denen mehrere Menschen getötet wurden, nicht mehr viel zu hören. Als Täter wurden jugendliche »Neonazis« identifiziert und zu hohen Haftstrafen verurteilt. Der Gerechtigkeit war Genüge getan, der Rechtsstaat funktionierte; doch die gesellschaftlichen Konsequenzen der Instrumentalisierung dieser Verbrechen durch die Multikulturalismus- und Einwanderungslobby waren ungleich einschneidender: Das Schlagwort von der »Ausländerfeindlichkeit«, mit dem seit über einem Jahrzehnt Ge-

genstimmen der einheimischen Bevölkerung auf die Auswirkungen von Einwanderung und Überfremdung abgewertet und ins moralische Abseits gestellt wurden, konnte in ein Bild verdichtet werden: Wer hat noch Argumente angesichts eines brennenden Wohnhauses und verbrennender Kinder?

Hunderttausende folgten nach Mölln den Aufrufen zu »Lichterketten« in zahlreichen westdeutschen Großstädten. Die Brandstätte in Solingen wurde zum Ort eines kollektiven Scham- und Betroffenheitskultes; ein Denkmal wurde errichtet, Spenden für die von dem Mordanschlag betroffene Familie gesammelt, der Mutter, einer einfachen Frau aus der anatolischen Provinz, wurde das Bundesverdienstkreuz verliehen und zum 15. Jahrestag des Anschlags ein nach der Familie benannter »Genç-Preis für friedliches Miteinander« gestiftet; erster Preisträger war übrigens der als Moscheebau-Lobbyist geehrte Kölner Oberbürgermeister Fritz Schramma.[151]

Die politische Linke war nach der ungewollten und ungeliebten Wiedervereinigung, den Erfolgen neuer rechter Parteien und der durch ihr Aufkommen erzwungenen Debatte über die Auswüchse des Asylmißbrauchs, die in den etwa zur Zeit des Solinger Anschlags beschlossenen restriktiven Asylkompromiß mündete, in die Defensive geraten. Die gegen Einwanderer gerichteten Gewalttaten der frühen neunziger Jahre waren für sie daher ein willkommener Anlaß, den eigenen gesellschaftlichen Einfluß im Namen eines zu institutionalisierenden Kampfes gegen »Fremdenfeindlichkeit« weiter auszubauen. Für das ohnehin schwierige Verhältnis zwischen autochthonen Deutschen und Einwanderern hatte die damit verbundene Moralisierung vorhandener Probleme fatale Folgen. Das Bild vom Ausländer als »Opfer«, das es zu beschützen und mit dem es sich um jeden Preis zu solidarisieren gelte, wurde moralisch überhöht und festgeschrieben. Als Problem wurde nur noch der häßliche deutsche »Ausländerfeind« und »Neonazi«, im Osten wie im Westen, wahrgenommen – er mußte als lebender Beweis dafür herhalten, daß die Deutschen aus ihrer historischen Schuld noch immer nichts gelernt hätten. Die Auseinandersetzung mit Konflikten, die von Einwanderung und durch das Verhalten bestimmter Einwanderer verursacht werden, geriet unter Tabu-Vorbehalt: Wenn ein Ausländer zur Gewalt griff, gab er nach »antirassistischer« Lesart lediglich zurück, was sich in ihm an »erlebter Diskriminierung«[152] aufgestaut hatte. Diesem Übermaß an Verständnis für die soziale Lage und das schwierige Umfeld ausländischer Straftäter stand die sofortige und pauschale Verurteilung gleichaltriger deutscher »Neonazis« gegenüber.

Daß der Sprengstoff an ganz anderer Stelle verborgen lag, nämlich in wachsender Feindseligkeit gegenüber den autochthonen Deutschen in den immer stärker sich abkapselnden Einwandererviertel, war schon unmittelbar nach Solingen zu spüren. »Das Verbrechen löste heftige Reaktionen aus. Zunächst friedliche Demonstrationen schlugen vor allem in Solingen in Straßenschlachten um. Tagelang herrschten bürgerkriegsähnliche Zustände.«[153] Rund dreihundert »offenbar von Autonomen und älteren türkischen Extremisten« aufgeheizte türkische Jugendliche »zogen zwischen Mitternacht und den frühen Morgenstunden durch die Solinger Innenstadt, schlugen in rund 50 Geschäften Fensterscheiben ein, plünderten, zündeten Müllcontainer an und demolierten Autos«.[154] Die Gutgläubigkeit, mit der sich Scharen von Deutschen in die Lichterketten einreihten und aus Anlaß eines Verbrechens einzelner, die für ihre Tat individuell verantwortlich waren, sich der gesamten Gruppe der türkischen Einwanderer kollektiv in Büßer- und Entschuldigungshaltung näherten, war vielleicht bei vielen gut gemeint; tatsächlich aber riß die Kluft zwischen Deutschen und Ausländern weiter auf. Die Segregation der zu Städten in den Städten angewachsenen Einwanderergemeinden in der selbstgewählten Parallelgesellschaft war so nicht aufzubrechen: Warum sollte man sich in ein Volk integrieren oder gar assimilieren, das sich beständig schuldig fühlt und um Verzeihung bittet? Die auf allen Kanälen gesendete Botschaft vom untergründigen »Faschismus«, »Rassismus« und »Fremdenhaß« in der »Mitte« der deutschen Gesellschaft lieferte davon abgesehen jedem Integrationsverweigerer eine billige Ausrede für sein gesellschaftliches Versagen und seine untergründige Deutschenverachtung frei Haus: Der ewige deutsche »Nazi« war schuld, die Deutschen sagten es ja selbst. Der Mechanismus ist so simpel, daß es selbst der dümmste Schläger durchschaut: Man muß den

Deutschen nur »Nazi« nennen, schon ist klar, wer Opfer und wer Täter sein muß. Selbst die von den Überwachungskameras eindeutig überführten Schläger, die am 11. Februar 2011 in der Berliner U-Bahn einen harmlosen Handwerker auf dem nächtlichen Nachhauseweg ins Koma prügelten, versuchten sich anfangs mit der Schutzbehauptung zu entlasten, sie seien mit »rassistischen Äußerungen« und »Sieg-Heil-Rufen« provoziert worden.[155]

Wie leicht Deutschland und seine politisch-medialen Eliten mit »Nazi«- und »Rassismus«-Vorwürfen zu erpressen sind, blieb schließlich auch türkischen Politikern und Medien nicht verborgen. Türkische Regierungsvertreter und Massenmedien nutzten die Vorlage des Schuldkults um Mölln und Solingen und nahmen seither Vorfälle, bei denen Türken zu Schaden gekommen waren, wiederholt zum Anlaß, um mit maßlosen Vorwürfen die deutsche Politik unter Druck zu setzen. Nach einem Brandanschlag in Krefeld am Ostermontag 1997 etwa behauptete ein türkischer Regierungssprecher, ablehnende Äußerungen zur EU-Mitgliedschaft der Türkei hätten »Ausländerfeinde« zu ihren »unmenschlichen Aggressionen« ermutigt[156]; Massenblätter wie *Milliyet* und *Sabah* machten Stimmung mit Kommentaren, in Deutschland würden »Türken verbrannt und mit dem Tod bedroht«, verglichen Bundeskanzler Kohl mit Hitler und klebten ihm Hakenkreuze auf.[157] Daß sich der Krefelder Anschlag zu dieser Zeit schon als innertürkisches Familiendrama ohne »ausländerfeindlichen« Hintergrund entpuppt hatte[158], spielte keine Rolle mehr.

Statt angesichts dieser gefährlichen Entwicklungen zur Besinnung zu kommen, ging der »Kampf gegen rechts« wenige Jahre später in die nächste Runde. Er hatte zwischenzeitlich an Elan und damit an Ablenkungspotential verloren. Die Gelegenheit für eine Auffrischung ergab sich nach einem Brandanschlag auf die Düsseldorfer Synagoge in der Nacht auf den 3. Oktober 2000. Bundeskanzler Gerhard Schröder rief auf Druck des damaligen Vorsitzenden des Zentralrats der Juden, Paul Spiegel[159], den »Aufstand der Anständigen« aus, der in einer vom politischen Establishment veranstalteten Staatsdemonstration am 9. November 2000 in Berlin gipfelte und den Umbau Deutschlands zur »antifaschistischen

Republik« rasant beschleunigt hat. Der Anlaß selbst hatte mit vermeintlicher deutscher »Ausländerfeindlichkeit« oder gar antisemitischen Neonazi-Wiedergängern nichts zu tun, viel dagegen mit importiertem ethnischem Haß – als Täter wurden schon zwei Monate nach dem Anschlag zwei junge Araber, ein 19jähriger Palästinenser und ein 20jähriger Marokkaner, festgenommen. Gleichwohl wurden millionenschwere Bundesprogramme ins Leben gerufen, die von unmittelbaren Anlässen abgekoppelt waren und trotz anfänglicher Befristung längst zur Dauereinrichtung geworden sind. Der beständige warme Geldregen ließ blühende Sozialindustrielandschaften entstehen; der »Kampf gegen rechts« wurde so zur institutionalisierten Dauerrevolution gegen das eigene Volk. Erst infolge des »Aufstands der Anständigen« ist in Deutschland »ein flächendeckendes Netz von Beratungs- und Projektstellen mit hauptamtlichem Personal« entstanden.[160]

Das Interesse der Sozialindustrie und ihrer Sonderbranche »Kampf gegen rechts« liegt auf der Hand: Ein fortgesetzt hohes Einwanderungsniveau soll gegen Widerstände und Abwehrreflexe der einheimischen Bevölkerung durchgesetzt, jede Rückführung und Ausweisung verhindert werden: »Hier wollen Leute, die auf Kosten der arbeitenden Bevölkerung ihren Arbeitsplatz, ihre Pfründe und Einflußmöglichkeiten bekamen, sich ihren Job und ihre Klientel erhalten – koste es das Land, was es wolle.«[161] Für die Sozial- und Integrationsindustrie gleicht das Geschäftsmodell einem Perpetuum mobile: Die Segregation in den Ghettos verhindert Integration, als Gegenmaßnahme wird mehr Geld für Sozialarbeiter, Betreuungsangebote und Fürsorgeleistungen in die Parallelgesellschaften gepumpt, die durch die Transferzahlungen wiederum zementiert werden, woraus sich wieder neue Forderungen ableiten lassen – und so weiter. Gegen die störenden Unmutsbekundungen der verdrängten autochthonen Deutschen richtet man sozialindustrielle Unterabteilungen ein, die den als »rechtsextrem« gebrandmarkten Widerspruch niederringen und die politisch korrekte Sprachfassade aufrechterhalten.

Ebenso offensichtlich ist das Interesse des linksliberalen politischen Lagers, ihrer in den Sozialapparaten beheimateten Klientel die Existenzberechtigung zu sichern. Auf dem von Mölln, Solingen und Lichterketten bereiteten Boden fiel es der 1998 angetretenen rot-grünen Bundesregierung nicht schwer, integrationsschwache Immigrantengruppen durch eine radikale Öffnung des deutschen Staatsbürgerschaftsrechts zu umwerben. Denn nicht nur die Schaffung und Sicherung sozialpädagogischer Arbeitsplätze in der Betreuungsindustrie sichert linke Wählerstimmen, sondern auch die Transformation des Wählervolks. Traditionell stimmen eingebürgerte Einwanderer insbesondere türkischer Herkunft zu rund vier Fünfteln für SPD und Grüne. Der schleichende Austausch des Staatsvolkes durch forcierte Einbürgerung scheint daher dauerhafte linke Mehrheiten zu garantieren: Nicht nur die großzügigere Zulassung doppelter Staatsbürgerschaften, sondern vor allem die automatische Einbürgerung in Deutschland geborener Kinder mit späterer – zu gegebener Zeit in Frage zu stellender – Wahlmöglichkeit zwischen beiden Pässen mußte binnen einer Generation angesichts des steigenden Migrantenanteils in den nachwachsenden Alterskohorten völlig neue Mehrheiten schaffen. Insbesondere die ehemalige Arbeiterpartei SPD nahm dafür in Kauf, ehemalige Stammwähler in den multikulturalisierten Arbeiter- und Kleine-Leute-Vierteln, die sich im Stich gelassen fühlen, zu verlieren.

Bei der Bundestagswahl 2002 waren rund 900 000 eingebürgerte Ausländer, davon 480 000 Türken, wahlberechtigt.[162] Hätten diese, im Rahmen der durchschnittlichen Wahlbeteiligung, wie vom Essener Zentrum für Türkeistudien ermittelt, tatsächlich zu 60 Prozent SPD und zu 22 Prozent Grüne gewählt, hätte ihr Stimmenanteil ziemlich genau dem Wählerstimmenvorsprung entsprochen, der Gerhard Schröder die zweite Kanzlerschaft gesichert hatte. Türkische Massenmedien standen nicht an, auf diesen Umstand hinzuweisen. Ein gezieltes Kalkül zu unterstellen, ist nicht abwegig: Im November 2009 erregte sich die britische Öffentlichkeit über Enthüllungen von strategischen Überlegungen der linken Labour-Regierung, durch Senkung der Einwanderungshürden und zügige »Multikulturalisierung« Großbritanniens den Konservativen dauerhaft die strukturelle Mehrheitsfähigkeit zu entziehen.[163] Es nimmt also kaum wunder, daß dem Grünen-Vorsitzenden Özdemir selbst knapp eine Million neu eingebürgerter Einwanderer zwischen 2002 und 2009, darunter über dreihunderttausend Türken, noch immer nicht genug sind[164]: Einwanderer, die längst nicht alle in dem Maße integriert und assimiliert sind, daß sie sich aus Überzeugung als Deutsche bekennen. Fortbestehende Probleme sind damit nicht gelöst, sondern umetikettiert, und der Multikulturalismus schafft sich nebenbei ein neues Volk, mit dem er sich gegen das alte verbünden kann.

Robert Hepp konstatierte diese geistige Bürgerkriegssituation, der eine tiefe Entfremdung zwischen politischer Klasse und Staatsvolk zugrunde liegt, schon vor zwei Jahrzehnten:

»Sofern sich noch einzelne Gegner der multikulturellen Gesellschaft zu Wort melden und auszusprechen wagen, was die Bevölkerungsmehrheit denkt, werden sie nicht nur von der linksextremen Rechtsextremismusforschung und den linksliberalen Medien, sondern auch schon von der Regierung, die sich offiziell noch gar nicht zum Ziel der multikulturellen Gesellschaft bekannt hat, sozusagen stellvertretend für das Volk als rechtsextreme ›Verfassungsfeinde‹ an den Pranger gestellt.«[165]

Diese Entfremdung ist seither nicht geringer geworden – die Auseinandersetzung um Interview und Buch von Thilo Sarrazin hat das nachdrücklich unter Beweis gestellt. Sie hat ferner gezeigt, daß die Stigmatisierung multikulturalismuskritischer Meinungen als »ausländerfeindlich«, »rechtsextremistisch« usw. dann zunehmend ins Leere läuft, wenn die Erfahrungen der Leute mit Integrationsverweigerung und Deutschenfeindlichkeit durch Einwanderer so breit gestreut sind und über neue Medien darüber hinaus so schnell und umfassend verbreitet werden können, daß die Stimmen derjenigen, die die bestehenden politisch korrekten Sprachregelungen und Denkverbote anhand ihrer eigenen Lebenswirklichkeit als unwahre ideologische Konstrukte entlarvt haben, nicht mehr totgeschwiegen werden können. Die Zeichen dafür mehren sich: Der Versuch der SPD-nahen Friedrich-Ebert-Stiftung, die öffentliche Debatte über Deutschenfeindlichkeit durch die Veröffentlichung einer fragwürdigen Studie über den angeblich steigenden »Rechtsextremismus« in der »Mitte der Gesellschaft«[166] wieder in die sattsam bekannten Kanäle zu leiten und damit zu erledigen, verhallte ohne nennenswertes Echo.

# Problemlösung durch Denkverbote

Wie sehr der seit drei Jahrzehnten aufgebaute Popanz der »Ausländerfeindlichkeit« der Befassung mit real existierender »Inländerfeindlichkeit« im Wege steht, läßt sich am Ausmaß der Denkverbote und am verdrucksten und verschleiernden Umgang mit unbestreitbar vorhandenen Fakten ablesen. Die Stilisierung der Ausländer zu Dauer-Opfern deutschen Ausländerhasses hatte nach den Vorfällen in Mölln und Solingen nicht zuletzt die Funktion, den wachsenden Volkszorn über die »Explosion der Ausländerkriminalität«[167] zu ersticken, die seit den Wendejahren an der Spitze der Sorgen der Deutschen stand. Diese Explosion wiederum hing zusammen mit einer drastischen Zunahme der Asylbewerberströme nach der Öffnung der Grenzen nach Osteuropa, die auch professionellen Schleusern neue Transitwege eröffnete; zudem kamen anfangs der Neunziger aus Rußland zahlreiche Personen als »Aussiedler« nach Deutschland, die – anders als die vor 1989 ausgereisten – nicht ethnische Deutsche waren, sondern sich mit falschen Angaben den Zugang erschlichen hatten. Der plötzliche Ansturm wenig integrationswilliger Menschen, die praktisch ausschließlich von Fürsorge lebten und häufig kriminellen Betätigungen nachgingen, ließ enorme Spannungen entstehen. Vom sozialen Wohnungsbau geprägte Siedlungen »kippten« binnen weniger Jahre; neue Ghettos entstanden, wie in Göttingen etwa die ehemalige Neue-Heimat-Siedlung Grone-Süd, in der langjährige deutsche Mieter, die die wenigen türkischen Gastarbeiterfamilien der ersten Generation noch als »rechtschaffene Leute« kennen- und schätzengelernt hatten, sich in einer Minderheitensituation mit massiver Kriminalität, asozialem Verhalten und aggressiver Deutschenfeindlichkeit der Neuankömmlinge konfrontiert und von Politikern und Behörden alleingelassen fanden.[168]

Auch die Wut deutscher Anwohner der Asylbewerberheime in Rostock und Hoyerswerda, die sich schließlich in handgreiflichen Protesten bis hin zur Brandstiftung entlud, hatte solche Vorgeschichten, wie der Bundesvorsitzende des Bundes Deutscher Kriminalbeamter (BDK), ein auf Distanz gegangenes SPD-Mitglied, in seiner Verbandszeitschrift ausführte.[169] Elisabeth Noelle-Neu-

mann sah im Sommer 1993 die Wurzeln der Gewalt in den Sicher-
heitsängsten der Bürger angesichts der Asylbewerberflut; sie habe
vergeblich versucht, die politische Führung dafür zu sensibilisie-
ren, weil»der anhaltende Strom« das Gefühl von Deutschen verstärkt habe,»bedroht zu werden, nicht mehr zu Hause zu sein und
auf Leute zu stoßen, deren Verhaltensweisen und Werte sich von
den eigenen sehr unterschieden«.[170] Nach Mölln, Solingen und den
Lichterketten fanden sich verunsicherte Deutsche von der etablierten Politik, die sich demonstrativ mit den türkischen Verbrechens-
opfern solidarisierte, noch immer nicht ernstgenommen und waren obendrein in die geistig-moralische Defensive geraten. Wer das
Selbstverständliche aussprechen wollte, nämlich die Erwartung,
im eigenen Land von neuzugezogenen Gästen mit Respekt behandelt zu werden, fand sich nunmehr unter einem rasch verinnerlichten Rechtfertigungszwang, der praktisch jeder Wortmeldung
von deutscher Seite reflexartig vorausgeschickt wurde:»›Wir sind
nicht ausländerfeindlich‹, betonen sie [die Anwohner] immer wieder. Aber sie wollen sich nicht länger von ihren ausländischen Mit-
bürgern beschimpfen, bedrohen und anspucken, sich Ausdrücke
wie ›Nazi-Schwein‹ und ›Deutschen-Sau‹ gefallen lassen.«[171] Schon
in den 80er Jahren also fühlte sich jeder, der über Deutschenfeindlichkeit sprach, verpflichtet, sich gegen den permanent im Raum
stehenden Vorwurf der»Ausländerfeindlichkeit« zu verteidigen.

In einem ähnlichen Dilemma befanden sich auch die Sicher-
heitsbehörden.»Benennt sie [die Polizei] die Probleme nicht, wird
ihr Vertuschung vorgeworfen; weist sie auf besorgniserregende Entwicklungen hin, wird ihr unterstellt, sie betreibe das Geschäft der
Rechtsextremisten«, brachte es Hermann Lutz, Vorsitzender der Gewerkschaft der Polizei (GdP), auf den Punkt.[172] Gleichwohl sprachen
die veröffentlichten Statistiken eine eindeutige und schwer zu wi-
derlegende Faktensprache: In nur zehn Jahren seit 1984 hatte sich
die Zahl der ausländischen Tatverdächtigen in der Bundesrepublik
ebenso verdoppelt wie nach Auskunft der Justizministerien[173] die
Zahl der verurteilten Ausländer in den großen Bundesländern zwischen 1990 und 1996.»Die Zunahme der Kriminalität in den letzten Jahren ist zum großen Teil auf die ›Zuwanderungsbewegung‹

durch ausländische Täter zurückzuführen«, resümierte der Polizeigewerkschafter Konrad Freiberg 1994.[174] Die Kriminologische For-
schungsgruppe des Bayerischen Landeskriminalamts stellte 1997
fest: Die »bei uns lebenden und melderechtlich registrierten Ausländer sind [...] 2,6mal so hoch durch Tatverdächtige belastet wie die
Deutschen.« In Hessen, Hamburg, Baden-Württemberg, Bayern und
Berlin lag der Anteil bei einem Drittel, besonders hoch war die Bela-
stung bei Vergewaltigung, Raub, Körperverletzungs- und Tötungsdelikten.[175] In Frankfurt stellten zur selben Zeit 26 Prozent ausländischer Einwohner 62,7 Prozent aller Tatverdächtigen; nach Abzug
der »ausländertypischen Vergehen« blieben immer noch gut 43 Prozent ausländische Tatverdächtige.[176] Angesichts dieser Zahlen entdeckte auch der niedersächsische Ministerpräsident Gerhard Schröder Ausländerkriminalität vorübergehend als Wahlkampfthema –
»Wer unser Gastrecht mißbraucht, für den gibt es nur eins: raus,
und zwar schnell!« Das war vor seiner Wahl zum Bundeskanzler;
mit Sozialindustrie und Einwanderungslobby hat sich auch Gerhard Schröder nicht angelegt, um dieses Wahlversprechen zu verwirklichen. In der Polizeilichen Kriminalstatistik (PKS) für 2008
liegt der Anteil der nichtdeutschen Tatverdächtigen mit 20,9 Prozent (bereinigt 18,9 Prozent) immer noch doppelt so hoch wie der
Bevölkerungsanteil der ausländischen Staatsbürger (8,9 Prozent)[177];
hier ist freilich nicht nur die statistische Verzerrung durch in der
Bevölkerungsstatistik nicht erfaßte Durchreisende und Illegale zu
berücksichtigen, auf die das BKA hinweist, sondern auch die »statistische Kriminalisierung« der Deutschen durch den Umstand, daß
bei den »deutschen Tatverdächtigen« auch die – seit 2000 rapide
vermehrten – Eingebürgerten zu finden sind.[178]

Wer überproportional kriminalitätsbelastet ist, ist nicht oder
mangelhaft integriert. Sowohl im Interesse der Integration als auch
der zielgerichteten Kriminalitätsbekämpfung sollten die Behörden
daher bedacht sein, möglichst differenzierte Aufschlüsse über die
Kriminalitätsbelastung einzelner Einwanderergruppen zu erhalten.
Da bekannt ist, daß die Kriminalitätsbelastung der meisten europäischen Ausländer und der integrierten Gastarbeiter der ersten Generation kaum höher ist als die der Autochthonen,[179] müssen folglich

einige, vor allem außereuropäische Gruppen überproportional hohe Straftäteranteile aufweisen. Das legt freilich den Schluß nahe, daß zur Kriminalitätsbekämpfung wie zur Integration auch eine verschärfte Steuerung und Auswahl von Einwanderung erforderlich ist. Um solchen Schlüssen von vornherein zu entgehen, versuchte man zunächst das Problem durch statistische Retuschen zu »lösen«. Unions-Fraktionsvize Heiner Geißler, der nordrhein-westfälische SPD-Innenminister Herbert Schnoor und die – damalige wie auch heutige – Bundesjustizministerin Sabine Leutheusser-Schnarrenberger nahmen die Brandanschläge von Mölln und Solingen ausdrücklich zum Anlaß für die Forderung, »nichtdeutsche Tatverdächtige« in den Statistiken überhaupt nicht mehr auszuweisen, um der »Fremdenfeindlichkeit« und dem »Rechtsradikalismus« nicht Vorschub zu leisten und, so das kuriose Argument der Bundesjustizministerin, die »Integration« zu »erleichtern«[180] – als läge der Schlüssel dazu im gezielten Verschweigen von Hindernissen. Paradigmatisch für diese Denkweise steht der Gießener Soziologe Rainer Geißler, der in acht Stufen zuerst »spezifische Ausländerdelikte« (wie Verstöße gegen das Asylgesetz), Kriminalität von Durchreisenden und Illegalen, Asylbewerberkriminalität und unterstellten »falschen oder übertriebenen Tatverdacht«, sodann »sozialstrukturelle Verzerrungen« wie den höheren Männer-, Großstadtbewohner-, Jugendlichen- und Unterschichtsanteil der ausländischen Bevölkerung, der zu »höherer Polizeiauffälligkeit« führe, herausrechnet, um schließlich festzustellen, Ausländer seien sogar weniger kriminalitätsbelastet als Deutsche.[181]

Auch Straftaten gegen das Ausländerrecht sind allerdings immer noch Straftaten, und kriminelle illegale Einwanderer und Asylbewerber verschwinden durch Wegdefinieren ebensowenig wie die wachsende Zahl gewaltbereiter junger Männer in den prekären Verhältnissen der Großstadtghettos. Daß die Jugendkriminalität in den Großstädten zunehmend in den Mittelpunkt der Auseinandersetzung mit Ausländerkriminalität geriet, entspricht der demographischen Dynamik. Je jünger die Alterskohorte, desto größer der Anteil derer »mit Migrationshintergrund«; bei den 15- bis 20jährigen ist es deutschlandweit – Stand 2008 – noch ein Viertel, bei den unter Fünfjährigen schon ein Drittel. Und je größer die Siedlung, desto höher, im statistischen Mittel, der Ausländeranteil; in Orten unter 2000 Einwohnern liegt er bei gut fünf Prozent, in Großstädten über 100 000 Einwohnern deutlich über 25 Prozent.[182] Daß sich das generative Verhalten von Einwanderern rasch dem der ansässigen Bevölkerung anpasse, ist ein gern zur Beruhigung angeführtes Argument, das den demographischen Fakten nicht standhält. Vor allem die Türkischstämmigen stellen einen Sonderfall dar: Ihr Bevölkerungsanteil wächst auch allein durch Geburtenüberschuß, da türkische Frauen mit durchschnittlich 2,5 Kindern den Generationenersatz deutlich übertreffen, selten kinderlos bleiben und zu über 50 Prozent mehr als drei Kinder haben[183] – Einwanderung durch den Kreißsaal ist kein Mythos, sondern statistisch nachweisbar.

Der alarmierende Anstieg der Gewalt junger Einwanderer spiegelt sich in aktuellen Statistiken. »In Berlin wurden im Jahr 2004 männliche nichtdeutsche Jugendliche im Zusammenhang mit Raubdelikten 3,66mal häufiger registriert als deutsche Jugendliche, im Jahr 2005 sogar 3,78mal häufiger. Für das Delikt ›gefährliche und schwere Körperverletzung‹ lauten die entsprechenden Zahlen für das Jahr 2004 2,8mal häufiger und für das Jahr 2005 3,07mal häufiger. [...] Darüber hinaus wurden männliche nichtdeutsche Jugendliche im Verhältnis zu ihrem Bevölkerungsanteil im Jahr 2005 3,0mal so oft bei Sexualdelikten insgesamt, 7,5mal so oft bei Vergewaltigung, 2,0mal so oft bei Straßenkriminalität und bei Gewaltkriminalität insgesamt 3,4mal so oft polizeilich bekannt wie deutsche männliche Jugendliche.« Diese Zahlen der Polizeilichen Kriminalstatistik sind noch durch die Nichterfassung der Eingebürgerten geschönt; die Erkenntnisse der Polizei zur Jugendgruppengewalt, bei der auch die ethnische Abstammung erfaßt wird, sind noch drastischer: In Mitte, Neukölln, Friedrichshain, Kreuzberg bewegt sich der Anteil männlicher ausländischer Tatverdächtiger zwischen 80 und 90 Prozent.[184]

Daß es sich bei der seit zwei Jahrzehnten intensiv diskutierten »Jugendkriminalität« zu einem hohen Prozentsatz um Ausländerkriminalität und bei dieser wiederum in vielen Fällen um deutschenfeindliche Gewalt handelt, ist nur nach und nach und

oft nur zwischen den Zeilen in die einschlägigen Statistiken ein-
gesickert. Einen wichtigen Anteil an Aufdeckung und Verschleierung zugleich hat der Hannoveraner Kriminologie-Professor Christian Pfeiffer. Die Studien und Forschungsberichte des von ihm ge-
gründeten Kriminologischen Forschungsinstituts Niedersachsen
e.V. (KFN) waren zunächst noch ganz der relativierenden linksliberalen Argumentationslinie verhaftet, die höhere Ausländerkriminalität vor allem mit sozialen Verhältnissen und struktureller
Benachteiligung erklären will.[185] Daß die Gruppengewalt Jugendlicher ethnischen Bruchlinien folgt, hatte Pfeiffer immerhin früh
bemerkt.[186] Bemerkenswerte Aufschlüsse brachten schließlich die
1998 vorgenommenen Befragungen von 16 000 Schülern der neun-
ten Jahrgangsstufe in neun großen Städten nach ihren Erfahrungen als Opfer und Täter von Gewalt, die anders als die Polizeiliche Kriminalstatistik auch das »Dunkelfeld« nicht angezeigter Taten erfaßten und die ethnische Herkunft der Befragten anstelle der
formalen Staatsbürgerschaft zum Unterscheidungskriterium machten. Ergebnis: Junge Deutsche sind als Täter erheblich unterreprä-
sentiert, junge Türken deutlich überrepräsentiert; auf hundert türkische Jugendliche entfallen dreimal so viele Gewalttaten wie auf
gleichaltrige Deutsche. Türken und Jugendliche aus den jugoslawischen Nachfolgestaaten sind darüber hinaus weit häufiger in
Cliquen organisiert, die gemeinsam Straftaten begehen, als junge
Deutsche.[187] Diese wiederum werden überproportional oft zu Opfern von Gewalt anderer.

Die Schülerbefragung 2005 bestätigte den Befund.[188] Im Vergleich zu 1998 nehme die Gewalttätigkeit deutscher Jugendlicher
tendenziell ab, während die Gewaltbereitschaft bei den Nichtdeutschen sogar noch im Steigen begriffen sei. Jugendgewalt ist ein ethnisch und kulturell bestimmtes Phänomen; »innerhalb ein- und derselben ethnischen Gruppe« gebe es keine größeren Unterschiede
zwischen den untersuchten Städten.[189] Türkische Jugendliche seien
unter den Tätern viermal häufiger zu finden, als es ihrem Anteil an
der Gesamtzahl entspräche; Jung-Einwanderer aus anderen europäischen Ländern – Rußland, Polen, den jugoslawischen Nachfolgestaaten, Italien – würden dagegen kaum überproportional häufig als

Täter genannt.[190] Vom Argument, erhöhte Ausländergewalt sei ein Produkt ihrer »Benachteiligung« und mißlichen sozialen und ökonomischen Lage, hat sich Pfeiffer inzwischen verabschiedet; wäre es so, müßten sich Deutsche in gleicher Lage ja genauso verhalten.[191] Seine alternativen Erklärungsmodelle für Jugendgewalt – Gewalterfahrung in der Erziehung und Akzeptanz dominanter »gewaltlegitimierender Männlichkeitsnormen« – verweisen allerdings wiederum auf kulturelle Unterschiede zwischen den Ethnien, denen mit sozialpädagogischer Betreuung kaum beizukommen ist – auch wenn Pfeiffer unverdrossen dem Glauben aller Sozialingenieure anhängt, man könne kulturelle Unterschiede durch »Bildung« verändern.[192] Ein Nebensatz ist verräterisch: »Elterliche Gewaltmißbilligung« wirke zwar kriminalitätsvorbeugend, dieser Einfluß sei aber »vor allem bei deutschen Jugendlichen gegeben«.[193] Im Klartext: Deutsche Eltern befolgen Empfehlungen, gewaltfrei zu erziehen, andere eben nicht – mit dem Nebeneffekt, daß die braven jungen Deutschen noch hilfloser sind, wenn sie mit gewalttätiger Bedrohung konfrontiert werden, und dadurch erst recht zum Opfer prädestiniert werden.

In der Mitte des ersten Jahrzehnts des 21. Jahrhunderts lagen die Fakten also auf dem Tisch. Die Statistiken waren aussagekräftiger und differenzierter geworden. Doch wer, wie der Hannoveraner Polizeipräsident Uwe Binias, zwei und zwei zusammenzählt und die überproportional hohe Gewaltkriminalitätsbelastung junger Türken, Polen und Iraker darauf zurückführt, daß »ausländische Jugendliche zu anderen Konfliktlösungsstrategien neigten als deutsche«, bewegt sich nach wie vor auf einem Minenfeld.[194] Die Tendenz zum politisch korrekten Herausretuschieren und Verschweigen hält sich in der medialen Berichterstattung hartnäckig, besonders wenn es um deutschenfeindliche Gewalt geht. Polizeibeamte werden durch ministerielle Erlasse ausdrücklich vergattert, in der internen und externen Berichterstattung auf die »Zugehörigkeit zu einer Minderheit« nur dann hinzuweisen, »wenn sie für das Verständnis eines Sachverhaltes oder für die Herstellung eines sachlichen Bezuges zwingend erforderlich ist«[195], und in »Medienauskünfte« nur dann »Hinweise auf eine Beteiligung nationaler Minderheiten« aufzunehmen, wenn »im Einzelfall ein überwiegendes

Informationsinteresse oder ein Fahndungsinteresse« besteht.[196] Um der Ausländergewalt die ethnische Dimension zu nehmen, hat der Deutsche Presserat das Diskriminierungsverbot in Ziffer 12 seines Kodex[197] um eine Richtlinie für die Berichterstattung über Straftaten ergänzt: Bei dieser werde »die Zugehörigkeit der Verdächtigen oder Täter zu religiösen, ethnischen oder anderen Minderheiten nur dann erwähnt, wenn für das Verständnis des berichteten Vorgangs ein begründeter Sachbezug besteht«; und man solle besonders darauf achten, ob »die Erwähnung Vorurteile gegen Minderheiten schüren könnte«. In der Praxis heißt das in der Regel: Ist der Täter Deutscher, das Opfer Ausländer, wird das auch erwähnt, da keine »Diskriminierungsgefahr« besteht, im umgekehrten Falle nicht. Da sind die Täter dann oft einfach nur »Jugendliche«[198]; wenn in der Polizei-Pressemeldung die Nationalität noch stand, verschwindet sie nicht selten auf dem Weg in die Druckausgabe der Zeitung. In besonders krassen Fällen wird aus einem »Massoud M.« auch schon mal ein »Hans M.«[199], obwohl er in Wirklichkeit immer noch ein »Massoud« ist. Da derlei Manipulation im Internet immer öfter überprüfbar ist und auch überprüft wird, bekommt die Praxis Löcher, vor allem im Boulevard. Die nach Protesten zurückgezogene »Medien-Charta«, mit der die türkischstämmige niedersächsische Integrationsministerin Aygül Özkan Journalisten auf »interkulturelle Kompetenz« und »kultursensible Sprache« verpflichten wollte[200], läßt allerdings auch dies erahnen – solange es Mächtige gibt, denen es ein Dorn im Auge ist, daß ihre Sicht der Welt und der Dinge darin nicht von allen geteilt wird, werden auch Zensur und Manipulationsversuche nicht verschwinden.

## Islam und Deutschenfeindlichkeit

Rückschauend wird man vielleicht einmal sagen müssen, daß der Provokateur des Jahres 2010 im deutschen Politikbetrieb nicht Thilo Sarrazin war, sondern Bundespräsident Christian Wulff mit seinem fatalen Satz: »Der Islam gehört zu Deutschland.« Linksliberale Meinungsführer verstanden Wulffs Rede explizit auch als Ab-

sage an das »Geschwätz« der Familienministerin über »Deutschenfeindlichkeit« (dieses Wort dabei mit Anführungszeichen relativie-
rend): »Gottlob hat Wulff dem guten Deutschland eine Stimme gegeben.«[201] Was das »gute Deutschland«, das sich in dem Satz des
Bundespräsidenten so einmütig wiederfindet[202], damit genau meint,
bleibt bewußt im unklaren: Spricht man von der – empirisch nicht
zu bestreitenden – Anwesenheit von gut vier Millionen Menschen
aus dem islamischen Kulturkreis, rund fünf Prozent der Bevölkerung, mit allen damit verbundenen gesellschaftlichen und integra-
tiven Spannungen und Problemen? Oder geht es um die staatspolitische Eingemeindung des »Islam als politisches Modell«[203]: einer Religion mit Massenbasis, die anders als das aufgeklärte Christentum
heutiger Europäer den Staat nicht als politisches Gemeinwesen verstehen kann, das unabhängig von der Religion besteht, sondern ihn
ihr in allen Belangen unterordnet – und zwar weltweit?[204]

»Wir können alle Religionen und Rassen integrieren, außer
Muslime.«[205] Diese Erfahrung haben nicht nur europäische Staaten mit relativ junger Einwanderungsgeschichte machen müssen;
die resignierte Aussage stammt von Lee Kuan Yew, dem »elder sta-
tesman« des klassischen Einwanderungslandes Singapur. Selbst im
Einwanderungsmusterland Kanada häufen sich Probleme mit muslimischen Zuwanderern, die auf religiöse Ausnahmen von den für
alle geltenden Spielregeln pochen.[206] Islamische Gläubigkeit ist in
vielen Fällen ein faktisches Integrationshindernis: »Sehr gläubige«
muslimische Jugendliche fühlen sich nur zu elf Prozent als Deutsche, nicht gläubige zu mehr als 50 Prozent, hat auch Christian
Pfeiffer herausgefunden.[207]

Dieser innere Zusammenhang zwischen der Herkunft von Einwanderern aus dem islamischen Kulturkreis, muslimischer Religiosität und gravierenden Integrationsproblemen ist oft beschrieben
worden, wenn auch nicht gerade in den »Integrationsberichten« der
Bundesregierung. Muslimische Einwanderer halten überall in Europa beim Sozialhilfebezug Spitzenplätze: Allein im bevölkerungs-
reichsten deutschen Bundesland leben gemäß der aktuellen Studie
»Muslimisches Leben in Nordrhein-Westfalen« zwischen 1,3 und 1,5
Millionen Islamgläubige, die sieben bis acht Prozent der Einwohner

ausmachen und zu zwei Dritteln türkischer Abkunft sind. 28,1 Prozent der muslimischen Haushalte in NRW leben von Transferleistungen.[208] Thilo Sarrazin faßt die Beobachtungen, die sich in allen von muslimischer Einwanderung betroffenen europäischen Ländern machen lassen, so zusammen: Unterdurchschnittliche Integration in den Arbeitsmarkt, überdurchschnittliche Abhängigkeit von Sozialtransfers, überdurchschnittliche Geburtenfreudigkeit, räumliche Segregation mit Tendenz zur Bildung von Parallelgesellschaften, überdurchschnittliche Religiosität und Kriminalität.[209]

Deutschenfeindlichkeit, sagt der Neuköllner Bezirksbürgermeister Heinz Buschkowsky ohne Umschweife, sei »ein kulturell muslimisches Problem«.[210] Die enge Korrelation von islamischer Religiosität, Gewalt und Deutschenfeindlichkeit ist auch in Statistiken und Studien inzwischen kein Geheimnis mehr: »Mit zunehmender Religiosität geht ein leichter Anstieg der Gewaltraten einher. Die sehr religiösen, islamischen Migranten weisen die höchsten Raten an Gewalttätern unter den verschiedenen Gruppen islamischer Jugendlicher auf.«[211] Übergriffe gegen einheimische Deutsche werden nach Erkenntnissen der hier zitierten, 2010 veröffentlichten KFN-Studie wiederum überdurchschnittlich häufig von jugendlichen Einwanderern aus islamischen Ländern begangen; die besser integrierten Süd- und Nordamerikaner, Ost-, Nord- und Westeuropäer treten in dieser Hinsicht kaum in Erscheinung.[212] Auch Bundesfamilienministerin Kristina Schröder sprach neuerdings unter Berufung auf eine von ihr in Auftrag gegebene Expertise[213], die wiederum stark aus den Studien des Pfeifferschen Instituts schöpft, vom »erhöhten Gewaltpotential« und der »gewaltverherrlichenden Machokultur« junger Muslime.[214] Die empirische Beobachtung in den muslimisch dominierten Parallelgesellschaften der großen Städte, mögen sie Duisburg-Marxloh, Berlin-Kreuzberg oder Köln-Ehrenfeld heißen, macht solche Feststellungen zum Allgemeinplatz. Insofern ist die Mobilisierung der üblichen Gegenargumente ein müßiges und pseudoakademisches Ritual. Wenn der aus der Türkei stammende Professor für Erziehungswissenschaften an der Fachhochschule Dortmund, Ahmet Toprak, dessen Spezialgebiet das nebulöse Feld der »interkulturellen Kompetenz« ist, in einer ebenfalls von Frau Schröder beauftragten Studie wieder einmal die prekäre soziale und wirtschaftliche Lage für alle Auffälligkeiten verantwortlich macht[215] und die EU-Grundrechteagentur dem eigenen Auftrag gemäß in der vorher erlebten »rassistischen Diskriminierung« die Wurzel allen Übels sieht[216], so dient beides letztlich – die beigegebenen Empfehlungen verraten das – nur der Sicherung neuer Mittelflüsse in die Töpfe der Sozial- und Integrationsindustrie. Dem kann sich auch die Bundesministerin nicht entziehen, die wie Pfeiffer in einer vom deutschen Staat organisierten Ausbildung von Imamen an deutschen Hochschulen und islamischem Religionsunterricht an staatlichen Schulen mit in Deutschland ausgebildeten Lehrern ein Mittel der Prävention gegen die erhöhte Gewaltbereitschaft jugendlicher Muslime sieht. Gerade die streng Religiösen unter den Muslimen wird man damit freilich kaum erreichen. Der Heidelberger Staatsrechtler Karl Doehring meldet darüber hinaus berechtigte Zweifel an, ob staatlicher islamischer Religionsunterricht und islamische Hochschullehre überhaupt mit der »Treue zur Verfassung« zu vereinbaren wären, da »Islam und Grundgesetz zueinander im schroffen Gegensatz« stünden.[217] Noch weiter geht Karl Albrecht Schachtschneider, der den Islam als »politische Religion«, die »ihre religiöse Rechtsordnung, die Scharia, durchsetzen will«, aus eben diesem Grund für »seinem Wesen nach nicht demokratiefähig« hält und ihn auch »nicht durch Art. 4 Abs. 2 GG, die Gewährleistung der ungestörten Religionsausübung, geschützt« sieht; Muslime könnten sich lediglich »auf die Freiheit des Glaubens und des Bekenntnisses« berufen.[218]

Knapp zehn Jahre nach dem Anschlag auf das »World Trade Center«, dessen Drahtzieher von Deutschland aus operierten, hat am Frankfurter Flughafen erstmals ein »hausgemachter« islamischer Terrorist in Deutschland einen Anschlag mit Todesopfern verübt. Er schoß auf US-amerikanische Soldaten und tötete zwei von ihnen. Daß es dazu kommen mußte, war nur eine Frage der Zeit. Die »Netzwerke des Terrors«[219] unter muslimischen Einwanderern in Deutschland und Europa sind seit langem vorhanden: Islamkritische Politiker wie der Holländer Pim Fortuyn (ermordet 2002) oder Regisseure wie sein Landsmann Theo van Gogh (ermordet 2004) waren ihnen bereits zum Opfer gefallen. Der weltweit hochgeputschte dänische Karikaturenstreit von 2006, bei dem die internationale Vernetzung der Anhänger der ägyptischen Muslimbruderschaft eine treibende Rolle spielte, hat vor aller Augen geführt, welchen Druck muslimische Gemeinschaften in Europa auszuüben vermögen.[220] Oft sind es gerade zum Islam übergetretene europäische Konvertiten, deren Zahl rasch zunimmt, die sich als radikale Scharfmacher hervortun und aufgrund ihrer unverdächtigen Namen und Erscheinung besonders unauffällig und effektiv agieren können.[221] Mancher ist mit dem Übertritt zum Islam zugleich zum Deutschenhaß konvertiert – wie der Anführer der »Sauerland-Bomber« Fritz Gelowicz, ein gebürtiger Münchner, der im Umfeld des als Islamisten-Schaltzentrale berüchtigten Ulmer »Multikultur-Hauses« radikalisiert wurde. In abgehörten Gesprächen machte der Neo-Muslim Gelowicz sich lustig über die »Kartoffeligkeit« der Deutschen, die »feige und nicht cool« seien.[222]

Udo Ulfkotte hat bereits vor Jahren beschrieben, wie Deutschland durch eine Minderheit von radikalen Islamisten unterwandert werde: Sie »tarnen sich als friedliche Muslime und verbergen sich in islamistischen Vereinigungen, die über die ganze Republik verteilt sind«.[223] Der Multikulturalismus, der es für unanständige Bevormundung hält, Einwanderern und ihren Organisationen genauer auf die Finger zu schauen, ist ihr heimlicher und zuverlässiger Verbündeter. Türkisch-islamistische Organisationen wie die »Kalifatstaat«-Bewegung oder die Milli Görüs des fundamentalistischen Patriarchen und Erdogan-Ziehvaters Necmettin Erbakan, die im Mutterland, solange es kemalistisch regiert wurde, verfolgt und behindert wurden, konnten sich in Deutschland ungestört ausbreiten und ihre Netzwerke knüpfen[224], die ihre Basis in den mittlerweile rund dreitausend Moscheegemeinden haben. Der Einfluß dieser Moscheen auf junge Muslime ist kaum zu überschätzen, »die jungen Leute werden pausenlos agitiert«.[225] Sind es nicht die Haßprediger aus Fleisch und Blut, die nach dem Freitagsgebet verkünden, »daß Nicht-Muslime kein Recht haben, kein Recht auf Leben, kein Recht auf Besitz, [...] wenn man ihr Leben nimmt, ist das keine Sünde«[226], bringen arabisches Satellitenfernsehen und islamische Internetportale die aufhetzenden Botschaften mit noch viel breiterer Streuung an den Mann: Der muslimische Kosovo-Albaner, der in Frankfurt zwei US-Soldaten erschoß, gab als Motiv ein »youtube«-Video über angebliche Greueltaten der Amerikaner in Afghanistan an[227], die Düsseldorfer Synagogen-Attentäter vom August 2000 wurden durch Filmberichte über das Vorgehen israelischer Soldaten gegen Palästinenser zu ihrer Tat aufgestachelt.

Traditionelle Frömmigkeit, eine Abwehrhaltung gegen die Mehrheitsgesellschaft in der Fremde und der Wunsch, Sitten, Bräuche und Identität zu bewahren, machten einen Teil der Bewohner der deutschen Einwandererviertel frühzeitig empfänglich für den Islamismus.[228] In den Sozialhilfeghettos fallen radikale Parolen auf fruchtbaren Boden; die Bereitschaft, Gewalt auch zur Durchsetzung religiöser Ziele anzuwenden, ist unter jungen muslimischen Einwanderern hoch.[229] Der Einwand, daß jugendlichen Schlägern oder Nachwuchsterroristen im Namen Allahs nicht die ganze Komplexität der islamischen Überlieferung geläufig ist, sie mithin gar nicht den »wahren Islam« leben, ist wohlfeil: Soviel hat auch einem ungebildeten und entwurzelten orientalischen Jüngling der eigene kulturelle Hintergrund und sein islamisches Umfeld, und wahrscheinlich auch Koranschule und Religionsunterricht, schon mitgegeben, um zu wissen: Der Islam, und mit ihm seine Anhänger, fühlt sich allen anderen Religionen überlegen, und damit lassen sich Ressentiments und Minderwertigkeitskomplexe trefflich kompensieren.[230] Eine »direkte Linie von der Al Qaida im Irak und der Intifada in Palästina zu den Jugendlichen mit ›Migrationshintergrund‹ in Neukölln und Moabit« sieht Henryk M. Broder: »Das erstaunliche Selbstbewußtsein der moslemischen Jugendlichen, die ihre Mitschüler ›Nutten‹ und ›Schweinefleischfresser‹ schimpfen, speist sich nicht aus Erfolg oder Leistung, sondern aus ihrer Gruppenzugehörigkeit. Osama bin Laden zeigt der ganzen Welt den Stinkefinger – sie machen es auf dem Schulhof und in der U-Bahn.«[231] Dieser islamisch unterfütterte Deutschenhaß ist dabei nur eine Untergruppe eines in der islamischen Welt verbreiteten Hasses auf alles Westliche. Dies wird daran deutlich, daß sich die daraus abgeleitete Gewalt nicht nur gegen Deutsche als den nächstliegenden Vertretern der abgelehnten westlichen Welt, sondern oft generell gegen Weiße richtet. Typische »deutschenfeindliche« Gewalt trifft immer wieder auch Franzosen, Engländer, Holländer in deutschen Städten – wie einen kürzlich von »Südländern« mitten in der Nacht im Stuttgarter Stadtzentrum ausgeraubten jungen Franzosen.[232]

Szene aus einem württembergischen Weindorf nahe Stuttgart Ende der neunziger Jahre: Eine Horde türkischer Jugendlicher bolzt Sonntag vormittag gegen die Kirchentür. Eine alte Frau beschwert sich und wird rüde abgefertigt: »Halt's Maul, deutsche Schlampe, das wird sowieso bald eine Moschee.«[233] Die instinktive Wahrnehmung, demographisch auf der Sieger- und Erobererseite zu stehen, wirkt aggressivitätssteigernd: Wir sind jung, ihr seid alt, wir sind viele, ihr seid wenige, wir haben viele Brüder und Vettern, ihr seid Einzelkinder. Auf Großstadtspielplätzen läßt sich die Verschiebung der demographischen Gewichte schon heute ablesen. Während die deutsche Bevölkerung schrumpft und vergreist, steigt der muslimische Bevölkerungsanteil rapide. Von 1995 bis 2005 hat sich ihre Zahl von 1,7 auf 3,5 Millionen verdoppelt, bis 2020 ist eine weitere Verdoppelung zu erwarten. Die durchschnittliche jährliche Wachstumsrate liegt bei 6,6 Prozent.[234] 2025 werden zwei Drittel der Neugeborenen ausländischer Abstammung sein – in der Mehrzahl Muslime.[235]

Eine mögliche Reaktion darauf lautet »Hurra wir kapitulieren!«[236] – man paßt sich den unterbewußt als neue Herren empfundenen Kräften an, kommt ihnen soweit wie möglich entgegen, redet sich die unangenehmen Seiten wie »Ehrenmorde« und Deutschenhaß schön und versucht im übrigen, »den Islam« oder vielmehr diejenigen, die in seinem Namen zu sprechen vorgeben, so wenig wie möglich zu erzürnen. Es ist die Standard-Reaktion der politisch-medialen Eliten, der Christian Wulffs und all der kulturrelativistischen Islamversteher wie etwa der Bundesjustizministerin Leutheusser-Schnarrenberger: Sie stellte Christentum und Islam als Religionen mit ihren jeweiligen religiösen Geboten und Gehorsamsforderungen auf eine Stufe und ignorierte dabei leichtfertig ein halbes Jahrtausend abendländischer Aufklärungsgeschichte seit der Reformation[237]; oder Patrick Bahners, der mit feingedrechselten Textauslegungen ohne Rückkopplung an die reale Welt jeden Islamkritiker zum »Panikmacher« erklärt.[238] Eine andere mögliche Reaktion sind die Angstpsychosen der unpolitischen, ressentimentgeladenen Islam-Hasser, die hinter jedem Muslim den Attentäter wittern. Beide Reaktionen verkennen, daß die scheinbar unwiderstehliche Stärke des aggressiv ausgreifenden Islamismus in Wahrheit die Schwäche der westlichen Gesellschaften ist, auf die sie trifft:

»Gerade die Angst aber vor der Machtübernahme durch baldige moslemische Mehrheiten im alten Europa zeigt, daß wir es auch heute lediglich mit einem Blick in den Spiegel zu tun haben. Denn würden die westlichen Gesellschaften nicht selbst absterbende sein und würde die Geburten- bei den Einheimischen nicht tendenziell eine Selbstmordrate sein, so würden nicht andere jene Macht an sich reißen können.«[239]

In der Tat kann man Sprüche wie die in der Boulevardpresse zitierten Einlassungen des – eingebürgerten – türkischstämmigen Reiseunternehmers und SPD-Mitglieds Vural Öger aus dem Massenblatt *Hürriyet* als Drohung lesen: »Das, was Kamuni Sultan Süleyman 1529 mit der Belagerung Wiens begonnen hat, werden wir über die Einwohner, mit unseren kräftigen Männern und gesunden Frauen, verwirklichen.«[240] Ob er das, glaubt man der nachgeschobenen Erklärung, ironisch gemeint hat oder nicht – man kann neben diese Äußerung den türkischen Regierungschef Erdogan stellen, dem das Denken in archaischen Allmachtsphantasien von demographischer Landnahme durch Kinderreichtum ebensowenig ferne liegt[241] wie seinem Europaminister Egemen Bagis: »65 Prozent der Türken sind unter 35 Jahre alt. Wir sind die Lösung für das Problem der Überalterung der europäischen Arbeitsmärkte.«[242]

Freilich ist es auch ein Ausdruck geistiger Armut und politischer Hilflosigkeit, wenn die Hauptquelle des Überlegenheitsstolzes der Kinderreichtum sein soll. »Im Westen herrscht die Vorstellung«, schreibt der »vom Glauben zum Wissen konvertierte«, aus Ägypten stammende Politikwissenschaftler Hamed Abdel-Samad, »der Islam sei übermächtig und befinde sich auf dem Vormarsch. Die demographischen Entwicklungen in der islamischen Welt und in Europa sowie die blutigen Anschläge und schrillen Töne des fundamentalistischen Islam bestätigen viele Menschen im Westen in ihren Annahmen. Tatsächlich ist es jedoch so, daß sich die islamische Welt in die Defensive gedrängt fühlt«[243] – und nach Sündenböcken sucht. »Das ständige Beleidigtsein ist unsere Schweinegrippe, wir überlegen jeden Tag, wer und was uns wieder gekränkt hat«[244], drückt es Abdel-Samad an anderer Stelle aus. Die Weigerung, Verantwortung für das eigene Handeln zu übernehmen, führt dazu, »daß fast jeder Täter das Opferprivileg für sich reklamiert. Er ist ein Opfer seiner Erziehung, der Gesellschaft, der Umstände – in Wirklichkeit ist er aber vor allem das Opfer der sozialpädagogisch delirierenden Kapitulanten, die ihm all das einreden, weil es die einfachste Art ist, mit dem Phänomen fertigzuwerden«.[245]

Die Opfer-Masche ist eine primitive, rüpelhafte Art, sich durchzusetzen, die aber besonders dann hervorragend funktioniert, wenn sie mit erpresserischen Taschenspielertricks wie dem Vorwurf der »Islamophobie« treffsicher auf die schwache Stelle im kollektiven Bewußtsein der Deutschen zielt – mit einem Schlagwort, das auf Knopfdruck Schuldgefühle erzeugt, indem es direkte Parallelen zum Antisemitismus zieht.[246] Kurios an diesem »Holocaust-Neid«[247] muslimischer Funktionäre, die einen den Juden gleichgesetzten Verfolgtenstatus beanspruchen, ist der Umstand, daß Antisemitismus im Deutschland des 21. Jahrhunderts in erster Linie importierter muslimischer Antisemitismus ist.[248] Solange allerdings selbst der Zentralrat der Juden dieses Argumentationsschema unterstützt[249], ist die »Islamophobie-Keule« ein ausgezeichnetes Instrument, um die berechtigte Kritik an objektiven Unvereinbarkeiten des Islam mit der geltenden Verfassungsordnung zu diffamieren.

Mit dem Islam ist ein religiös-politisches System nach Europa und Deutschland gelangt, das den Absolutheitsanspruch seiner religiösen Offenbarung über jedes irdische Recht und Gesetz stellt und verlangt, daß sich die politische Ordnung nach der religiösen richtet.[250] Seine Moscheen sind keine Gotteshäuser wie Kirchen oder Synagogen, sondern geistig-soziale Kristallisationspunkte einer integralen Gegengesellschaft. Die Moschee im Stadtbild, das Kopftuch auf der Straße sind nicht etwa religiöse Symbole, sondern politische Bekundungen des Andersseins; das Minarett steht zugleich für einen Herrschaftsanspruch.[251] Diese Einheit von Religion und Politik macht den Islam zur dritten großen totalitären Herausforderung nach den säkularen Totalitarismen des 20. Jahrhunderts.[252] Mit liberalem Kulturrelativismus ist dieser Herausforderung nicht beizukommen. Denn es geht in der Auseinandersetzung mit dem Islam ja gerade nicht um individuelle Religionsfreiheit, sondern um Gruppen- und Sonderrechte, die aus einem religiösen Überlegenheitsanspruch abgeleitet werden. Die Wurzel des islamischen Integrationsproblems sind deshalb auch nicht die einzelne Kopftuchträgerin, nicht der einzelne fromme Muslim beim Freitagsgebet, sondern die Funktionäre der islamischen Verbände, die als kollektive Vertreter dieser Muslime auftreten, sie klientelpolitisch instrumentalisieren und daraus die Forderung ableiten, Staat und Gesellschaft nach ihren Forderungen umzugestalten. Dialog ist für sie eine Einbahnstraße des Forderns und Bekommens.

Die Islamverbände verstehen Religionsfreiheit nicht als individuelles Freiheitsrecht, sondern als kollektives Mitspracherecht, als Ermächtigung zur politischen Teilhabe. Darauf zielt auch die angestrebte rechtliche Gleichstellung mit den christlichen Kirchen: Es geht um Zugang zu öffentlichen Positionen, beispielsweise in den Rundfunkräten. Jedes eingeräumte Sonderrecht, jeder vor Gericht durchgesetzte Gebetsraum, jede Ausnahmeregelung für muslimische Schülerinnen beim Sport- und Schwimmunterricht, jede gestrichene Weihnachts- und Adventsfeier im Kindergarten und jede von Schweinernem gesäuberte Schulkantine, jede amtliche Anweisung an die Schulen, den Unterricht um die Befindlichkeiten muslimischer Schüler und Eltern herum zu organisieren, wie kürzlich in Berlin[253] und Rheinland-Pfalz[254] geschehen, betrachten sie als Schwäche und Zurückweichen, die neue Ansprüche begründen, weil sie nicht bereit sind, ihr Verständnis von »Religionsfreiheit einer wie auch immer verstandenen Integration unterzuordnen«.[255] Letztlich zementiert also jedes Entgegenkommen an die Forderungen der Islamverbände die bestehenden islamischen Parallelgesellschaften, die ihre Machtbasis darstellen, und mit ihnen das in ihnen genährte Bewußtsein der Selbstabgrenzung und der Überlegenheit gegenüber den »Ungläubigen«.

Eine kritische Mischung entsteht, wenn sich islamisches Über-
legenheitsgefühl mit dem türkischen Nationalismus verbindet, der
unter der Herrschaft des türkischen Premiers Recep Tayyip Erdogan und seiner Ak-Partei eine brisante Allianz mit dem Islamismus
eingegangen ist. Der türkische Ministerpräsident vertraut nicht anders als die gemäßigt auftretenden Funktionäre der Islamverbände
darauf, in den rasch wachsenden muslimisch-türkischen Parallelgesellschaften ein jederzeit mobilisierbares Potential der politischen
Einflußnahme zu besitzen. Mit seinen Arena-Auftritten in Köln
2008 und Düsseldorf 2011, bei denen er sich als Ministerpräsident
aller hier lebenden Türken inszenierte, hat Erdogan demonstriert,
wie bedenkenlos er seine in Deutschland lebenden Landsleute als
»fünfte Kolonne« gegen das Gastland in Stellung zu bringen bereit
ist, wenn es dem türkischen Staatsinteresse nützt. Er schreckt dabei
vor demagogischer antideutscher Stimmungsmache nicht zurück.
Türken in Deutschland sollten Deutsch lernen, deutsche Staatsbürger werden und die Vorteile des »guten Schulsystems« nutzen, aber
nicht um sich zu assimilieren und Deutsche zu werden, sondern
um »in der deutschen politischen Landschaft einen Einfluß auszuüben, Wirkungen zu erzielen« und Lobbyismus zu betreiben[256]
– beispielsweise für den EU-Beitritt der Türkei. Assimilation sei ein
»Verbrechen gegen die Menschlichkeit«. Drei Jahre später in Düsseldorf erweiterte er den Katalog noch um »Islamophobie, Antisemitismus, Rassismus« und pries die Türkei als Schutzmacht aller Türken,
auch derer »in Deutschland und in Libyen«[257] – als drohten den Türken in Deutschland blutige Pogrome, vor denen sie nur eine türkische Militärintervention retten könnte.

In Köln und Düsseldorf betätigte sich Erdogan als Brandstifter
und Schreibtischtäter der Deutschenfeindlichkeit. Die Schlagworte
»Rassismus« und »Islamophobie« hatte der Ministerpräsident mit
Bedacht ins Spiel gebracht. Wenige Monate zuvor, auf dem Höhepunkt der zweiten Sarrazin-Debatte, hatte das türkische Massenblatt *Hürriyet* die Stimmung wieder angeheizt. Türkische Einwanderer in Deutschland fürchteten sich vor einem Anstieg der Ausländerfeindlichkeit, hieß es im englischen Portal der Zeitung[258],
die sich auf die in Deutschland kaum zur Kenntnis genommene

Studie der Friedrich-Ebert-Stiftung (siehe Kap. 3, S. 77) bezog. Bekir Alboga, vom deutschen Zweig des staatlichen türkischen Religionsamts Ditib, wurde mit der Warnung vor zunehmender »Islamfeindlichkeit« – als Retourkutsche zur zeitgleichen Debatte über Deutschenfeindlichkeit – zitiert. Die Türkische Gemeinde Deutschlands forderte eine statistische Erfassung »muslimfeindlicher Taten«.[259] Nach einer Reihe eher geringfügiger Anschläge auf Moscheen durch unbekannte Täter forderte ein anderer Verband, der »Koordinationsrat der Muslime«, mehr Schutz für Moscheen.[260] Eine regelrechte Kampagne war Erdogans Auftritt in Köln vorangegangen: Nach dem Brand eines Mehrfamilienhauses in Ludwigshafen, bei dem mehrere Türken alevitischen Glaubens ums Leben gekommen waren, hatte Erdogan mit der Warnung vor einem »zweiten Solingen«[261] eine Welle hetzerischer Medienberichte losgetreten, die er anschließend durch sein Auftreten am Brandort wieder dämpfte – und damit zugleich klarstellte, wer der Souverän im Haus ist, der über den Ausnahmezustand entscheidet. Die von der Bundesregierung hingenommene Entsendung türkischer Sonderermittler signalisierte der türkischen Bevölkerung, daß sie der deutschen Polizei nicht trauen könne. Erdogans Diplomaten stoßen in regelmäßiger Folge ins gleiche Horn – wie der türkische Generalkonsul in Düsseldorf, Hakan Kivanc, der bei einer Zusammenkunft mit Vertretern türkischstämmiger Minderheiten seinen Gesprächspartnern einschärfte, die Türkei sei die einzig verläßliche Schutzmacht für sie: Sie sollten sich von der deutschen Politik nicht »ausspielen« lassen: »Wenn man den Deutschen die Pulsadern aufschneidet, fließt braunes Blut.«[262]

Wo die ethnische Konfrontation von den Repräsentanten einer ausländischen Macht, die im ganzen Land institutionelle Brückenköpfe aufgebaut hat, in die Herzen geträufelt wird, ist die Sozialpädagogik mit ihrem Latein am Ende. Ignoriert der deutsche Staat diese zweifache Herausforderung durch türkischen Nationalismus und radikalen Islamismus weiter und versucht, die Konflikte wie bisher allein durch vorauseilendes Entgegenkommen und das Bereitstellen finanzieller und sozialstaatlicher Wohltaten einzudämmen, macht er sich selbst zum »Opfer«:

»Nicht einmal Dankbarkeit kann der Staat von den Subjekten seiner herkunftsblinden Fürsorge erwarten oder wenigstens das resignative Wohlverhalten, wie es die einheimischen Bezieher wohlfahrtsstaatlicher Leistungen an den Tag legen und die Sozialverwaltungen als Reaktion voraussetzen. [...] Viele Migranten sind da aus anderem Holz geschnitzt. Sie verachten die deutsche Gesellschaft dafür, dass sie ihnen zusteckt, was ihnen nicht zusteht, sie halten sie für weich und feige. In der Welt, aus der sie kommen, gilt ›Appeasement‹ als Unterwerfungsgeste, die gleichbleibende Freundlichkeit des Sozialstaats verstehen sie deshalb als Zeichen von Schwäche, nicht als Ausdruck besonderer Souveränität. Daß die Politik mit Verständnis reagiert, wo sie Zurechtweisung erwarten würden, spornt sie nur an, deren Langmut mit immer neuen Herausforderungen auf die Probe zu stellen. So entfremdet sich der Staat seine muslimische Jugend ausgerechnet mit der Fürsorgebereitschaft, die ihm ihr Wohlwollen sichern soll.«[263]

Der Sozialamtsmitarbeiter, der aus Furcht, für »ausländerfeindlich« gehalten zu werden, oder schlicht auch nur eingeschüchtert vom aggressiven und bedrohenden Auftritt seines muslimischen »Kunden« jeden Hilfeantrag ohne Murren bewilligt[264], ist nach dieser Sicht ebenso ein zur Ausplünderung freigegebenes »Opfer« wie der Jugendliche in Unterzahl, der unter vorgehaltenem Messer »freiwillig« Turnschuhe, Mobiltelefon und Geldbeutel herausrückt. Beides wird genommen, als sei es der rechtmäßig zustehende Tribut. Der Berliner Rapper Anis Mohamed Youssef Ferchichi, genannt »Bushido«, Sohn eines Tunesiers und einer deutschen Mutter, kennt die »Beutegesellschafts«-Mentalität in den Einwandererghettos und spottet:

»So sehr, wie wir Einwanderer euch auf der Nase rumtanzen in eurem eigenen Land, da können wir uns nicht beschweren. Ist doch klar, daß wir Deutschland lieben. Wir ziehen euch die Transferleistungen aus den Taschen und haben trotzdem keinen Respekt vor euch Deutschen. Wir halten euch für Kartoffeln, für Opfer. So denken manche. Aber diese Haltung finde ich respektlos.«[265]

# Kapitel 4

# »Kartoffeln«
# »Schweinefresser«
# »Deutsche Schlampen«

Der alltägliche Kampf der Kulturen · Gesichter
der Gewalt gegen Deutsche · Täglicher Terror
im öffentlichen Raum · »Junge Männer auf Feindfahrt« · Staat auf dem Rückzug I: Schulkatastrophe ·
Staat auf dem Rückzug II: Einäugige Justiz · Staat
auf dem Rückzug III: Angriff auf die Hoheitsträger

## Der alltägliche Kampf der Kulturen

»Wir bringen euch um, ihr deutschen Dreckschweine! Das ist unser Bezirk, verpißt euch!« Unter dem Schutz einer massiven Poli-
zeieskorte mußten Kay L. und Jennifer P. Spießruten laufen. Die
beiden jungen Deutschen waren in einem Berliner Lidl-Supermarkt
von einem türkischen Mob in Lynchstimmung belagert worden. Die
Beamten zählten 50 türkische Jungmänner, die mit wüsten Drohungen – »Ihr lebt nicht mehr lange, wir schlitzen euch deutsche
Schweine auf!« – vor dem Supermarkt tobten. Jagdszenen im Berliner Wedding, Frühjahr 2007. Der Anlaß: Kay, der Deutsche, hatte
Aynur, eine Türkin, auf der Badstraße versehentlich angerempelt.
Die hatte sofort mit der Tasche auf ihn eingeprügelt und mit dem
Mobiltelefon Verstärkung gerufen.[266]

In diesem Vorfall sind geradezu paradigmatisch die wesentlichen Merkmale der alltäglichen deutschenfeindlichen Ausländergewalt in den Einwandervierteln deutscher Großstädte enthalten. Dazu gehören zum einen die verbale Aggressivität, die den

Deutschen pauschal und kollektiv abwertet, und der umstandslose Übergang zur Handgreiflichkeit aus geringstem Anlaß. Des weiteren werden deutschenfeindliche Handlungen bevorzugt aus der Gruppe heraus verübt; »es ist doch immer so: Mehrere Araber oder Türken gehen auf einen Deutschen los – umgekehrt habe ich das noch nicht gesehen«, erzählen drei türkisch-libanesische Mädchen in Berlin-Neukölln einer Reporterin.[267] Familiäre, ethnische, religiös-kulturelle oder Cliquen-Loyalitäten mobilisieren bei Bedarf in kurzer Zeit zahlenmäßig überlegene und bedrohliche Menschenmengen, die jederzeit zu rücksichtsloser Gewalt gegen die anderen, »die Deutschen«, bereit sind.

Diese Feindbestimmung, die nicht nach sozialen, sondern nach Kriterien der Volks- oder Kulturzugehörigkeit vorgenommen wird, belegt hinreichend: Deutschenfeindlichkeit hat eine eminent politische Dimension[268] und ist im Kern kein »Klassenkampf«, sondern Erscheinungsform eines latent vorhandenen ethnischen Konfliktes, eines durch Überfremdung herbeigeführten Vorbürgerkriegs.[269]

»Das ist unser Bezirk«: Der Übergang zum Vorbürgerkrieg besteht in der bewußten Gewaltanwendung gegen die autochthone Bevölkerung. Sie soll den Deutschen den öffentlichen Raum streitig machen. Damit wird die Verdrängung und Landnahme, die mit jeder Masseneinwanderung nicht-integrationswilliger Migranten aus anderen Kulturkreisen (siehe Kapitel 3, S. 59f.) zwangsläufig einhergeht, zum Eroberungsfeldzug. Es beginnt im Kleinen und Lokalen – der Einheimische, der vielleicht schon einschlägige Erfahrungen gemacht hat, wechselt vorsichtshalber die Straßenseite, wenn ihm »Südländer« in bedrohlicher Haltung entgegenkommen, er meidet, besonders bei Dunkelheit, bestimmte Orte, Plätze oder Lokale, er weiß als Jugendlicher, in welche Clubs und Diskotheken man besser nicht geht, wenn man keinen Ärger haben will, er drückt sich auf dem Schulhof unauffällig in eine abgelegene Ecke und läßt sich von der muslimischen Mitschülermehrheit zwingen, das Unterrichtsgebäude nur durch einen bestimmten, den »Ungläubigen« vorbehaltenen Eingang zu betreten.[270] Ein Ende ist aber auch damit noch nicht erreicht, daß ganze Straßenzüge, Stadtteile und Viertel zur »No-go-area« werden, zur »verbotenen Zone«, in die man als

Deutscher besser gar nicht erst den Fuß setzt und in die auch die uniformierten Ordnungskräfte sich nicht mehr oder nur unter verstärktem Flankenschutz wagen. Solche »No-go-areas« für Deutsche gibt es längst nicht nur in einigen großstädtischen Brennpunktvierteln, sondern auch in scheinbar idyllischen Kleinstädten.[271]

Der ehemalige rot-grüne Regierungssprecher Uwe-Karsten Heye hatte in seiner Eigenschaft als Frontmann des »Kampf gegen rechts«-Lobbyvereins »Gesicht zeigen« wenige Wochen vor dem Anpfiff der Fußballweltmeisterschaft 2006 in Deutschland reißerisch ein Horrorbild an die Wand gemalt: Es gebe »kleinere und mittlere Städte in Brandenburg und auch anderswo, wo ich keinem raten würde, der eine andere Hautfarbe hat, hinzugehen. Er würde es möglicherweise lebend nicht wieder verlassen«.[272] Dieses Szenario war zu diesem Zeitpunkt längst Wirklichkeit geworden, allerdings unter umgekehrten Vorzeichen und nicht in der mitteldeutschen Provinz, sondern in den Migrantenvierteln deutscher Großstädte. Tatsächlich ereignete sich denn auch der »erste schwere gewalttätige Übergriff während der Weltmeisterschaft« kaum vier Wochen nach Heyes Panik-Interview in Hamburg, und er folgte »nicht den erwarteten Mustern«, wie die *Welt* einräumen mußte: »Weil sich ein 20jähriger Hamburger mit Deutschlandfahnen auf den Wangen als Fan der Nationalmannschaft zu erkennen gab, wurde er von vier Südländern, vermutlich Türken, mit Messern angegriffen und verletzt. Das Opfer mußte im Krankenhaus versorgt werden.«[273]

Die erste Eskalationsstufe der Deutschenfeindlichkeit ist die verbale Aggression durch alltäglich erlebte Beschimpfungen und Beleidigungen. Die Titulierung als »Nazi« etc. und die damit verbundene Unterstellung, jeder Deutsche sei ein Feind und Völkermörder, ist wohlfeil und fester Bestandteil des Deutschenhaß-Repertoires, der nicht nur, wie bereits beschrieben, von türkischen Verbandslobbyisten und Diplomaten stets am Köcheln gehalten wird, sondern auch in den Selbsthaß-Ritualen der politisch-medialen Klasse allzeit präsent ist. »Wir haben sehr gut einstudierte deutsche Reflexe, daß all diese Diskussionen im Handumdrehen in dem Spiel enden, wer zuerst ›Nazi‹ brüllt, hat irgendwie gewonnen«, hat die Schriftstellerin Thea Dorn im Zuge der Sarrazin-Debatte treffend bemerkt.[274] Das weiß inzwischen auch der türkische Taxifahrer, der sich mit seinem deutschen Fahrgast um den Beförderungspreis streitet, oder die italienische Mutter, die mit der Bewertung ihres Sprößlings durch den Lehrer nicht einverstanden ist.

Die mittlerweile zum Allgemeingut gewordene Titulierung von Deutschen als »Kartoffeln« bietet immerhin Überschneidungen mit anderen Stereotypen, die aus nationalen Eßgewohnheiten abgeleitet werden. Ein Beispiel ist der amerikanische Sammelname »Krauts« für Deutsche, der bezeichnenderweise vor allem in Kriegszeiten zur pauschalen Feindbenennung Verbreitung fand, oder die mit der Gastarbeiteranwerbung aufgekommene Ansprache von italienischen Kollegen als »Spaghettis« oder von Türken als »Kümmel«. Den Deutschen freilich hat man im Zeichen der politischen Korrektheit die gedankenlose Verwendung solcher Stereotype, die in den Augen der Tugendwächter den Anfangsverdacht des Rassismus aufkommen lassen, gründlich ausgetrieben. In die andere Richtung wird dagegen nach Kräften verharmlost: »Szenetypisches Vokabular« solle man doch nicht überbewerten, warnte beispielsweise der Berliner »Integrationsbeauftragte« Günter Piening während der Debatte um die Münchner U-Bahn-Schläger; Beleidigungen, die sich auf Schweinefleisch oder Kartoffeln beziehen, fallen nach seiner Auffassung unter »Prozesse der Identitätsbildung«.[275]

Eine »Identitätsbildung«, die sich dadurch definiert, das Staatsvolk und seine Angehörigen als Feinde oder sogar bloß noch als Opfer zu betrachten, ist allerdings Sprengstoff für den gesellschaftlichen Zusammenhalt. Als im Januar 2008 an einer Kreuzberger Bushaltestelle vier libanesische und türkische Jugendliche mit Rufen wie »Alles nur Scheiß-Deutsche überall!« wartende Fahrgäste und einen Busfahrer anpöbelten, lag es daher nahe, daß die Staatsanwaltschaft auch wegen »Volksverhetzung« ermitteln wollte.[276] Das Vorhaben wurde rasch verworfen – mit erstaunlicher Begründung: Zum einen seien viele Täter trotz »Migrationshintergrundes« selbst »Deutsche« und beschimpften damit »ihre eigene Gruppe«; daß die Jung-Einwanderer ihre ethnische Identität nicht aus der großzügig und oberflächlich verliehenen Staatsbürgerschaft, sondern aus Abstammung und Volkszugehörigkeit ableiten, ist bei diesem Einwand offenkundig ebensowenig verstanden worden wie der Unterschied von Nation und Volk an sich. Zum zweiten argumentierten die Berliner Staatsanwälte Medienberichten zufolge, daß laut Paragraph 130 des Strafgesetzbuches Volksverhetzung vorliege, wenn zum Haß gegen »Teile der Bevölkerung« aufgestachelt werde; die Deutschen seien aber kein »Teil«.[277] Diese Argumentation spiegelt getreulich die Kernthese der »Antirassismus«-Ideologie, wonach »Rassismus« grundsätzlich nur von den Deutschen ausgehen, sich aber niemals gegen diese selbst richten könne (siehe Kapitel 2, S. 26–30).

Die Deutschen seien »der Teil, der fürs Ganze steht«, hielt Frank Schirrmacher dieser Rabulistik im *FAZ*-Feuilleton entgegen.[278] Einen anderen Vorstoß unternahm der baden-württembergische Bundesratsminister Wolfgang Reinhart (CDU), der forderte, den ersten Absatz des betreffenden Paragraphen zu ändern, damit der Straftatbestand Volksverhetzung künftig gelte, wenn gegen »die Bevölkerung oder Teile der Bevölkerung« aufgestachelt werde. »Jugendlichen Gewalttätern muß klargemacht werden, daß deutschfeindliche Äußerungen, die den inneren Frieden stören, Strafe nach sich ziehen«[279], sagte Reinhart. Daraus wurde nichts: Das damals sozialdemokratisch geführte Bundesjustizministerium wies Reinharts angekündigte Bundesratsinitiative vorab mit der Begründung zurück, das Strafrecht beinhalte im Beleidigungsparagraphen 185 bereits ausreichende Sanktionen.[280]

Ob diese in der Praxis zur Anwendung kommen, steht auf einem anderen Blatt. Die Annahme der *Berliner Zeitung,* auch ausländerfeindliche Beschimpfungen aus deutschem Munde wie »Scheiß-Türke« fielen ja nicht unter § 130 StGB, ist jedenfalls ein Irrtum. Wie sehr hier auch vor Gericht mit zweierlei Maß gemessen wird, mußte kürzlich ein 59jähriger Mann erfahren, der im Juni 2009 in Bückeburg von vier jungen Ausländern heftig beschimpft worden war und daraufhin mit »mächtig Wut im Bauch« zwei unbeteiligte ausländische Männer als »Kanaken« und »Scheiß-Ausländer« beleidigt hatte, »die man abschieben sollte«. In zweiter Instanz wurde der Mann wegen »Volksverhetzung« zu einer Geldstrafe von 1440 Euro verurteilt. Weil er »vorher massiv provoziert« worden sei, liege das Urteil »am unteren Ende der Skala« des für Volksverhetzung angesetzten Strafkatalogs, erklärte die Richterin.[281] Die Herabsetzung der beiden ausländischen Männer »in ihrer Menschenwürde« müsse dennoch sanktioniert werden. Der vorangegangene Angriff auf die Menschenwürde des Verurteilten durch die vier jugendlichen Ausländer beschäftigte dagegen kein Gericht. Das durch diese Rechtspraxis ausgesendete Signal – wer als Ausländer Deutsche beschimpft, dem passiert nichts, wer als Deutscher Ausländer beleidigt, wird schwer bestraft – ist jedenfalls geeignet, der Ausbreitung von Deutschenfeindlichkeit weiter Vorschub zu leisten.

»Scheiß-Christ, Schweinefleisch-Fresser – das sind Begriffe, die richtig in Mode sind«, konstatierte schon vor Jahren der Jugendrichter Günter Räcke.[282] Der explizite Bezug auf muslimische Speisevorschriften und Überlegenheitsgefühle hebt die deutschenfeindlichen Beschimpfungen und Beleidigungen »in die Sphäre des Kriegs der Kulturen«.[283] Die verharmlosende Relativierung läßt sich da nicht mehr durchhalten. Denn nur zum Teil ist das, was gegen die Deutschen ausgestoßen wird, die subkulturelle Provokation einer politisch korrekten Mitleids- und Wiedergutmachungsgesellschaft. Dieser altersgruppen- oder szenetypischer Verbalradikalismus überschreitet genau dann die Grenze zur ethnischen Konfrontation, wenn »Deutsche, zumindest diejenigen, die Gewalt ablehnen und Konflikte scheuen, von aggressiven Migranten in eine Reihe gestellt werden mit verachteten Schwachen: Frauen, Schwulen und Behinderten – mit Opfern eben«.[284] Dann heißt es beispielsweise, »Deutsche seien schwul, man brauche die Deutschen nicht, die Araber und Türken seien sowieso bald in der Mehrheit, und dann werde ohnehin alles anders«.[285]

Ablehnung von Homosexuellen ist bei jungen Muslimen in hohem Maße religiös motiviert[286]; kuriose Einlassungen wie die Behauptung der muslimischen Ahmadiyya-Gemeinde (über Berlin hinaus bekannt geworden durch die vom Senat protegierte Errichtung einer Groß-Moschee in Pankow), der Genuß von Schweinefleisch fördere Homosexualität[287], schlagen den Bogen zu den gängigen deutschenfeindlichen Stereotypen. Noch augenfälliger sind die Berührungspunkte zwischen Deutschenfeindlichkeit und importiertem muslimischem Judenhaß. Kirsten Heisig berichtet von einem Fall, »in dem ein elfjähriges Kind gegenüber seiner Lehrerin äußerte, sie habe ihm gar nichts zusagen. Sie – die Lehrerin – sei Deutsche. Und Deutsche seien Freunde der Juden, und die seien Feinde der Araber, und deshalb befolge es die Anweisungen der Lehrerin nicht«.[288] Wenn türkische und kurdische Jugendliche in einem Bus jungen deutschen Frauen nachrufen, »Deutsche kann man nur vergasen«[289], wird das Ineinanderfließen von Judenhaß und Deutschenhaß grotesk greifbar und läßt den im Geiste des »Nie wieder« erzogenen Durchschnittsdeutschen ratlos zurück.

Eine Innenansicht des in den Berliner Wedding verlegten israelisch-palästinensischen Konflikts erlauben die Erinnerungen des heutigen Pressesprechers der israelischen Armee, Arye Sharuz Shalicar.[290] Der Sohn aus dem Iran geflohener Juden beschreibt den Wedding der neunziger Jahre als »ein anderes Land«, eine eigene Welt, in der – schon damals – Deutsche nicht vorkamen. Wer dazugehören will, muß Muslim sein. Als Junge orientalischer Herkunft, der sich als »nicht besonders religiös« bezeichnet, wird Shalicar zunächst akzeptiert. Als herauskommt, daß er Jude ist, wird er schlagartig ausgestoßen, beschimpft, schikaniert und gedemütigt. »Es war für viele Muslime einfach nicht akzeptabel, daß ein Jude auf ›ihren Straßen‹ herumlief«[291], bestätigt Shalicar den Landnahme-Anspruch muslimischer Parallelgesellschaften. Einen Ausweg aus seiner »Opfer«-Lage bietet ihm nur die Protektion des Oberhaupts einer türkischen Jugendgang, der Shalicar sich anschließt und bei Schlägereien und Delikten aller Art mitmacht. Nur der Fortzug aus dem Wedding hat ihn letztlich vor einer jener kriminellen Karrieren bewahrt, die im Ghetto zur Normalität gehören.

Daß der in den Ghettos kultivierte Antisemitismus muslimischer Einwanderer auf assimilierte Juden in deutschen Großstädten einen ähnlichen Verdrängungsdruck entfaltet wie Deutschenfeindlichkeit auf die autochthone deutsche Bevölkerung, paßt schlecht in gängige Wahrnehmungsklischees, die Judenfeindlichkeit nur in Verbindung mit dem Begriffsfeld »deutsch-rechtsextrem-Neonazi« denken wollen. 2006 erregte der Schulwechsel zweier jüdischer Mädchen Aufsehen, die nach monatelanger Verfolgung durch arabischstämmige Jugendliche an ihrer ursprünglichen Kreuzberger

Oberschule, die sie zuletzt nur noch unter Polizeischutz besuchen konnten, auf die festungsartig gesicherte Jüdische Oberschule in Berlin-Mitte wechselten.[292] Die damalige Präsidentin des Zentralrats der Juden, Charlotte Knobloch, erkannte nach dem Messerattentat eines Arabers auf einen Frankfurter Rabbiner, daß es offensichtlich auch im Westen »No-go-areas« gebe.[293] Auch in anderen europäischen Ländern wie Schweden oder den Niederlanden fühlen sich Juden durch importierten muslimischen Antisemitismus bedroht und vertrieben[294]; der frühere EU-Kommissar Frits Bolkestein riet jüngst orthodoxen Juden in den Niederlanden gar zur Auswanderung.[295] Währenddessen tat der Generalsekretär des Zentralrats der Juden in Deutschland unverdrossen Aussagen zur Deutschenfeindlichkeit als »Stammtischparolen« ab und sorgte sich vor allem um den Ausbau von Programmen »gegen Rechtsextremismus«.[296]

## Gesichter der Gewalt gegen Deutsche

»Deutsche sind Hunde«: Ein arbeitsloser 39jähriger Iraner demonstriert auf einem Schild, das er durch die Göttinger Innenstadt trägt, was er von dem Volk hält, das ihn aufgenommen und eingebürgert hat und ihn ernährt. Auf Passanten, die gegen seine Provokation protestieren, geht er mit einem Haushaltsmesser los. Zwei Männer, die einem zu Boden geschlagenen Dritten zu Hilfe kommen, werden schwerverletzt ins Krankenhaus eingeliefert.[297] Der Weg von der Hetzrede zur körperlichen Gewalt ist kurz, besonders wenn ein muslimischer »Migrationshintergrund« samt den damit verbundenen »importierten Machokulturen« im Spiel ist. Mit der Dominanz türkischer und arabischer Tatverdächtiger in den Statistiken zur Jugendkriminalität korrespondiert der zunehmende Einsatz von Stichwaffen bei Gewaltdelikten: »Laut Polizeistatistik sind Messer bei jugendlichen Gewalttätern die mit Abstand beliebtesten Waffen. Sie wurden im vergangenen Jahr [2005] in etwa zwei Dritteln der 991 registrierten Fälle von Jugendgruppengewalt mit Waffengebrauch eingesetzt.«[298] Gegenmaßnahmen der politisch Verantwortlichen beschränken sich auf die Bekämpfung von Symptomen und setzen auf Messerverbote und Verschärfungen der Waffengesetze – trotz der erwiesenen Wirkungslosigkeit solcher Maßnahmen, die die illegale Beschaffung von Waffen durch entschlossene Rechtsbrecher überhaupt nicht behindern. Die Berliner Erfahrungen gleichen denen in Großbritannien, wo man zur selben Zeit einen explosionsartigen Anstieg der »knife crimes« beobachtete[299] und mit der Ausbreitung von – auch auf der Insel überwiegend fremdethnischen – Jugendgangs in Verbindung brachte.[300]

Nicht nur in Großbritannien nimmt die Zahl der Raubüberfälle mit vorgehaltenem Messer rapide zu.[301] »Die Hemmschwelle für Respektlosigkeiten und Gewalttätigkeiten sinkt ständig«, berichtet ein altgedienter Polizeibeamter aus Duisburg-Marxloh.[302] »Hatten wir es vor fünf Jahren noch viel mit Diebstählen zu tun, ist es jetzt Raub unter Vorhalt des Messers.« In den Brennpunktvierteln deutscher Großstädte mit hohem Einwandereranteil gilt Straßenraub einigen Beobachtern geradezu als »jugendtypisches Delikt«.[303] Das gilt erst recht für eine, verharmlosend »Abziehen« genannte Sonderform der räuberischen Erpressung – der, oft regelmäßige, Raub von Geld, Mobiltelefonen oder modischen Kleidungsstücken unter Jugendlichen, vor allem im Umfeld der Schulen. Bereits Anfang bis Mitte der achtziger Jahre ist diese Deliktform in den Innenstadtbezirken West-Berlins mit hohem Ausländeranteil aufgekommen, konstatiert der Berliner Oberstaatsanwalt Roman Reusch: »Die Täter waren – so berichten es damals schon tätige Kollegen – im Regelfall Ausländer, die Opfer im Regelfall Deutsche.«[304] Tatsächlich greift es zu kurz, die Motivation allein im »Neid« zu sehen, im Bedürfnis sozial Benachteiligter, »in der Clique materiell mithalten zu können«, wie es ein Duisburger Jugendrichter formuliert.[305] Die Begleitmusik zeigt in eine andere Richtung. Da wird ein »›Scheißdeutscher‹ beraubt, mit der Bekundung, daß ›dies unsere Stadt ist‹, wo er ›nichts zu suchen hat‹«, kommentiert die Zeitschrift der Gewerkschaft der Polizei einen typischen Vorfall in Duisburg-Hochheide.[306] Die »rassistische«, sprich deutschenfeindliche Dimension des »Abziehens« ist unverkennbar: »Die Leute, die so was machen, wissen ganz genau, zu wem sie gehen […] die suchen sich eigentlich immer Deutsche aus. Und auch nicht alle Deutsche, sondern ganz bestimmte. Also, unter uns sagen wir ›Opfer‹ zu solchen Leuten.«[307] Die Beschimpfung als »Scheiß-Kartoffel« gibt es dann noch obendrauf.

Von jugendlichen Intensivtätern geht ein Großteil der deutschenfeindlichen Gewalttaten aus. An dieser Tätergruppe wird der Zusammenhang zwischen wachsender »Jugendkriminalität« und fehlgeschlagener Integration[308] besonders anschaulich. 300 jugendliche Intensivtäter, die jedes Jahr eine größere Zahl schwerer Straftaten begehen[309], sind in Duisburg registriert, in Berlin rund 550; 70 Prozent der Duisburger und 80 Prozent der Berliner Intensivtäter haben einen »Migrationshintergrund«, in Brennpunktvierteln sind die Anteile noch höher.[310] Die Masse der Intensivtäter kommt aus den jeweiligen Einwandererghettos in den ehemaligen Arbeiterbezirken – in Duisburg sind das die Stadtteile Marxloh, Hochheide, Hochfeld, in Berlin Neukölln-Nord, Wedding, Kreuzberg und Tiergarten. Obwohl Türken die zahlenmäßig stärkste Einwanderergruppe darstellen, sind in Berlin 46 Prozent der Intensivtäter Araber und nur ein Drittel Türken. Ohne die Einwanderungsströme der letzten Jahrzehnte, meint Reusch, gäbe es kein nennenswertes Intensivtäterproblem.[311]

Die Intensivtäter zählen zwar in den meisten Großstädten nur nach Hunderten[312], begehen aber Jahr für Jahr Zehntausende schwere Straftaten. Dennoch sind sie nur die oberste Spitze des Eisbergs; die Gewalt gedeiht im Milieu der Ghettos und Parallelgesellschaften, aus dem sie hervorgehen, das die Deutschen – obwohl viele Einwanderer selbst längst eingebürgert sind – als »ungläubig und dekadent« verachtet und in dem »muslimisch-archaische Tradition und Kultur allen Integrationsbemühungen zuwiderlaufen«.[313] Sich mit Deutschen abzugeben, gilt als »haram«, als Sünde.[314] Die Lebensläufe der jungen Intensivtäter ähneln sich.[315] Sie wachsen in kinderreichen Familien auf, die von Kindergeld und staatlichen Transferleistungen leben. Söhne sind kleine Männer, werden vergöttert und erfahren keinerlei Grenzsetzung. Sie stehen über den Töchtern, die streng kontrolliert werden, auch von den Brüdern. Während die Töchter zu Hause bewacht werden, treiben sich die Jungs sich selbst überlassen früh auf der Straße herum; wegen der Schwestern kommen auch gegenseitige Besuche nicht in Frage.

Schule und Ausbildung werden abgelehnt, die Eltern, die schädliche Einflüsse fürchten, dringen auch nicht darauf. Deutsch lernen, lesen und schreiben muß man nicht in der Parallelgesellschaft. Eine Aussicht auf gutbezahlte Arbeit gibt es so natürlich nicht, Kriminalität scheint der normale und leichte Weg, um sich zu nehmen, was man will, und Anerkennung zu erhalten. Opfer wird, wer sich nicht wehren kann und keinen hat, der ihm hilft: die Rentnerin, die nicht mehr fortziehen will, das deutsche Einzelkind ohne Cousins und Brüder, mitunter auch Außenseiter im eigenen Milieu, die nicht der herrschenden muslimischen Moral entsprechen.[316]

Die leichteste Beute ist freilich die deutsche »Kartoffel«, die zu verachten, fester Bestandteil im religiösen Überlegenheitswahn der muslimischen Parallelgesellschaft ist. In besonderem Maße gilt dies gegenüber den ohnehin als geringerwertig betrachteten Frauen. Unantastbar sind nur die Frauen und Mädchen der eigenen Familie und jener, die man als zur eigenen Welt gehörig anerkennt; die Frauen und Mädchen der »Ungläubigen«, die kein Kopftuch tragen, sind »deutsche Schlampen« oder »deutsche Huren«, die man ungestraft erniedrigen, angreifen, mißbrauchen darf. Nicht zufällig ist der schlimmste Vorwurf, der einem muslimischen Mädchen in dieser Parallelwelt gemacht werden kann, sie benehme sich »wie eine Deutsche«[317] – ein Verdikt, das im Extremfall zum Mord um der verletzten »Ehre« willen führen kann wie bei der von ihren Brüdern getöteten Hatun Sürücü. Das Kopftuch dient der erzwungenen oder verinnerlichten Abgrenzung von der deutschen Gesellschaft, es signalisiert als religiös-politisches Symbol nicht nur eigene Überlegenheit, sondern auch die Verachtung der Nicht-Trägerin. Dieser Aspekt sollte bei Debatten um die »Freiwilligkeit« der muslimischen Verschleierung und um Kopftuchverbote an staatlichen Einrichtungen im Vordergrund stehen.

Als Ehefrau kommt eine Deutsche nicht in Frage, nicht einmal eine in Deutschland geborene Türkin, die schon zu »verwestlicht« ist; die beste Wahl ist eine »Jungfrau« aus der Heimat[318], oft in arrangierter oder erzwungener Verwandtenehe, die dank der von der Politik niemals ernsthaft in Frage gestellten Familienzusammenführung die Parallelgesellschaft weiter wachsen und sich erneuern

läßt. Wohl aber taugt die »Ungläubige« als Objekt der erwachen-
den sexuellen Begierde, für die die »eigenen« Mädchen tabu sind.
Oft bleibt es nicht beim Beleidigen und Belästigen: »Mit dem osten-
tativen Griff an die Eier werden Frauen und Mädchen unverhoh-
len angestarrt, nicht-muslimischen Mädchen ›Hure‹ und ›Fick dich‹
hinterhergerufen«[319] – Alltagsbeobachtungen eines Polizeibeamten
aus Duisburg. Die im Chronikteil dokumentierten zahlreichen Fälle
von brutalen, oft aus der Gruppe verübten, nicht selten mit lebensgefährlichen Verletzungen einhergehenden Vergewaltigungen lassen erkennen, wie vor allem muslimische, südosteuropäische und
afrikanische Einwanderer deutsche Frauen als ihnen zustehende
»Beute« betrachten. Unter der Hand ist das seit langem bekannt,
auch die Feministin Alice Schwarzer hat das Problem offen angesprochen: »Ein Kölner Polizist hat mir kürzlich erzählt, siebzig oder
achtzig Prozent der Vergewaltigungen in Köln würden von Türken
verübt. Ich habe ihn gefragt: Warum sagen Sie das nicht, damit wir
an die Wurzeln des Problems gehen können? Er antwortete: Das
dürfen wir ja nicht, Frau Schwarzer, das gilt als Rassismus.«[320]

In anderen europäischen Ländern wird die überproportionale
Beteiligung dieser Einwanderergruppen an Vergewaltigungsdelikten
öffentlich erörtert. In Großbritannien erregte Anfang 2011 eine Serie von Prozessen gegen pakistanische Sexualstraftäter Aufsehen,
die minderjährige englische Mädchen durch Aufmerksamkeiten und
Geschenke gefügig gemacht und anschließend zur Prostitution gezwungen und vor allem unter Landsleuten herumgereicht hatten.[321]
Die »rassistische« Komponente ergibt sich daraus, daß die Täter fast
ausschließlich Pakistaner, die Opfer praktisch alle weiße Mädchen
sind.[322] Ähnlich verhält es sich bei den »Loverboys« in den Niederlanden; ihre Opfer »stammen aus holländischen Mittelschichtsfami-
lien. Die Zuhälter jedoch haben nahezu alle einen Migrationshintergrund – vor allem Marokkaner, aber auch Türken und Surinamer«.[323]
Manche pakistanisch-muslimische Männer sähen weiße Mädchen
als »easy meat«, sprach der frühere britische Innenminister Jack
Straw ungewohnten Klartext. Unter diesem Druck sah sich der Leiter einer muslimischen Jugendorganisation veranlaßt, den »Rassismus« von Teilen der »asiatischen«, vor allem pakistanischen Ein-

wandererschaft zu verurteilen, die weiße Mädchen als weniger moralisch und wertvoll als ihre eigenen Schwestern und Töchter ansähen; der Mißbrauch weißer Mädchen würde unter ihren Landsleuten nicht ernst genommen.[324] Die Parallele zu den Mentalitäten in arabisch-türkischen Ghettogesellschaften in deutschen Großstädten ist offenkundig; eine vergleichbare öffentliche Auseinandersetzung mit diesem Thema steht in Deutschland allerdings noch aus.

Archaische Vorstellungen über die Rolle der Frau lassen Beziehungen oder Ehen zwischen deutschen Frauen und Männern aus dem muslimischen Kulturkreis oft blutig enden. Zeigt die Frau sich nicht »gehorsam«, läßt sie sich nicht zu Hause verwahren oder den Umgang mit anderen, männlichen Personen verbieten, wird aus der Ehefrau flugs wieder die »deutsche Schlampe«, gegen die sich unkontrollierte Aggression richtet. Güner Balci, die in *Arabboy* ein genaues Porträt eines jugendlichen Intensivtäters aus dem Berliner Ghetto gezeichnet hat, beschreibt den Umschlag: Man hat Rashids deutsche Freundin, der er sich genähert hatte, weil muslimische Mädchen für erste sexuelle Erfahrungen tabu waren, mit einem anderen gesehen, »einem Deutschen«, das reichte; »er mußte das Problem schnell lösen«.[325] Oft sind es Zweck- oder Scheinehen, die muslimische Männer mit älteren deutschen Frauen eingehen, etwa um ihren Aufenthalt zu sichern. Archaische Ehrvorstellungen und unterschwellige Verachtung der Ungläubigen, Unkeuschen können jederzeit durchbrechen – wie im Falle des dreißigjährigen Tunesiers, der seine zwanzig Jahre ältere deutsche Frau ermordete, weil er nicht ertragen konnte, daß sie als Friseurin anderen Männern die Haare schnitt.[326]

Dutzende Fälle von Deutschen, die durch Einwanderer, häufig jugendliche Intensivtäter oder Asylbewerber, auf der Straße, im öffentlichen Raum oder in der Nachbarschaft ermordet oder schwer verletzt wurden, sind aus nur wenigen Jahren im Chronikteil dieses Buches dokumentiert. Die Opfer sind Hausmeister oder Taxifahrer, Rentner oder junge Leute, die abends nach der Arbeit ausgehen, Familienväter, die vor den Augen ihrer Kinder aus nichtigem Anlaß niedergestochen und lebenslang zum Pflegefall gemacht werden, junge Diskogänger, die sich ins falsche Revier »verirrt« haben, Gastwirte oder Passanten, die helfen wollten, biedere Normalbürger, die mit ihren Vorstellungen von Ordnung und öffentlichem Verhalten wütende Haßausbrüche auslösen, wie jener Familienvater, der vier junge Türken am Badesee aufforderte, ihren Müll wegzuräumen, und dafür umringt und mit einem Knüppel angegriffen wurde – einen jungen Mann, der ihm zu Hilfe kam, kostete seine Zivilcourage das Leben.[327]

Die wenigsten dieser Taten erregen überregional Aufsehen. Oft verlieren sich die Meldungen unter den Lokalnachrichten und Polizeiberichten der örtlichen Presse, selbst spektakuläre Fälle machen vor allem in den Regionalmedien Schlagzeilen. Gleichwohl sind viele dieser Tötungs-, Raub- und Körperverletzungsdelikte »Kollateralschäden« eines durch fehlgesteuerte Einwanderung verursachten Konflikts der Kulturen, auch wenn natürlich nicht jeder Gewalttat eines Ausländers gegen einen Einheimischen explizite Deutschenfeindlichkeit als alleiniges oder bestimmendes Motiv zugrunde liegt. Daß Verachtung der Deutschen und ihrer Mehrheitsgesellschaft in vielen Fällen mitschwingt, ist unabweisbar, wenn auch nicht immer leicht zu ergründen. In der juristischen Aufarbeitung werden deutschenfeindliche Motive in der Regel nicht erfragt und berücksichtigt; wenn doch, wirken sie sich im Gewand der mildernd zu berücksichtigenden »kulturellen Eigenart« eher straferleichternd als strafverschärfend aus. Das ist ein wesentlicher Unterschied zur »rechten« oder »ausländerfeindlichen« Gewalt.

Anders als über diese, liegen offizielle Statistiken über deutschenfeindliche Gewalt nicht vor. Die polizeilichen und staatsanwaltlichen Kriminalstatistiken erfassen zwar seit Jahren den überhöhten Anteil bestimmter Einwanderergruppen an Gewalt- und Tötungsdelikten, nicht aber, in wievielen Fällen fremde Täter sich ein deutsches Opfer gesucht haben. Umgekehrt wird dagegen akribisch Buch geführt. »47 Menschen sind nach Auskunft der Bundesregierung in Deutschland seit 1990 durch politisch rechts motivierte Gewalttaten ums Leben gekommen – die meisten von ihnen in den ersten zehn Jahren nach der Wende. [...] Die Behörden verzeichnen ab dem Jahr 2001 nur noch fünf Fälle, allesamt aus Ostdeutschland; zwischen 2003 und 2007 starb nach staatlichen Angaben hierzulande überhaupt kein Mensch an politisch rechts motivierter Gewalt.«[328] Unter maximaler Auslegung der Kriterien kommen *Zeit* und *Tagesspiegel* auf 137 Todesopfer[329], die einschlägigen »antirassistischen« Lobbyorganisationen »Mut gegen rechte Gewalt« und »Opferfonds Cura« auf 149.[330] Die wenigsten der in diesen Listen erfaßten Todesopfer sind Ausländer, die von Deutschen getötet wurden; meist handelt es sich um Delikte zwischen Deutschen, bei denen die angenommene oder erwiesene »rechte« Gesinnung des Täters das Hauptkriterium für die Aufnahme in die Aufzählung darstellt. Nicht die von der Islam-Lobby periodisch geforderte zusätzliche Statistik über »islamophobe« Delikte, sondern eine offizielle Erfassung deutschenfeindlicher Gewalt- und Tötungsdelikte erscheint in Anbetracht der allein in diesem Buch aus nur wenigen Jahren dokumentierten Fälle daher dringend angebracht.

## Täglicher Terror im öffentlichen Raum

An einem ganz normalen Tag im Oktober 2006 fuhr der Lokalchef des Berliner *Tagesspiegels*, Gerd Nowakowski, mit seiner kleinen Tochter in einem Bus der Berliner Verkehrsbetriebe und hatte ein für viele Berliner ganz normales Erlebnis: Zwei junge Araber lümmeln mit schmutzigen Schuhen auf den Sitzen, Nowakowski fordert sie auf, das zu unterlassen, die Araber drohen, handgreiflich zu werden, der Journalist steigt aus, die Jugendlichen hinterher, Nowakowski steigt vorne wieder ein, fährt weiter als geplant und ärgert sich über die eigene Ohnmacht angesichts einer Situation, in der ihm all seine intellektuelle Überlegenheit nicht mehr weiterhilft.[331] Die Reaktionen darauf scheinen in dem linksliberalen Flaggschiff der Hauptstadtpresse einen Denkprozeß ausgelöst zu haben. Anfang 2007 legte der *Tagesspiegel* mit einer Reportage über den »täglichen Terror«[332] junger Einwanderer auf Berlins Straßen nach: »Es gehört längst zum Alltag, es geschieht auf dem Weg zur Schule, im Bus, auf dem Spielplatz. Fast jeder Jugendliche, der in Berlin aufgewachsen ist, weiß, wie es sich anfühlt, von arabisch-türkischen Jugendlichen angepöbelt, verprügelt oder ausgenommen zu werden.« Die Zeitung erhielt eine Flut von Leserzuschriften, die sich dafür bedankten, daß »endlich diese längst überfällige Wahrheit« veröffentlicht werde, das Klima der politischen Korrektheit kritisierten, welches bisher offene Worte über diese Realitäten mit dem Verdikt der »Ausländerfeindlichkeit« belegt habe, und mannigfaltige eigene Erfahrungen beisteuerten, die belegen, daß der migrantische Straßenterror in Berlin schon seit Jahrzehnten herrscht und unter den Teppich gekehrt wird.[333] Politik-Ressortleiter Armin Lehmann, von der »Friedensbewegung« der Achtziger geprägt und ein strammer Linker wie sein Kollege Nowakowski, der zwei Jahrzehnte für die *taz* gearbeitet hatte[334], wagte sogar den großen Tabubruch:

»Deutschland erlebt mal wieder einen spektakulären Fall von Rassismus. Er spielt in Berlin und hat Empörung ausgelöst. Ein Mann ist von Jugendlichen vor einer Schule zusammengeschlagen worden. Das Opfer ist nicht schwarz, die Täter sind keine Neonazis. Es handelt sich um einen weißen, deutschen Polizisten und um arabische und türkische Jugendliche. Die Schule wollte feiern, die gewaltbereite Bande, die nicht auf die Schule in Berlin-Lichtenrade geht, wollte mitfeiern. Man ließ sie nicht. Da schlugen die Täter zu – in vollem Bewußtsein, ein Menschenleben zu gefährden. Es ist ein Fall von Rassismus gegen Weiße, ein Fall von, im wahrsten Wortsinn, Fremdenfeindlichkeit.«[335]

»Rassismus« gegen Weiße, gegen Deutsche – das ist für linientreue Linke, wie ausgeführt, ein verbotener Gedanke. Es hat symbolische Bedeutung, wenn er ausgerechnet in einem prononciert linksliberalen Blatt wie dem *Tagesspiegel* gedacht wird, der sich einen eigenen Redakteur für den permanenten Kampf gegen den »Rechtsextremismus« leistet und damit wesentlich zur Aufrechterhaltung jenes Meinungsklimas beiträgt, das jegliche Einwanderungskritik unter Generalverdacht stellt. Artikelserien und Erkenntnisschübe wie jene der *Tagesspiegel*-Redaktion im Januar 2007 sind ein sicheres Anzeichen, daß die Deutschenfeindlichkeit nichtintegrierter Einwanderer die Unterschichtsghettos verläßt und mit der zunehmenden Ausbreitung im öffentlichen Raum auch die Lebenswelten der Mitläufer und Schreibtischtäter einer fehlgesteuerten Einwanderungspolitik nicht mehr unberührt läßt.

Das betrifft mitunter selbst Angehörige der politischen Klasse. Keineswegs nur die bereits erwähnte Ministerin Kristina Schröder, die nach eigener Aussage die alltägliche Beschimpfung nichtmuslimischer Mädchen als »deutsche Schlampe« an der eigenen Person erfahren durfte.[336] Auch der Vorsitzende der Bundestagsfraktion von CDU und CSU, Volker Kauder, wetterte eine Zeitlang plötzlich gegen die »Verharmlosung der Gewaltbereitschaft von Migranten« und hatte Verständnis dafür, daß bei den Bürgern der »Zorn wegen der sich ausbreitenden Gewalttätigkeit« wachse, nachdem eine 61jährige Mitarbeiterin seines Berliner Büros von Jung-Einwanderern auf dem Weg zur Arbeit brutal überfallen und verletzt worden war.[337] Ein Erlebnis aus dem Süden der Republik hat der langjährige Präsident des Bundesverbands der Deutschen Industrie, Hans-Olaf Henkel, zur Untermauerung seiner zunehmend einwanderungskritischen Haltung beizusteuern: »Mein Sohn Hans, Jahrgang 1979, ist vor einigen Jahren mit einem Freund durch Stuttgart gegangen. In der Nähe einer Diskothek wurden sie von zwei Türken überfallen, mein Sohn brutal zusammengeschlagen. [...] Ich nehme an, daß dieser Ablauf in unserem Land alltäglich ist, nur redet keiner darüber. Man sieht die Jugendgangs in ihren gestylten Klamotten, aber daran, daß sie sich im nächsten Augenblick in Schläger verwandeln, möchte keiner denken. Man sieht weg, man geht weg. Man hält sich heraus. Und genau diese Feigheit der Deutschen ist es, die das aggressive Verhalten der Jungtürken geradezu provoziert.«[338]

Noch härter traf es den Sozialdemokraten Mathias Frommann, damals Leiter des Hamburger Bezirksamtes Nord, dessen 19jähriger Sohn Nico mit einem Freund nachts auf der Reeperbahn von mordbereiten Schlägern, fast alle – zum Teil eingebürgerte – Türken, überfallen wurde und nur mit viel Glück überlebte.[339] Die Reeperbahn, erkannte der seinerzeit dienstälteste Bezirksamtsleiter der Stadt, sei für viele Menschen (sprich: Deutsche) »zu einer absoluten No-go-Area geworden«, zahlreiche dort geplante Abiturfeiern im Bekanntenkreis seien abgesagt worden.[340] Der öffentliche Raum ist nicht mehr überall und für jedermann betretbar.

Für den SPD-Politiker hat die Kriminalitätsstatistik mit der langen Schnittnarbe am Hals seines Sohnes ein konkretes Gesicht bekommen. Den täglichen Terror bilden die Zahlenkolonnen der Kriminalstatistiken freilich nur unvollkommen ab. Auch die vielen kleinen Belästigungen und Pöbeleien, die selten die Schwelle der Strafbarkeit erreichen – Rempeln, Anspucken, Wege blockieren, Ruhestörungen etwa –, verleiden der einheimischen Bevölkerung die Benutzung des öffentlichen Raums.[341] Vieles kommt auch schon gar nicht mehr zur Anzeige. Beispielsweise im öffentlichen Personennahverkehr; Busse und U-Bahnen sind nicht nur für Zeitungsredakteure der Ort, an dem die unerwartete Konfrontation mit dem Deutschenhaß der Parallelgesellschaft sich am ehesten ereignen kann. Die Diskrepanzen zwischen behördlicher Wahrnehmung und den alltäglichen Erfahrungen der Bürger sind beträchtlich. Im Jahr 2010 habe es in Duisburg »in Bussen und Bahnen nur drei Fälle mit gewaltsamen Übergriffen gegeben, zu denen wir [die Polizei] gerufen wurden«, erklärt der Polizeisprecher der Ruhrmetropole; ein Schüler dagegen, der jeden Tag mit der Bahn zum Unterricht fährt, berichtet: »Gewalttätige Auseinandersetzungen sind an der Tagesordnung.« Besonders abends und in bestimmten Gegenden – »wenn ich durch das Dichterviertel muß, habe ich Angst.«[342] Furcht ist häufig auch der Grund, warum die Polizei so selten gerufen wird. Der Schüler selbst berichtet, er habe sich einmal geweigert, nach einem Zwischenfall vor der Polizei auszusagen – »ich wollte mich nicht mit bewaffneten Jugendlichen anlegen«. Zielscheiben der alltäglichen Gewalt sind nicht zuletzt die Busfahrer selbst; in manchen Brennpunktvierteln gehören sie zu den wenigen Deutschen, die sich dort überhaupt sehen lassen, dazu tragen sie Uniformen, die den Haß gegen die deutsche Gesellschaft auf sich ziehen. Jede Fahrt durch solche Bezirke, etwa den Duisburger Norden, kann zur »surrealen Geisterbahnfahrt« werden;[343] selbst der Berliner Polizeipräsident Dieter Glietsch kann verstehen, daß kein BVG-Fahrer gern die Linie durch Neukölln und Kreuzberg bedient.[344] Nach einer Reihe brutaler Angriffe auf Busfahrer wurden die Berliner Busse serienmäßig mit Sicherheitsscheiben nachgerüstet.[345] Weil schon die Frage nach dem Fahrschein oft genügt, um unkontrollierbare aggressive Reaktionen hervorzurufen, erprobt die Ruhrgebietsstadt Moers ein System, das Fahrgästen überhaupt erst nach automatischem Fahrkarten-Scan den Zutritt zum Bus erlaubt, um »die Aggression vom Fahrer abzulenken«.[346] Beiden Maßnahmen ist gemeinsam: Es wird mit hohem Aufwand versucht, defensive Maßnahmen gegen die Gewalttätigkeit zu ergreifen, nicht aber, die Gewalt an sich einzudämmen und die Gewalttäter zu bekämpfen und in die Schranken zu weisen. An der Einschränkung der Mobilität aller durch das steigende Gewaltniveau im ÖPNV ändert sich dadurch zunächst nichts.

Türkisch-arabische Jugendgangs in Berlin nutzen die öffentlichen Verkehrsmittel schon mal, um den bürgerlichen Fahrgästen in »besseren Bezirken« wie Grunewald zu zeigen, wer die Herren im Lande sind.[347] Beliebter Ort für solche Machtdemonstrationen sind im Sommer auch die Freibäder der Bundeshauptstadt. »Hier ist fast täglich die Polizei. Viele Besucher verhalten sich wie Primaten, und es sind leider fast ausschließlich Ausländer«[348], stellt etwa der Leiter des Kreuzberger Prinzenbades, Erhard Kratz, fest. »Probleme mit männlichen Jugendlichen arabischer oder türkischer Herkunft, die sich auf Kosten anderer durch Imponiergehabe profilieren wollen, sind im Kreuzberger Kultbad an der Tagesordnung. ›Wer wegschaut, hat schon verloren‹, sagt Kraatz und greift hart durch. ›Die Araber versuchen hier die Oberhand zu gewinnen‹, sagt der 52jährige. Die pöbelnden Jugendlichen akzeptierten keine Regeln und hätten keinen Respekt.«[349] Seit der Badesaison 2008 bekämpfen die Berliner Bäderbetriebe die Zusammenrottungen und Belästigungen mit einem verschärften Sicherheitskonzept, das Platzverweise, Badeverbote und den Einsatz privater Wachdienste sowie von »Undercover-Ermittlern« vorsieht.[350] Das ist teuer, über eine halbe Million Euro im Jahr, die Einschränkung des öffentlichen Raumes und die Relativierung des Landfriedens bleibt dennoch bestehen. Auch im darauffolgenden Jahr mußte die Polizei wieder ausrücken, um zum Beispiel fünfzig Türken und Araber zwischen elf und 24 Jahren aus dem Neuköllner Columbiabad zu verweisen; die Ursache der Aggression ist mit Sicherheit nicht allein, wie ein Reporter beschönigend vermutet, in der großen Sommerhitze zu suchen.[351]

Daß Sport nicht zur Integration, sondern zur Verfestigung von Parallelgesellschaften beiträgt, wenn Einwanderer ethnisch homogene eigene Fußballvereine gründen, hat vor einigen Jahren auch die damalige hessische Sozialministerin Silke Lautenschläger erkannt.[352] Gewalt sei eine der Folgen, meinte die Ministerin zu Recht: Schiedsrichter in Kreis- und Amateurligen können ein Lied davon singen, wie sie selbst zur Zielscheibe unkontrollierter Aggression werden können oder wie interethnische Gewalt zwischen rivalisierenden Vereinen und ihren Anhängern einen zivilisierten Spielbetrieb unmöglich macht. In Mülheim an der Ruhr beispielsweise endete eine Hallenstadtmeisterschaft zwischen deutschen und türkischen Lokalvereinen in einer Massenschlägerei.[353] Oder ein Fall aus Hamburg: Drei Fußballer des türkischen Vereins Vatan Gügü prügeln einen Gegenspieler des SC Sternschanze nach Abpfiff krankenhausreif – obwohl sie das Spiel gewonnen hatten.[354]

Deutschenfeindliche Angriffe betreffen vermehrt auch Feste und Veranstaltungen im öffentlichen Raum. Regelmäßig werden in Köln Karnevalisten zur Zielscheibe von Angriffen junger, meist türkischer Einwanderer; aus dem Stadtteil Mülheim wird ein spektakulärer Angriff »Jugendlicher« auf einen Karnevalszug berichtet, die zunächst Teilnehmerinnen als »Huren« beschimpften und schließlich den Karnevalszug selbst angriffen, wahllos auf die Teilnehmer einschlugen und einen 43jährigen Mann krankenhausreif prügelten.[355] Im hessischen Bad Soden stürmten vier bewaffnete Schläger ein Erntedank-Festzelt und verletzten über ein Dutzend Festgäste zum Teil schwer;[356] obwohl die Polizeimeldung ausdrücklich von »Südländern« sprach, die nach Auskunft eines Zeugen mit dem Ruf »Scheiß-Deutsche« auf die Festgesellschaft losgegangen seien[357], wurde dieser Umstand in vielen Medienberichten nicht erwähnt; das ARD-Boulevardmagazin »Brisant«[358] sprach sogar reflexhaft von »rechten Schlägern«. Sechs Wochen nach dem Überfall wurden vier einschlägig polizeibekannte Täter verhaftet: zwei Türken, ein Libanese und ein Deutscher.[359] Die verschleiernde Zurückhaltung in der Berichterstattung über deutschenfeindliche Gewalttaten, wie sie am Beispiel des Überfalls von Bad Soden deutlich wird, steht im grellen Kontrast zu vorverurteilenden Hysteriewellen, wenn es sich um ausländerfeindliche Taten handelt oder zu handeln scheint. Die sogenannte »Hatz auf Ausländer« im sächsischen Mügeln, die sich ebenfalls am Rande eines Volksfestes zutrug, rief eine tagelange mediale Empörungswelle hervor, die selbst die Bundeskanzlerin ohne nähere Prüfung zu medienwirksamen Verurteilungen veranlaßte.[360] Erst sukzessive stellte sich heraus, daß die Täter- und Opferrollen durchaus nicht so eindeutig verteilt waren, daß der Schlägerei Belästigungen von Frauen und Provokationen durch indische Besucher vorausgegangen waren[361] und von einer »Hetzjagd« keine Rede sein konnte.[362] Gerade an diesem Fall wird eine Einseitigkeit in den Reaktionen der politisch-medialen Eliten offensichtlich, die sich jederzeit und ohne Zögern zur Parteinahme gegen die deutsche Seite bereit zeigen und damit wesentlich zur Ignorierung und Ausbreitung deutschenfeindlicher Gewalt beigetragen haben.

»Ein lauer Sommerabend in Bonn-Bad Godesberg. Auf den Wiesen des Kurparks chillen Schüler eines Bad Godesberger Gymnasiums bei Bier und Smalltalk. Plötzlich fahren VW-Bullys vor. Jugendliche Migranten, mit Messern, Baseball-Schlägern und Eisenstangen bewaffnet, springen aus den Fahrzeugen, drängen sich in Pulks unter die Feiernden, provozieren, schlagen, rauben Handys und Geld. Kurz nur dauert der Spuk. Zurück bleiben verängstigte Abiturienten mit reichlich blauen Flecken.«[363] Bühnenreif verdichtet hat sich der Zusammenprall der Parallelwelten im einstigen Bonner Diplomatenviertel Bad Godesberg nach diesem Überfall türkischer und marokkanischer Jugendlicher und Jungmänner auf die Vorabiturfeier eines Privatgymnasiums.[364] Daß ein migrantisches Rollkommando mit Fäusten und Eisenstangen auf die Teilnehmer einer Oberstufenfete losgeht, ist in Bad Godesberg offenkundig kein Einzelfall mehr, seit sich nach dem Hauptstadtumzug in einigen Stadtteilen die Unterschichtseinwanderung konzentriert. Ungewöhnlich war, daß sich unter den Verprügelten auch der Sohn eines Bonner Theaterintendanten befand, der ein Dokumentarstück darüber in Auftrag gab und unter dem programmatischen Titel »Zwei Welten« im Theater Bonn uraufführen ließ.[365] Ungeschönt zeigen die sechzig Interviews, die die Journalistin Ingrid Müller-Münch mit Augenzeugen, Beteiligten, Fachleuten und Verantwortlichen führte, die Unvereinbarkeit der Parallelwelten auf: »Es gibt drei Kategorien von Deutschen. Erstens Nazis, zweitens solche, die wie wir sind, und drittens Opfer. [...] In Medinghoven, wo ich wohne, sehe ich gar keine Deutschen mehr. Hier im Jugendzentrum sind hundert Prozent Ausländer.«[366] Die deutschen Gymnasiasten bezeichnen sich durchaus selbstkritisch als bisweilen arrogant im Auftreten. Aber bei den Jung-Einwanderern sei die Gewaltschwelle halt niedriger. Man habe noch keinen »Straßenkrieg«, aber ein Polizist sieht durchaus Potential für »erhebliche Auseinandersetzungen«.

Dem kurzen Moment der Erhellung folgte eine lange Phase der Beschwichtigung. Nein, man lebe nicht in zwei Welten, heißt es in einer Schülerdiskussion anderthalb Jahre später; beide, Einheimische und Einwanderer, müßten sich auf einen »Lernprozeß« einlassen, weicht die Bezirksbürgermeisterin zurück.[367] Man dürfe auch nicht das Positive übersehen, den verstärkten Einsatz von Straßensozialarbeit etwa, lautete ein weiterer Kritikpunkt;[368] über deren konkreten Effekt man freilich schweigt.

Manche Kunstschaffenden haben eine feine Antenne für die Hilflosigkeit von Meinungseliten, deren Illusionen an der harten Realität zerschellt sind. Der Regisseur Detlev Buck zeichnet in seinem Film »Knallhart«[369] (2006) den Jugendroman eines deutschen Mittelschichtjungen nach, der mit seiner Mutter aus einer Zehlendorfer Villa in das Neuköllner Ghetto ziehen muß, dort von einer türkischen Gang erpreßt und terrorisiert und schließlich Drogenkurier wird, um nicht unterzugehen, und schließlich nur durch den Wegzug »gerettet« wird. Dem Berliner Grünen-Politiker Özcan Mutlu, der dem Film Schwarzmalerei unterstellt, hält der Neuköllner Bezirksbürgermeister Heinz Buschkowsky »Sozialromantik«, »Bunkermentalität« und »Durchhalteparolen« vor[370]; Jung-Araber aus dem Ghetto finden den Streifen dagegen aus ganz anderen Gründen unrealistisch: »Neukölln ist härter als im Film.«[371] Noch konsequenter als Detlev Buck dekonstruiert der ebenfalls in Berlin spielende Fernsehfilm »Wut« des aus der Türkei stammenden Regisseurs Züli Aladag[372] die multikulturellen Mythen um die Gewalt junger Migranten gegen Deutsche und die Unfähigkeit des Post-68er-Establishments, mit dieser Herausforderung umzugehen.[373] Der türkische Straßengang-Anführer Can terrorisiert den Bürgersohn Felix und dessen Eltern. Sein Vater, der Literaturprofessor Simon Laub, steigert mit jedem Versuch, den Konflikt durch Vernunft und »miteinander reden« zu lösen, nur die Verachtung des türkischen Gang-Bosses. Während der Sohn zunehmend fasziniert ist von Volksstolz, Virilität und Zusammenhalt der türkischen Gang, greift der Vater zu immer radikaleren Mitteln, läßt seinen Feind von einem befreundeten Mechaniker zusammenschlagen und tötet schließlich seinen Widersacher, nachdem der ihn und seine Familie an den Rand der Selbstvernichtung geführt hat. Die Radikalität der Auflösung und die Tatsache, daß auf die volkspädagogisch korrekte Einführung einer »positiven (männlichen) Figur mit Migrationshintergrund« verzichtet wurde, setzte beide Filme dem erwartbaren Vorwurf aus, »ausländerfeindliche Emotionen« zu schüren.[374] Tatsächlich entlarvt die Konfrontation des Gutmenschen mit einer Gewalttätigkeit, die sich seinen Diskursregeln nicht fügt, dessen vermeintliche Toleranz als Wehrlosigkeit. »Kein Volk läßt sich so viel bieten wie die Deutschen«, hält der Sohn dem Vater vor. »Und daran seid nur ihr schuld, mit eurem scheiß Hitler-Komplex!«

## »Junge Männer auf Feindfahrt«

Mit dem zwanzigjährigen Türken Serkan A. und dem 17jährigen Griechen Spiridon L. hat die deutschenfeindliche Gewalt junger Einwanderer konkrete Namen bekommen – und mit den veröffentlichten Aufnahmen der Überwachungskameras der Münchner U-Bahn, die den brutalen Mordversuch der beiden Intensivtäter an einem pensionierten Lehrer festgehalten hatten, ein wirkmächtiges Bild, das sich in das kollektive Gedächtnis der Deutschen eingebrannt hat. Dabei sind weder die Biographie noch die Tat selbst der beiden Münchner U-Bahn-Schläger einzigartig. Serientäter mit Dutzenden Straftaten seit frühester Kindheit im Register gibt es in deutschen Großstädten zu Hunderten, und brutale Gewalt gegen deutsche ÖPNV-Benutzer fand auch vor dieser Tat schon statt, die Aufmerksamkeit blieb allerdings, wenn überhaupt, üblicherweise auf Polizeiberichte oder Lokalnachrichten beschränkt.

Der Fall des 76jährigen pensionierten Schuldirektors Bruno N., der es gewagt hatte, den jungen Türken und seinen griechischen Zechkumpan am Abend des 20. Dezember 2007 auf das in der Münchner U-Bahn bestehende Rauchverbot aufmerksam zu machen und dafür von den Zurechtgewiesenen an einer U-Bahn-Station fast totgeschlagen wurde, schaffte es dagegen in die überregionalen Agenturmeldungen und sogar in die Fernseh-Abendnachrichten. Der deutschenfeindliche Hintergrund der Tat war schon durch die Beschimpfung des Opfers als »Scheiß-Deutscher« unübersehbar, auch wenn einzelne Korrespondenten anfangs reflexhaft den »Migrationshintergrund« der Täter zu verschleiern suchten und beispielsweise nur von »U-Bahn-Rauchern«[375] sprachen. Einer von beiden habe sich eine Zigarette angezündet und ihn »provozierend und haßerfüllt angesehen und mich mit dem Zigarettenrauch angeblasen«, berichtete Bruno N. später. Da habe er gesagt: »In der U-Bahn wird nicht geraucht.« Beide hätten dann »losgeschimpft: Deutsches Arschloch, Sau, Schwein und andere Tiere. Dann hat mich einer angespuckt.«[376] Der Grieche hatte schon früher am Abend einem Deutschen das Mobiltelefon geraubt und gegenüber Bekannten bekundet, er werde jetzt »einen Deutschen umbringen«.[377]

Anders als die Reportagen und Kommentare des Berliner *Tagesspiegel,* die knapp ein Jahr zuvor die Berliner aufgewühlt hatten, schlug der Fall der Münchner U-Bahn-Schläger in ganz Deutschland hohe Wellen. Die Veröffentlichung der Video-Aufzeichnung des Überfalls aus einer U-Bahn-Überwachungskamera in den ZDF-»heute«-Nachrichten gab den Startschuß zu einer ganzen Serie weiterer Meldungen, die unter üblichen Umständen nicht deutschlandweit über die Agenturticker gelaufen wären. So erfuhr die Öffentlichkeit kurz darauf von zwei weiteren Prügel-Attacken auf »Scheiß-Deutsche« in der Münchner U-Bahn, die die Beteuerungen der Stadtwerke, der Nahverkehr der bayerischen Landeshauptstadt gehöre zu den sichersten überhaupt, in fahlem Licht erscheinen ließen.[378] Bundesweites Aufsehen – wenn auch natürlich keine Hysterie auf »Mügeln«-Niveau – erregte nicht zuletzt eine Hetzjagd am Neujahrsmorgen im niedersächsischen Meckelfeld, bei der eine fünfzehnköpfige Jugendgang »südländischer Herkunft« zwei Hamburger durch die Straßen prügelte.[379]

Nicht zuletzt weil die Videokamera drastisch festgehalten hat, was sonst mit resigniertem Achselzucken hingenommen wird, konnte der Beinahe-Mord an einem alten Mann in der U-Bahn zum Politikum werden.[380] Ausgerechnet die *Bild*-Zeitung widmete der plötzlich wiederentdeckten Ausländerkriminalität und ihren deutschenfeindlichen Hintergründen eine mehrwöchige Kampagne, wie sie sonst nur echten oder vermeintlichen »Nazi-Schlägern« zuteil wird. Das Boulevardblatt, das einem *Spiegel*-Bonmot zufolge gerne die »Rolle einer rechtspopulistischen Partei, die im deutschen Politikbetrieb fehlt«[381], einnehme, dürfte mit feinem Gespür erkannt haben, daß das Thema breite Bevölkerungsschichten bewegte, nachdem sich der Deckel des Schweigens und Ignorierens über dem Tabuthema der deutschenfeindlichen Ausländergewalt in den vorangegangenen Monaten durch einzelne Reportagen, Filme und Berichte immer weiter gehoben hatte. Zum eigentlichen medialen Debattenmotor wurde indes der hessische Ministerpräsident Roland Koch, der die Boulevard-Zeitung benutzte, um mit der Aussage »wir haben zu viele junge kriminelle Ausländer« seinem stockenden Wahlkampf neuen Schwung zu verleihen. Koch zielte mit seiner Kritik an falscher Toleranz gegenüber Gewalttätern »aus multikultureller Verblendung« und der Feststellung, man habe »zu lange ein seltsames soziologisches Verständnis für Gruppen aufgebracht, die bewußt als ethnische Minderheiten Gewalt ausüben«[382], zunächst durchaus in die richtige Richtung. Auch die anfangs geführte Debatte über schnellere und konsequentere Ausweisungen und Abschiebungen krimineller junger Ausländer schnitt den Kern des Problems – die notwendige Korrektur einwanderungspolitischer Fehlsteuerungen – zumindest an. Kochs Forderung nach härteren Strafen und Gesetzesverschärfungen, der sich wahlkämpfende Unions-Ministerpräsidenten in anderen Bundesländern, Spitzenpolitiker im Bund und zögerlich sogar die Kanzlerin und CDU-Vorsitzende anschlossen[383], wurde von Lobbyisten wie dem Kriminologen Christian Pfeiffer allerdings rasch mit dem Ruf nach mehr sozialindustrieller Betreuung der Delinquenten und Risikogruppen konterkariert. Die bundespolitische Debatte über die überproportionale Kriminalitätsbelastung jugendlicher Ausländer war damit rasch wieder auf die ausgetretenen Pfade der Sozialpädagogik zurückgekehrt.[384] Nachdem Kochs Manöver sein Ziel verfehlt und er die hessischen Landtagswahlen verloren hatte, war das Thema für den parteipolitischen Betrieb – der ohnehin dazu neigt, das Benennen von Mißständen und das Aussprechen von Absichten bereits für problemlösendes Handeln zu halten – für längere Zeit wieder ad acta gelegt.

Gleichwohl hat die München-Debatte die Wahrnehmung der Migrantengewalt gegen Deutsche nachhaltig verändert. Die Fiktion, ausländische Jugendkriminalität sei nur als »soziales« Problem im Rahmen der allgemeinen Jugendkriminalität zu betrachten, sei nach München Geschichte, postulierte Frank Schirrmacher im *FAZ*-Feuilleton. Serkan A., Spiridon L. und all die anderen seien »Junge Männer auf Feindfahrt«, die begonnen hätten, einen konkreten Feind zu identifizieren und anzugreifen: »die Deutschen«.[385] »Uns war historisch unbekannt, daß eine Mehrheit zum rassistischen Haßobjekt einer Minderheit werden kann. Aber es gibt starke Signale dafür.« Den »jungen, ganz überwiegend muslimischen« Männern verschaffe die Ausgrenzung der Deutschen ein »Gefühl der Überlegenheit«. Mörderische Angriffe wie der von München seien daher nicht »Auswüchse«, sondern Symptome eines »Übergangs«: Die »von uns zu verantwortende Nicht-Integration der Zuwanderer tritt jetzt in die nächste Phase bei den Einheimischen: die Desintegration der Mehrheit durch punktuelles Totschlagen einzelner«.

Opfer wird freilich zuerst, wer sich schuldig fühlt. »Bevor der Deutsche Opfer fremden Hasses werden kann, ist er immer schon Opfer seines Selbsthasses geworden. Seine Nazi-Vergangenheit und neuerdings das wachsende schlechte Gewissen über integrationspolitische Versäumnisse veranlassen manchen, dem Beleidiger im Grunde noch recht zu geben, während dieser ihm auf die Mütze haut.«[386] In der Tat: Die Bewohner eines Landes, die am liebsten in die Haut anderer Völker schlüpfen würden und schon peinlich berührt sind, wenn man irgend etwas an ihnen als »typisch deutsch« bezeichnet, leiden doppelt, wenn man sie als »Scheiß-Deutsche« beleidigt: »Für viele Deutsche ist bereits die Titulierung ›Deutscher‹ eine Kränkung [...] Die Anrede ›Scheiß-Deutscher‹ ist nur eine Handvoll Migranten-Salz in eine offene deutsche Wunde.«[387]

Das eingeübte Manöver, dem deutschen Schuldkomplex die gesamte Verantwortung aufzuladen, verfing in diesem Fall allerdings nicht mehr: Trotz nachträglich aufgesetzter »Entschuldigung« erhielten die beiden Täter hohe Haftstrafen.[388] Unmittelbar nach der Festnahme hatten sie noch ihr Opfer als Schuldigen hingestellt: »Was labert mich der an.«[389] Das kaufte ihnen kaum noch jemand ab.

Eine der Ausnahmen war Jens Jessen, Feuilletonchef der Hamburger Wochenzeitung *Die Zeit,* in seinem Videoblog: »Man fragt sich doch, ob dieser Rentner, der sich das Rauchen in der Münchner U-Bahn verbeten hat und damit den Auslöser gegeben hat zu einer zweifellos nicht entschuldbaren Tat, eben sicher nur in der Kette einer unendlichen Masse von Gängelungen, blöden Ermahnungen, Anquatschungen zu sehen ist, die der Ausländer, namentlich der jugendliche, hier ständig zu erleiden hat.« Der »deutsche Spießer« zeige überall sein »fürchterliches Gesicht«. Man müsse fragen, »ob es nicht auch zu viele besserwisserische deutsche Rentner gibt, die den Ausländern hier das Leben zur Hölle machen und vielen anderen Deutschen auch. Mit anderen Worten: Ich glaube, die deutsche Gesellschaft hat nicht so sehr ein Problem mit ausländischer Kriminalität, sondern mit einheimischer Intoleranz.«[390] Jens Jessen ist mit diesem Versuch eines Freispruchs von aller Schuld offensichtlich im ideologischen Schubladendenken der »Achtundsechziger«-Bewegung steckengeblieben, das in der als »faschistoid« und »kleinbürgerlich« denunzierten Elterngeneration den Hauptfeind erblickt und im Aufrechterhalten der öffentlichen Ordnung ein Instrument der Repression. Was in Jessens Jugend ein unhinterfragbares linksintellektuelles Argument gewesen sein mag, ist jetzt allerdings – auch unter dem Eindruck der öffentlichen Auseinandersetzung mit den Münchner U-Bahn-Schlägern – zur Minderheitenmeinung geworden: Jessen blieb mit seiner Argumentation recht alleine, nur ein kleiner Teil des medialen Establishments verteidigte noch die dahintersteckende Ideologie[391], während ihm selbst von zahlreichen Journalistenkollegen erbitterter Widerspruch entgegenschlug.[392] Vielleicht entlarvt die Konfrontation mit der Realität am Ende doch den Schuldkomplexe der Deutschen als das, was er schon immer war: als eine Lähmung der Durchhalte- und Verteidigungsbereitschaft.

## Staat auf dem Rückzug I: Schulkatastrophe

»Wie in der Schulleitersitzung am 21.2.06 geschildert, hat sich die Zusammensetzung unserer Schülerschaft in den letzten Jahren dahingehend verändert, dass der Anteil der Schüler/innen mit arabischem Migrationshintergrund inzwischen am höchsten ist. Er beträgt zurzeit 34,9 Prozent, gefolgt von 26,1 Prozent mit türkischem Migrationshintergrund. Der Gesamtanteil der Jugendlichen n.d.H. (nicht deutscher Herkunft) beträgt 83,2 Prozent. Die Statistik zeigt, dass an unserer Schule der Anteil der Schüler/innen mit arabischem Migrationshintergrund in den letzten Jahren kontinuierlich gestiegen ist. [...] In unserer Schule gibt es keine/n Mitarbeiter/in aus anderen Kulturkreisen. Wir müssen feststellen, dass die Stimmung in einigen Klassen zurzeit geprägt ist von Aggressivität, Respektlosigkeit und Ignoranz uns Erwachsenen gegenüber. [...] Die Gewaltbereitschaft gegen Sachen wächst: Türen werden eingetreten, Papierkörbe als Fußbälle missbraucht, Knallkörper gezündet und Bilderrahmen von den Flurwänden gerissen. Werden Schüler/innen zur Rede gestellt, schützen sie sich gegenseitig. Täter können in den wenigsten Fällen ermittelt werden. Laut Aussage eines Schülers gilt es als besondere Anerkennung im Kiez, wenn aus einer Schule möglichst viele negative Schlagzeilen in der Presse erscheinen. [...] Unsere Bemühungen, die Einhaltung der Regeln durchzusetzen, treffen auf starken Widerstand der Schüler/innen. Diesen Widerstand zu überwinden, wird immer schwieriger. In vielen Klassen ist das Verhalten im Unterricht geprägt durch totale Ablehnung des Unterrichtsstoffes und menschenverachtendes Auftreten. Lehrkräfte werden gar nicht wahrgenommen, Gegenstände fliegen zielgerichtet gegen Lehrkräfte durch die Klassen, Anweisungen werden ignoriert. Einige Kollegen/innen gehen nur noch mit dem Handy in bestimmte Klassen, damit sie über Funk Hilfe holen können.«[393]

Der Hilferuf des Lehrerkollegiums der Rütli-Schule in Berlin-Neukölln hat im Frühjahr 2006 öffentlich gemacht, was Berliner Lehrer und Eltern seit langem wissen: An den Schulen der Hauptstadt explodiert die Gewalt. Der im Dezember desselben Jahres veröffentlichte Gewaltbericht des Berliner Schulsenators lieferte die harten Zahlen nach: Um 75 Prozent waren die Gewaltvorfälle in jenem Jahr gegenüber dem Vorjahr gestiegen, auf 1573; die gemeldeten Körperverletzungen und Bedrohungen hatten sich verdoppelt, ebenso die Fälle von Gewalt gegen Lehrer, gegen die sich ein Viertel der gemeldeten Gewalttaten richtete. 374 Pädagogen traf es im Schuljahr 2005/06, im Schuljahr davor waren es noch 196 gewesen. An der Spitze der Meldungsliste liegen Stadtteile mit hohen Migrantenanteilen – Mitte, Lichtenberg, Friedrichshain-Kreuzberg und Neukölln. Auffällig hoch angestiegen waren die Gewaltvorfälle an Grundschulen, die in Berlin die Klassen eins bis sechs umfassen: von 247 auf 628.[394]

Nur zum Teil dürfte der Anstieg der Zahlen auf erhöhte Aufmerksamkeit und Meldebereitschaft zurückzuführen sein, wie der Senat vermutet. Die Meldepflicht für Gewaltvorfälle an Schulen besteht schließlich seit 1992; der Rütli-Hilferuf und die steigenden Meldungen sind vielmehr ein Indiz, daß vorher viel vertuscht wurde und jetzt das Faß am Überlaufen ist. Da viele Schulen Eltern nicht vorab vergraulen wollen, ist die Dunkelziffer nicht gemeldeter Vorfälle Fachleuten zufolge nach wie vor hoch.[395] Welcher Prozentsatz der Gewalttaten zwischen Schülern aus Deutschenhaß begangen wurde, wird bekanntlich statistisch nicht erfaßt. Der Anteil dürfte beträchtlich sein; seit den Studien des Kriminologen Christian Pfeiffer darf als gesichert gelten, daß Deutsche überproportional Opfer, türkische und arabische Einwandererkinder überproportional oft Täter von »Jugendgewalt« sind (siehe Kapitel 3, S. 83 f.). Die Ethnisierung ist Tatsache, bestätigt auch der Interimsdirektor der Rütli-Schule: Türken ziehen Deutsche ab, Araber verdrängen die Türken aus manchen Gegenden.[396]

Erst recht spielt Deutschenfeindlichkeit bei der zunehmenden Gewalt gegen Lehrer mit, die in manchen Stadtteilen nahezu die einzigen Repräsentanten der abgelehnten deutschen Gesellschaft sind, die ein in der Parallelgesellschaft lebender türkischer oder arabischer Jugendlicher überhaupt zu Gesicht bekommt. Ob ein 15jähriger seinen Lehrer – an einer Kreuzberger Hauptschule mit 96 Prozent Migrantenanteil – mit einem Kopfstoß außer Gefecht zu setzen versucht[397], oder ob ein Neunjähriger an einer Charlottenburger Grundschule ausrastet und gleich auf drei Lehrkräfte einschlägt, stets ist die Gewalt von einschlägigen Beleidigungen und Drohungen begleitet[398], und in der Regel ergreifen die Eltern bedingungslos Partei gegen die Lehrer. Die Mutter des erwähnten Grundschülers bezichtigte in der türkischen Presse den Schulleiter der Lüge und erstattete selbst Anzeige[399]; auch der Fall einer türkischen Mutter, die die Lehrerin ihres Sohnes verprügelte, ist aufschlußreich: Der 17jährige kam um sich tretend zu spät zum Unterricht, beschimpfte die Lehrerin als »Hure und Schlimmeres«, griff sie tätlich an, beschwerte sich dann bei seiner Mutter, die Lehrerin habe ihn »gekniffen«, worauf die in die Schule stürmte und wie eine Furie auf die Lehrerin einschlug.[400]

»Dann machten sich an den Hauptschulen schnell die Fehler der deutschen Einwanderungspolitik bemerkbar. Nach Berlin kamen viele bildungsferne, anatolische Bauern, wenig türkischer Mittelstand. Der Staat duldet noch immer aus falsch verstandener Toleranz, daß junge türkische Frauen für arrangierte Ehen nachgeholt werden. Was das bedeutet, merken wir in den Schulklassen: Die Jungs spielen ihre Mackerrolle, fassen jede Kritik als Frontalangriff auf und reagieren schnell mit Gewalt. Die Mädchen sind eifrig, aber mit zwölf, dreizehn Jahren sitzen sie plötzlich mit Kopftuch in der Klasse und werden vom Sport- oder Biologieunterricht abgemeldet. Ihre Eltern sind nicht daran interessiert, in der Gesellschaft anzukommen, ihre Kinder sollen es auch nicht. Gegen diese Integrationshürden ist von der Schule aus kaum anzukommen.«[401]

Gerade muslimische Eltern dulden Schuleschwänzen geradezu, weil sie den »demokratischen« Einfluß der Lehrer auf ihre Kinder fürchten, bestätigt ein Bericht des Neuköllner Jugendamts von 2004.[402] Kirsten Heisig weiß aus ihrer Beschäftigung mit jugendlichen Intensivtätern, warum gerade männliche muslimische Kinder so häufig verhaltensauffällig und aggressiv werden. »Sie werden speziell von ihren Müttern extrem verwöhnt und erfahren keinerlei Grenzsetzung.« Das führt schon in der Grundschule zu »Gewaltbereitschaft und Respektlosigkeit«. Darauf angesprochen, »suchen die Eltern das Verschulden grundsätzlich beim ›System‹«, sprich bei den »rassistischen« Lehrern.[403] Die Ablehnung der deutschen Gesellschaft und ihrer Regeln im allgemeinen und die kulturell bedingte Geringschätzung von Frauen im besonderen ist das Substrat der Gewalttätigkeiten jugendlicher Einwanderer gegenüber schulischen Autoritäten. Indirekt bestätigen das auch die »antirassistischen« Kritiker des Begriffs »Deutschenfeindlichkeit«, die antideutsche Migrantengewalt damit rechtfertigen, daß der »strukturelle Rassismus«, der sich gegen Einwanderer richte, sich gerade in der Zusammensetzung der Lehrerschaft manifestiere.[404]

Die Anfeindung ethnisch deutscher Minderheiten durch muslimisch-migrantische Mehrheiten macht dagegen deutsche Großstadtschulen zum Schauplatz der demographischen Landnahme und der Verdrängung der autochthonen Einwohnerschaft. »1988 überschritt die Zahl der türkischen Schüler an unserer Schule die 50-Prozent-Marke, und da wurden die ersten Forderungen erhoben, nun müßten sich die Deutschen assimilieren.«[405] Die verbalen und tätlichen Übergriffe als »Mobbing« abzutun und unter der verallgemeinernden Rubrik »Jugendkriminalität« einzusortieren, verharmlost die ethnische Dimension. »Ich wurde gemobbt, weil ich Deutsch spreche«, berichtet ein Charlottenburger Junge, der wegen schlechter Noten vom Gymnasium auf eine Realschule gewechselt war, in der er mit einer Mitschülerin der einzige Deutsche war – »der Rest waren hauptsächlich Araber und Türken«.[406] Und die pöbelten ihn an, weil er nicht gebrochenes »Kanakdeutsch« sprach wie die anderen. Einziger Ausweg: Der Wechsel auf eine Reformschule mit höherem Deutschenanteil.

Der Begriff »Mobbing« vermag kaum adäquat zu beschreiben, was deutsche Schüler in den muslimisch dominierten Mikro-Mehrheitsgesellschaften ihrer jeweiligen Schulen erfahren. Die Palette beginnt bei alltäglichen Beschimpfungen, Beleidigungen und Demütigungen als »Nazi«, »Streber«, »Schweinefleischfresser« und »Kartoffel«.[407] »Du Christ« ist das härteste Schimpfwort; »die deutsche Minderheit ist zum Freiwild für rassistische Ressentiments junger Muslime geworden«, die ihren »ungläubigen« Mitschülern, die im Ramadan nicht fasten, dann schon mal ins Essen spucken.[408] Die nächste Stufe sind aggressive Rempeleien und fortgesetzte Gewalterfahrung bis hin zur gewaltsamen Brechung der eigenen Identität. Der 16jährige Kevin aus Neukölln »wehrte sich, schlug zurück. Auf einmal stand er zwölf Jungs gegenüber. Alle Verwandte des Angreifers, alle schlugen auf ihn ein. Danach gab sich Kevin selbst auf, begann sich zu kleiden wie seine Peiniger, imitierte ihre Sprache. Er wurde zwar nicht mehr geschlagen, mußte aber jetzt für die anderen Botengänge erledigen.«[409] Das geht bis zu Erpressung, Nötigung und Versklavung, wie der Neuköllner Polizeihauptkommissar Christian Horn im Rahmen des »Integrationsgipfels« im Bundeskanzleramt berichtete: »Sie müssen die Schultaschen ihrer Mitschüler tragen, auch Sportbeutel und Bücher, sie erledigen Botengänge, besorgen Pausenbrote, Getränke und Zigaretten. Und wenn sie die Hausaufgaben ihrer Mitschüler nicht richtig erledigen, gibt es Prügel.«[410]

Die Flucht des Charlottenburger Realschülers, die Kapitulation und Anpassung des Neuköllner Kevin an die dominierende muslimisch-arabisch-türkische Mehrheitskultur in seinem Viertel, das Abtauchen der anderen, die – in den Worten der Lehrergewerkschafterin Mechthild Unverzagt – »gelernt [haben], sich unsichtbar zu machen«[411]: Mit diesen drei Strategien reagieren in die Minderheit geratene deutsche Schüler auf den Verdrängungsdruck der neuen, meist türkisch-arabischen Mehrheiten. Die Journalistinnen Nicola Graef und Güner Balci haben diese Mechanismen und ihre ethnisch-kulturellen Hintergründe in ihrer Dokumentation »Kampf im Klassenzimmer« am Beispiel einer Hauptschule in Essen-Karnap aufgezeigt.[412] Die Pole werden markiert von Julia, der Freundin eines strenggläubigen Palästinensers, die den Wertekodex ihres Freundes verinnerlicht hat, sich selbst als »Muslima« bezeichnet und dafür von den muslimischen Mitschülerinnen in Ruhe gelassen wird, und dem Gastwirtssohn Sebastian, der »nur noch die Schule beenden« und dann einen Ausbildungsplatz finden will. In einem Magazin-Beitrag über ihre ehemalige Schule in Berlin-Neukölln hatte Güner Balci die Einschüchterung der deutschen Minderheit in einer Ghettoschule schon 2009 aufgegriffen; ein Deutscher schildert, warum er als »Angepaßter« weniger Schwierigkeiten hat als ein ebenfalls deutscher Mitschüler: »Das liegt daran, wie ich mich verhalte und so. Wir verhalten uns alle so wie Gangster. Wir sind keine Gangster, aber wir verhalten uns so. Wir bauen Scheiße und so. Wir sind keine Streber, wir sind nicht gut in der Schule und so. Und Jonny ist gut in der Schule, und er benimmt sich auch richtig, er macht keine Scheiße und so, deswegen ist er ein Außenseiter.«[413]

Daß damit der Weg in die Bildungskatastrophe noch beschleunigt wird, steht außer Zweifel. Jetzt schon kann jeder vierte Berliner Grundschüler nicht lesen.[414] Wenn der Migrantenanteil in einer Schulklasse über vierzig Prozent liege, werde das Lerntempo spürbar verlangsamt, weiß der Vorsitzende des Philologenverbandes, Heinz-Peter Meidinger.[415] Der Soziologe Jaap Dronkers wies in seiner Antrittsvorlesung an der Universität Maastricht darauf hin, daß »ethnische Diversität« an Schulen das Lernklima negativ beeinflusse; ein höherer Anteil muslimischer Einwandererkinder ziehe alle Kinder in der Klasse herunter.[416] Das nimmt kaum wunder, wenn – wie die aus der Türkei stammende Gelsenkirchener Lehrerin Betul Dürmaz bekennt – das Lehrersein zu 80 Prozent aus »Sozialarbeit« besteht.[417]

Diese gilt in der politischen Klasse als Allheilmittel, doch ihre Wirkung ist beschränkt. Zivilisierte und vernünftige Problemlösungsgespräche ändern die Einstellungen kaum, mußte Güner Balcis Gesprächspartner Sebastian erfahren, nachdem die WDR-Kamera wieder ausgeschaltet war: »Als ich erzählt habe, was so im ganzen Schulalltag abläuft, dann wurde ich sofort, sobald Sie weg waren, sofort als ausländerfeindlich, als Rassist sofort abgegrenzt.« Und hält man dem Deutschenhasser entgegen, er sei ja selbst ein Rassist, »dann kriegste direkt was auf die Fresse«.[418]

Staatliche Maßnahmen gegen Schulgewalt und Deutschenfeindlichkeit sind entweder weltfremd oder kurieren an Symptomen herum. Zahlreiche Berliner Schulen haben, dem Vorbild des Neuköllner Bezirksbürgermeisters Buschkowsky folgend, private Sicherheitsfirmen als Wachschutz engagiert. Das konnte zumindest die hohe Zahl von regelrechten Überfällen schulfremder Täter[419] reduzieren. Die Mentalitäten kann das ebensowenig ändern wie Videoüberwachung von Pausenhöfen[420], Polizeieskorten für schikanierte deutsche Schüler oder die Forderung nach regelmäßigen Polizeipatrouillen.[421] Die Hoffnung des bayerischen Kultusministers, »die aktive Mitwirkung von Migrantenfamilien einfordern« zu können, ist reine Beschwichtigungsrhetorik angesichts der Tatsache, daß die Abgrenzung von allem Deutschen gerade in den Elternhäusern ihren Ausgang nimmt. Auch »Lehrer mit Migrationshintergrund«, um die man sogar durch Regierungskampagnen verstärkt werben will[422], sind nicht das Allheilmittel: Werden sie »zu deutsch«, sinkt ihre Akzeptanz, und man verbittet sich ihre Einmischung.[423] Das radikalste Rezept gegen Deutschenfeindlichkeit wäre die reine Migrantenschule; an der Eberhard-Klein-Oberschule in Berlin-Kreuzberg, die 2005 die erste deutschenfreie Schule Deutschlands wurde, gibt es die »sonst üblichen ethnischen Konflikte« nicht mehr.[424] Segregation, der Rückzug in jeweils eigene, ethnisch-kulturell homogene, in der Konsequenz private Schulen ist die libertäre Antwort[425] auf den »Kampf im Klassenzimmer«, totale Beschulung mit verpflichtendem Ganztagsunterricht und staatlich organisierter Durchmischung ohne individuelle Fluchtmöglichkeit, wie sie auch Thilo Sarrazin vorschwebt[426], die sozialistische. Beide stellen indes eine wesentliche Errungenschaft des modernen deutschen Staates in Frage: die Möglichkeit für jedermann, an staatlichen Schulen nach seinen Fähigkeiten bestmöglich und kostenfrei ausgebildet zu werden.

## Staat auf dem Rückzug II: Einäugige Justiz

»Knapp 80 Prozent meiner Täter haben einen Migrationshintergrund, 70 Prozent sind orientalische Migranten. Jeder einzelne dieser ausländischen Täter hat in diesem Land nicht das geringste verloren. Jeder, der sich in dieser Weise aufführt, verdient es, dieses Landes verwiesen zu werden. Hier sind die gesetzlichen und praktischen Möglichkeiten einfach erbärmlich gering.«[427] Unter deutschen Richtern ist dieser Standpunkt, zumindest öffentlich geäußert, eine Einzelmeinung. Roman Reusch, dem Berliner Oberstaatsanwalt und Leiter der Spezialabteilung 47 für jugendliche Intensivtäter, trugen diese und andere Äußerungen in einem Interview vom Mai 2007 die Androhung von Disziplinarmaßnahmen durch die Berliner Justizsenatorin Gisela von der Aue ein.[428] Sein Vorgesetzter, der Leitende Oberstaatsanwalt Andreas Behm, verhängte gegen Reusch ein Auftrittsverbot in der Öffentlichkeit, weil dieser nicht seinen Standpunkt vertrete.[429] Nachdem die *Bild*-Zeitung im Zuge der Berichterstattung über die Münchner U-Bahn-Schläger ausführlich aus dem Manuskript seines Vortrags vor der CSU-nahen Hanns-Seidel-Stiftung vom Dezember 2007[430] zitiert hatte[431], dauerte es noch zwei Wochen, bis Reusch die Leitung der Intensivtäterabteilung entzogen wurde.[432] »Deutschlands mutigster Oberstaatsanwalt«, wie ihn die Boulevardpresse titulierte, hatte durch das Aussprechen unbequemer Fakten gegen den politisch korrekten Konsens der grenzenlosen Langmut und Verharmlosung gegenüber ausländischen Gewalttätern verstoßen.

Als Konsequenz dieser Langmut kommt es auch bei schweren Fällen von Ausländergewalt gegen Deutsche regelmäßig zu milden Urteilen ohne Abschreckungswirkung.[433] Erdinc S., ein 18jähriger Türke, der einen 44jährigen Arbeiter in der Karnevalszeit vor Freundin und vier Kindern ins Koma geprügelt hatte, aus dem er mit lebenslänglichen schweren Hirnschäden erwachte, verließ den Gerichtssaal nach dem Prozeß in erster Instanz als freier Mann, lediglich mit der Auflage, sich zwei Jahre lang nichts zuschulden kommen zu lassen, andernfalls drohe eine Jugendstrafe. Davon abgesehen wurden dem Gewalttäter, der kurz zuvor schon wegen Raubes verurteilt worden war, lediglich »Psycho-Test« und »Anti-Aggressions-Training« auferlegt.[434] Auch in zweiter Instanz erhielt der junge Türke nur eine Bewährungsstrafe von einem Jahr und neun Monaten, wurde indes dennoch in Haft genommen, weil er wenige Wochen nach dem ersten Urteil wieder einen Mann zusammengeschlagen hatte.[435] Dagegen erhielt etwa zur Zeit des ersten Kölner Erdinc-Prozesses ein der »rechtsextremen« Szene zugerechneter junger Deutscher, der zugegeben hatte, am Überfall auf eine linke »Theatertruppe« in Halberstadt beteiligt gewesen zu sein und dabei einem jungen Mann die Nase gebrochen zu haben, zwei Jahre Haft ohne Bewährung wegen gefährlicher Körperverletzung.[436]

Das unterschiedliche Strafmaß für den 18jährigen Türken und den 23jährigen Deutschen ist nicht nur eine Frage des Unterschieds zwischen Jugend- und Erwachsenenstrafrecht. Die gewundenen Begründungen, mit denen der Kölner Amtsrichter im ersten Prozeß gegen Erdinc S. dem Täter »keine schädlichen Neigungen« attestiert hatte, reflektieren nicht zuletzt eine Grundüberzeugung der »antirassistischen« Ideologie, im Ausländer zunächst das zu entschuldigende Opfer der Gesellschaft zu sehen. Das verführt dazu, das Jugendstrafrecht einseitig im Sinne seiner vielfältigen erzieherischen Komponenten auszulegen und die korrigierende Funktion von Strafe als Abschreckung zu ignorieren. Die ethnisch-kulturelle Dimension wird schon in den Sprachregelungen ausgeblendet – man spricht von »Jugendlichen«, »Jugendkriminalität« und »Einzelfällen« und übersieht dabei den entscheidenden Punkt: »Etliche türkischstämmige und ›arabische‹ Jugendliche achten die in Deutschland geltenden Regeln und Gesetze nicht. Die hiesige Werteordnung ist ihnen gleichgültig.«[437] Noch deutlicher als Kirsten Heisig wird Roman Reusch, der auf die »völlig fehlende Unrechtseinsicht und weitgehende Resistenz gegen polizeiliche und justizielle Maßnahmen« junger männlicher Krimineller orientalischer Herkunft hinweist, die »in einer Sozialisation heranwachsen, in welcher – außerhalb der Familie – das Bestehen eines gänzlich gesetzlosen Lebenskonzeptes zur weitverbreiteten Normalität gehört.« Sozialpädagogik muß da zwangsläufig versagen: »Jugendliche aus solchen Familien dazu anzuhalten, zu lernen und zu arbeiten, kommt dem Versuch gleich, Wasser mit einem Sieb aufzufangen. Sie erleben schließlich, daß ihr Vater, die älteren Brüder, Cousins, Onkel etc. ebenfalls kaum lesen und schreiben können und trotzdem ›dicke Autos‹ fahren.«[438] Selbst wenn der Sozialarbeiter nicht als »deutsches Weichei« verachtet wird, wenn er vielleicht sogar denselben ethnischen Hintergrund hat, kann er die kulturelle Selbstausgrenzung und die Anziehungskraft krimineller Subkulturen kaum durchbrechen – die Journalistin Güner Balci hat diese Erfahrung selbst gemacht.[439]

Die Folgen lassen sich tagtäglich in den Gerichtssälen besichtigen: »Nicht einmal der Erlaß von Haftbefehlen mit sofortiger Haftverschonung oder die drohende Verurteilung zu einer Jugendstrafe mit Bewährung respektive Vorbewährung kann die übergroße Mehrheit von ihnen von weiterer serienmäßiger Begehung schwerer Straftaten abhalten. Selbst in einer solchen Lage lassen sie die Hauptverhandlungen in gelangweilt-belästigter Attitüde

über sich ergehen und sind von ihren Verteidigern nur unter großen Mühen zu einigen Floskeln des Bedauerns und vorgetragener
Einsicht zu bewegen. Es gibt nur eine einzige Maßnahme, die sie
wirklich beeindrucken könnte, nämlich die Haft.«[440] Mit anderen
Worten: Die deutsche Justiz, die zwar gegen vermeintliche und tat-
sächliche »Rechtsextremisten« und »Ausländerfeinde« hart durch-
zugreifen vermag, wird von jungen orientalischen Intensivtätern
als zahnlos, weich und feige regelrecht verachtet. Sie kapituliert
vor der Kriegserklärung im Kampf der Kulturen und hält mit sinn-
entleerten Ritualen eine Scheinnormalität aufrecht, die die Realität
längst nicht mehr erreicht.

Das »Neuköllner Modell« der Jugendrichterin Kirsten Heisig ist
ein Versuch, innerhalb des bestehenden Systems die Möglichkeiten
wirksamer zu nutzen[441]: schnelle Verfahren und Strafen sofort nach
dem Delikt durch Nutzung des im Jugendgerichtsgesetz vorgesehe-
nen vereinfachten Jugendverfahrens, raschere Eskalation der Sanktionen statt Dutzender wirkungsloser Maßnahmen, enges Zusam-
menwirken mit Polizei, Schulen und Jugendbehörden, Versuch, auch
die Eltern in die Pflicht zu nehmen. Die ethnisch-kulturellen Bar-
rieren lassen hier auch hochmotivierte Richter wie Kirsten Heisig,
die mehr als ihre Pflicht tun, rasch an ihre Grenzen kommen. Gegen den sozialpädagogischen Ansatz spricht vor allem in den Brennpunktvierteln schon das »Mengenproblem«, gibt Roman Reusch zu
bedenken: »Es gibt zu viele Täter – und zu wenige, die sich darum
kümmern können. In Teilen der Stadt besteht die Bevölkerung fast
nur aus Problemfällen. So viele Sozialarbeiter, Jugendgerichtshelfer
und Lehrer gibt es überhaupt nicht. Und wer sollte sie bezahlen?«[442]

Aufhalten ließe sich die schleichende Delegitimation des
Rechtsstaates durch die Parallelgesellschaften wohl nur mit den Forderungen des geschaßten Oberstaatsanwalts Roman Reusch – ver-
schärftes Haftrecht und verstärkte Ausweisungen und Abschiebungen, Verhinderung der Einbürgerung Krimineller, streng begrenz-
ter Ehegatten- und Familiennachzug, auch wenn diese Maßnahmen
Änderungen der geltenden Rechtslage verlangen. Der Verachtung
der deutschen Justiz und Exekutive durch eine wachsende Zahl von
Angehörigen dieser Parallelgesellschaften entspricht die Tendenz,

vor allem bei Konflikten untereinander am deutschen Staat und seiner Justiz vorbei eigene Strukturen zu etablieren. »Araber regeln das untereinander«[443], heißt es dann; mit den Deutschen spricht man nicht, und Anzeige erstattet man bei denen schon gar nicht.[444] Eine der Ursachen für das offizielle Sinken der Jugendgewalt dürfte hier zu finden sein. Einflußreiche Clan-Mitglieder treten bereits als »Friedensrichter« auf und lösen Streit auf orientalische Weise, während die Vertreter der deutschen Staatsmacht nur noch zuschauen.[445] In ähnlicher Weise agieren auch die Imame der Großmoscheen, die tatsächlich Schaltzentralen der Parallelgesellschaft sind, als zivile Autoritäten. Das ist kein harmloser Beitrag zur gütlichen Einigung, ohne die Justiz zu bemühen; denn diese Strukturen erlauben es mafiösen Ausländerclans mit Tausenden Mitgliedern wie der in Bremen ansässigen Mhallamiye-kurdischen Großfamilie Miri, die sich unter Mißbrauch des Asylrechts und Ausnutzung von rechtlichen Schlupflöchern und freigebig gewährten Sozialleistungen zu »dominierenden Größen der organisierten Kriminalität« entwickelt haben[446], ihren eigenen kriminellen Staat im Staate aufzubauen. Polizisten fürchten sich vor Racheakten, der Staat schaut dem Treiben der Sippen meist tatenlos zu, die Gerichte, tadelt ein Untersuchungsbericht, hätten »in falsch verstandener Toleranz« das Problem »mit ihrer fortwährenden Nachsichtigkeit noch erheblich verschlimmert«.[447] Strafverfahren, wenn sie überhaupt stattfinden, kratzen nur an der Oberfläche; die kriminellen Großfamilien wachsen und gedeihen – zu den Bremer Sippen zählen fast 800 Kinder, und das Rekrutierungspotential an Handlangern für die Schmutzarbeit ist unter den kleinkriminellen Ghettokindern nahezu unerschöpflich. »Die betrachten uns als Beutegesellschaft, als geborene Opfer und Verlierer«, hat ein hoher Kriminalbeamter erkannt.[448] Die verstorbene Richterin Kirsten Heisig benennt das Treiben der Clans als Hauptproblem und weiß auch, warum Politik und Behörden zunehmend vor ihrem Treiben kapitulieren: Es läuft am Ende immer wieder auf schlichte Angst hinaus.

Wenn allerdings Staat und Justiz Angst davor haben, eingewanderten Kriminellen, die Deutschland und die Deutschen verachten, entgegenzutreten, um die eigenen Bürger vor deutschenfeindlicher

Gewalt zu schützen, schwindet die Legitimation des Rechtsstaats auch bei den einheimischen Bürgern. Nicht das Fehlen geeigneter Gesetze hat die dritte Gewalt ausgehöhlt, sondern ihre Einbeziehung in das umfassende System des Heuchelns, Wegschauens und Schönredens, das die multikulturelle Lebenslüge aufrechterhält, indem es den in seiner Sicherheit bedrohten Einheimischen zum latenten Ausländerfeind und den eingewanderten Deutschenhasser zum bedauernswerten Diskriminierungsopfer umlügt. Das Justizversagen ist somit Teil eines fahrlässig herbeigeführten Staatsversagens, das offene Staatsverachtung durch die Bürger provoziert. Nicht nur in Brandenburg hat man genau bemerkt, wie im Fall des bei einer Schlägerei in Potsdam verletzten eingebürgerten Äthiopiers Ermyas Mulugeta der Generalbundesanwalt mit großem Pomp eingriff und der – wie sich später herausstellte unpolitische – Fall zu einer großen Kampagne gegen »Ausländerfeindlichkeit« genutzt wurde, während der öffentliche Aufschrei ausblieb, als wenige Wochen später ebenfalls in Potsdam der Deutsche David F. auf offener Straße von einem Afghanen erstochen worden war. »Er war ja nur ein Deutscher«, stand auf einem Plakat am Tatort.[449] Als ein achtmal wegen Körperverletzung vorbestrafter Türke in Hamburg-Harburg den jungen Deutschen Pascal erstach, weil der seine Freundin gegen Zudringlichkeiten beschützen wollte, kam es zu friedlichen Protesten von Mitschülern und Freunden, die eine Mahnwache abhielten und kurzzeitig eine Straße blockierten. Das Protestschild, das dabei aufgestellt wurde, ist programmatisch: »Unsere Toleranz ist erschöpft.«[450]

### Staat auf dem Rückzug III:
### Angriff auf die Hoheitsträger

Mahnwachen und Straßenblockaden durch trauernde deutsche Jugendliche wie die Freunde des erstochenen Harburgers Pascal finden selten genug statt, und wenn, dann verlaufen sie friedlich. Sobald die Polizei die Demonstranten auffordert, die Straße freizugeben, gehen sie gesittet zur Seite. »Rudelbildung« und gewalttätige Zusammenrottungen junger männlicher Türken und Araber, die sich Polizeibeamten in bedrohlicher Überzahl entgegenstellen und sie aus »ihrem« Bezirk vertreiben wollen, weil sie ihr eigenes Faustrecht über Gesetz und Ordnung des deutschen Staates stellen, gehören dagegen in manchen Einwandererghettos bereits zum dienstlichen Alltag der Gesetzeshüter. Seit den Krawallen vom November 2006, die den Kreuzberger Wrangelkiez als »Banlieue von Berlin« bundesweit in die Schlagzeilen brachten[451], kann auch in der breiteren Öffentlichkeit niemand mehr behaupten, er hätte von dieser Erosion staatlicher Autorität in den Migrantenvierteln deutscher Städte nichts mitbekommen: Es gibt in Deutschland »No-go-Areas«, verbotene Zonen, rechtsfreie Räume, in die sich nicht nur die einheimischen Bürger, sondern selbst die Vertreter der Staatsmacht nicht mehr oder nur noch unter besonderen Sicherheitsvorkehrungen hineinwagen; und diese rechtsfreien Räume sind mit den Einwandererghettos entstanden und gewachsen.

Achtzig wütende Jung-Orientalen umringten 2006 im Wrangelkiez die Beamten, als sie zwei zwölfjährige Straßenräuber verhaften wollten. Die Parallele zum Auslöser der Pariser Banlieue-Krawalle von 2005 ist offenkundig; man muß wohl SPD-Innensenator sein, um das staatszerstörerische Potential zu bagatellisieren, das in solchen Angriffen steckt, weiter auf die Heilkraft der Sozialpädagogik zu bauen und darin wieder nur den Einzelfall zu sehen.[452] Die in diesem Buch in Auswahl dokumentierten Fälle sprechen eine andere Sprache. »Seit geraumer Zeit sind Streifenwagenbesatzungen oftmals nicht in der Lage, einfache Einsätze wie Verkehrsunfallaufnahmen, Parkverstöße oder Verkehrsbehinderungen abzuarbeiten, da sich sofort ein Menschenauflauf bildet, der die Beamten in Bedrängnis bringt«, ist die Erfahrung der Beamten in Duisburg-Marxloh. Mehrere Besatzungen müssen sich absprechen, angesichts chronischer Personalnot wird es schnell eng. »Nahezu täglich, wir schätzen rund zweihundertmal im Jahr, kommt es in bestimmten Stadtteilen Berlins zu Zusammenrottungen von Passanten, die sich gegen die Polizei wenden. In vielen Fällen werden Gefangenenbefreiungen versucht. Kollegen schilderten Lagen, in denen sie nicht mehr funken und sich nur unter Androhung des Schußwaffengebrauchs durchsetzen konnten«, berichtet der Berliner Vorsitzende der Gewerkschaft der Polizei (GdP).[453] Gleich zwei Fälle von tätlichen Attacken gegen Polizisten aus einer Migrantenmenge heraus, an einem Tag im selben Viertel, meldete im November 2007 der Berliner *Tagesspiegel*.[454] Polizei-Pressemitteilungen, Zeitungsmeldungen oder Internet-Filme, die von den Tätern stolz selbst ins Netz gestellt werden, berichten vom massiven Angriff spontaner Zusammenrottungen junger männlicher Einwanderer gegen die deutsche Staatsmacht aus vielen Teilen der Republik[455], nicht nur aus den Metropolen, sondern auch aus bayerischen Kleinstädten wie Neu-Ulm, wo zwei Türken eine Polizeistreife angriffen, die ausgerückt war, um einen Diskotheken-Randalierer zur Räson zu bringen; es brauchte massive Verstärkungen, bis schließlich zwei Dutzend Beamte den Randalierer und die beiden Angreifer unter den Provokationen und Beleidigungen einer hundertköpfigen türkischen Menge in Gewahrsam nehmen konnten.[456]

Gewalt gegen Polizeibeamte hat im vergangenen Jahrzehnt stetig zugenommen. Nach Angaben des Berliner Polizeipräsidiums von 2009 ist die Zahl der Straftaten gegen Polizisten, Justizbeamte oder Feuerwehrleute in den vergangenen zehn Jahren bundesweit um fast 22 Prozent gestiegen.[457] Berlin liegt an der Spitze; dabei werden viele Widerstandsdelikte schon gar nicht mehr gemeldet.[458] Eine Studie des Kriminologischen Forschungsinstituts Niedersachsen (KFN), das Anfang 2010 über 21 000 Polizeibeamte befragt hatte, nennt die Dinge ungewohnt deutlich beim Namen: 42,9 Prozent der Angreifer, die einen Beamten so verletzten, daß er mindestens für einen Tag dienstunfähig war, waren Einwanderer, vor allem Türken und Russen. »Dabei spielt oft die Ablehnung, die Feindschaft gegenüber dem Staat eine Rolle, nach dem Motto ›Die Polizei wird geprügelt, der Staat ist gemeint‹«, analysiert der sonst nie um eine »soziale« Erklärung verlegene Pfeiffer und nimmt dabei vor allem muslimische Migranten ins Visier.[459] »Der Respekt vor Polizeibeamten ist allgemein gesunken, insbesondere bei Jugendlichen mit Migrationshintergrund«, hatte der Präsident des Bundespolizeipräsidiums, Matthias Seeger, zuvor schon festgestellt.[460]

Davon können die Beamten im Fronteinsatz an den Brennpunkten der Parallelgesellschaften allerdings ein Lied singen. »Was willst du, du Schwuchtel«[461], gehört da noch zu den harmlosen Beschimpfungen. Es sei normal für Polizisten geworden, geschlagen, getreten und bespuckt zu werden, moniert Klaus Eisenreich von der Gewerkschaft der Polizei in Berlin. »Die Ausländer sind hier das Problem. Es ist einfach so«, konstatiert nüchtern Klaus Eitel, Kontaktbereichsbeamter der Polizei im Wedding, und meint damit die an jeder Ecke herumlungernden jungen Orientalen, die die Polizisten als »Rassisten« beschimpften. »Jeden Tag muß ich mir anhören, ich sei ausländerfeindlich«, sagt Eitel und fragt sich, warum er sich das überhaupt antue, wenn wieder mal ein eingewanderter Halbstarker hinter seinem Rücken »Scheiß-Bulle« und »Wichser« gerufen und ihn dann frech angegrinst hat.[462] Sie wissen ja, daß der Beamte von seiner ängstlich um ihr Bild in den Medien besorgten Führung angehalten ist, vieles zu schlucken, um Konflikte nicht anzuheizen. Auch Einwanderern wie dem Bremer Diskotheken-Geschäftsführer Bülent Ünal fällt das auf: »Gerade ausländische Jugendliche haben keinerlei Respekt vor der Polizei. Die Beamten sollen deeskalierend auftreten, müssen sich alles gefallen lassen, selbst Beleidigungen. Deshalb sehen Ausländer sie als Weicheier.«[463]

Aus der Gruppe heraus Polizisten zu beleidigen und dann alles abzustreiten, ist mancherorts geradezu ein »Sport, der in anderen Ländern mit anderen Polizeien ein unkalkulierbares Verletzungsrisiko bergen würde«. In Deutschland allerdings muß die Tat einem einzelnen Täter zugeordnet werden; die Gruppe, aus der heraus eine Straftat begangen wird, darf nicht als Gruppe behandelt werden. Und wenn es doch zur Anzeige wegen Beamtenbeleidigung kommt, passiert hinterher nichts, was die Täter beeindruckt – höchstens »zehn Stunden Sozialarbeit in der Moschee«, spötteln die Beamten auf der Wache Duisburg-Marxloh.[464] Und bei tätlichen Angriffen gegen Polizeibeamte wird zwar in neun von zehn Fällen ein Strafverfahren eröffnet, jedes dritte aber wieder eingestellt – auch deswegen fühlen sich Polizisten als »Prügelknaben der Nation«.[465]

Nicht zuletzt die Ausländer- und Antirassismuslobby hat sie dazu gemacht. »Amnesty international« führte im aufgeheizten Klima der Neunziger regelrechte Kampagnen gegen die deutsche Polizei, in denen die Organisation durch Aufzählungen unbewiesener und einseitig recherchierter Fälle deutsche Polizisten zu »Rassisten«[466] und militanten »Ausländerfeinden« abzustempeln versuchte und dabei bedenkenlos die Partei von gewalttätigen türkischen Milieukriminellen ergriff, die nach deren Aussage die Beamten, denen Mißhandlung vorgeworfen wurde, grob beschimpft und rabiat angegriffen hatte.[467] In Hamburg wurde 1994 nach ähnlichen unbewiesenen Vorwürfen ein kompletter Einsatzzug vom Dienst suspendiert; einhellige Meinung unter den Polizisten der Hansestadt: »Hier wurden Kollegen auf dem Altar der Politik geopfert.«[468]

Daß deutsche Politiker nur wackelig hinter den uniformierten staatlichen Hoheitsträgern stehen, daß »Rassismus« und »Ausländerfeindlichkeit« noch immer Totschlagargumente sind, auch wenn sie schon in zu vielen Kampagnen abgenutzt und stumpf geworden sind, ist längst bis in die halbanalphabetischen Milieus der Parallelgesellschaften hinabdiffundiert und hat sich dort gehalten. Die Folge ist nicht nur, daß Halbstarke vom Typus »dumm geboren, nichts dazugelernt, eine große Schnauze und meist osmanischer Herkunft« und nur in der Gruppe stark, wie es ein altgedienter Polizeihauptmeister aus dem Wedding ausdrückt[469], ungestraft den deutschen Staat in Gestalt seiner Polizeibeamten beleidigen zu können glauben. In der Tat ist es ein Alarmsignal, daß nicht nur organisierte Kriminelle aus den mafiösen Clans, sondern spontan sich zusammenrottende Straßenjugendliche »ein gezieltes Kräftemessen mit dem Staat« suchen, »in dem sich die Verachtung der Täter für unsere Gesellschaft ausdrückt«, wie Polizeigewerkschafter Rainer Wendt feststellt: »Weil sie Politiker nicht erreichen können, greifen sie sich Polizisten.«[470]

Nicht nur die Polizei als solche, der einzelne Beamte kann jederzeit zum gezielt ausgesuchten Objekt dieser Form der deutschenfeindlichen oder vielmehr »deutschlandfeindlichen« Gewalt werden. Wer sich als Polizist zu erkennen gibt, verbreitet dadurch nicht erhöhte Autorität, sondern steigert noch die Aggressivität; die »Uniform ist nicht mehr Schutzschild, sondern Zielscheibe«.[471] Da werden Polizisten mit fingierten Notrufen in Hinterhalte gelockt, in denen jugendliche ausländische Intensivtäter sie zu ermorden versuchen oder ihre Waffen zu erbeuten, um »US-Soldaten zu töten und als Märtyrer ins Paradies zu kommen«.[472] Einem Zivilbeamten der Bundespolizei, der im Rahmen einer Sicherheitsoffensive im Bahnverkehr zwei junge Orientalen auf das Rauchverbot in Zügen hingewiesen hatte, erging es nicht besser als dem Opfer der Münchner U-Bahn-Schläger: Der Polizeioberkommissar wurde von zwei als »Muhammed A., 16« und »Cantekin E., 21« identifizierten »Jugendlichen« auf dem Bahnhof von Wesel schwer zusammengeschlagen. Gefragt, warum weder die örtliche noch die Bundespolizei den Angriff der Öffentlichkeit mitgeteilt habe, erklärten die Weseler Behörden: Man habe den Vorfall nicht für wichtig genug gehalten, Angriffe auf Polizisten kämen inzwischen sehr häufig vor.[473]

Dieses resignierte Zurückweichen staatlicher Autorität macht auch Vertreter von Institutionen zur Zielscheibe, die als Helfer und Retter nicht einmal die Möglichkeit haben, sich wie bedrängte Polizeibeamte wenigstens mit Waffengewalt durchzusetzen. Im Zuge der Ausschreitungen nach einem Wohnhausbrand in Ludwigshafen, die durch deutschenfeindliche Stimmungsmache von türkischen Medien und Politikern angeheizt worden waren, wurden mehrfach Feuerwehrmänner angegriffen, weil türkische Zeitungen die Falschbehauptung verbreitet hatten, die Feuerwehr sei absichtlich zu spät am Brandort erschienen.[474] Vielfach wird der Einsatz von Feuerwehr oder sogar Rettungssanitätern an sich zum Gegenstand des Angriffs, weil ein – in der Regel türkisch-arabischer – Mob darin ein Auftreten der verhaßten deutschen Staatsmacht sieht, die man auf »seinem« Territorium nicht dulden will.[475] »Die Bedrohungen richten sich gegen unsere Arbeits-Schutzkleidung, die Alkoholisierte für Uniformen halten«[476], berichtet ein Notarzt. Beispiele für Angriffe auf Rettungssanitäter im Einsatz braucht man nicht nur in Berlin zu suchen; in der schwäbischen Provinzstadt Göppingen wollte nach einer Messerstecherei zwischen türkischen Jugendlichen eine größere Gruppe Türken verhindern, daß die Opfer notärztlich versorgt werden, und konnte nur von mehreren Streifenwagenbesatzungen der Polizei daran gehindert werden, einen Rettungswagen zu »stürmen«.[477] Der Haß auf die deutsche Uniform macht auch Angehörige der Bundeswehr zu bevorzugten Opfern ausländischer Schläger. Ein 21jähriger uniformierter Bundeswehrsoldat aus Jena wurde an der Münchner U-Bahn-Station Ostbahnhof als »Scheiß-Deutscher« angepöbelt; seinem Bruder, der ihm beisprang, schlugen die laut Pressebericht »unbekannten« – und ihrer Diktion nach sicher nicht deutschen – »Jugendlichen« den Schädel ein.[478]

Der regelmäßige Ruf von Politikern und Polizeigewerkschaftern nach schärferen Gesetzen und härteren Strafen für Gewalt gegen Polizisten gehört freilich solange zur schlagzeilenorientierten Symbolpolitik, wie nicht einmal die bestehenden Gesetze so angewandt werden, daß die Autorität des Staates und der Respekt vor seinen Beamten zur Geltung gebracht werden. Wenn zwei 19jährige, die einen Polizeibeamten in Ausübung seiner Pflicht dienstunfähig geprügelt haben, mit Bewährungsstrafen von 14 und zwölf Monaten davonkommen, ist das auch nach geltendem Recht ein Skandal und eine Ermunterung für weitere Täter.[479] Ohne die Abkehr von der Ideologie des Multikulturalismus und Antirassismus, die auch Polizisten unter Generalverdacht stellt, und ohne einwanderungspolitische Konsequenzen wird die Gewalt gegen Polizeibeamte weiter eskalieren. Deutsche Polizeigewerkschafter sollten den Mut aufbringen, das einzufordern. Der Blick über die Grenzen ist hilfreich: Dänemark plant ein Gesetz, durch das es möglich wird, Einwanderer, die die Polizei bei der Arbeit behindern, abzuschieben. »Dieses Gesetz ist sehr wichtig, um die staatliche Kontrolle über die muslimisch dominierten Stadtbezirke wieder zu erlangen«, erläutert der dänische Psychologe und Autor Nicolai Sennels. »Denn während die Aussicht auf Gefängnis Migranten nicht davon abzuhalten scheint, schwere Verbrechen zu begehen, scheinen sie richtig Angst davor zu haben, nicht mehr in unserem Land leben zu dürfen. [...] Was sie wirklich fürchten, ist abgeschoben zu werden.«[480] Daß ein Großteil der Täter bereits eingebürgert wurde, muß kein Hindernis sein: In Frankreich hat man bereits ein Gesetz ins Auge gefaßt, um Straftätern ausländischer Herkunft, die einen Polizisten oder eine andere Amtsperson lebensgefährlich verletzt haben, die französische Staatsangehörigkeit entziehen zu können.[481]

Das seit fast zwei Jahrzehnten von Politikern wie von Polizeifunktionären vergeblich verfolgte multikulturalistische Patentrezept, gezielt Polizeibeamte »mit Migrationshintergrund« anzuwerben, ist dagegen eine Sackgasse. Bei den »problematischen« Einwanderergruppen, die man mit Hilfe der »interkulturellen Kompetenzen« solcher Beamter besser in den Griff zu bekommen hofft, scheitert die Rekrutierung regelmäßig an inneren Vorbehalten der Familien gegenüber dem Beruf und der deutschen Gesellschaft, und bei den wenigen, die sich tatsächlich interessieren, nur zu oft an den trotz aller Absenkungen immer noch hohen formalen Einstellungsanforderungen. Wird ein Türke tatsächlich Polizist, gilt er entweder den problematischen Kunden unter seinen Landsleuten als »Deutscher« und damit als »Verräter«, oder er gerät unter Fraternisierungsdruck, was das Vertrauensverhältnis zu den deutschen Kollegen gefährdet. Einwandererquoten bei der Polizei, wie sie von interessierter Seite und insbesondere den türkischen Lobbyverbänden immer wieder ins Gespräch gebracht werden, können daher den Staatszerfall nicht aufhalten, sondern allenfalls befestigen. Nur konsequent ist da der nächste Schritt, mangels geeigneter türkisch-arabischer Bewerber die vorhandenen Beamten an die orientalischen Ghettos zu »assimilieren«, in denen sie Dienst tun, durch interkulturelle Einweisungen und verordnete Moscheebesuche zum Beispiel. Eine faktische Kapitulationserklärung ist die Anregung der Deutschen Polizeigewerkschaft, Polizeibeamte des türkischen Staates anzufordern, die gemeinsam mit deutschen Kollegen in Brennpunktbezirken auf Streife gehen sollen.[482] Allen Dementis zum Trotz bedeutet das nichts anderes als den Verzicht auf jede Integration der türkischen Bevölkerung in Deutschland und die auch formale Abtretung der Autorität über sie an die türkische Regierung, die sie als fünfte Kolonne betrachtet. So marschiert man mit Siebenmeilenschritten in die Selbstabschaffung.

# Kapitel 5

# Wie weiter?

Stimmen zur Lage · Intellektueller Verrat ·
15 Thesen für den Beginn der Debatte

## Stimmen zur Lage

Während das Manuskript zu diesem Buch abgeschlossen wird, stirbt in Wiesbaden ein 19jähriger junger Mann. Er wurde den Ermittlungen zufolge beim Bierholen für eine gesellige Feier mit Freunden von zwei »Dunkelhäutigen« niedergestochen. Von »Messerstecherei«, obwohl nur der Angreifer ein Messer hatte, schrieb eine überregionale Zeitung in einer kurzen Meldung, ethnische Hintergründe bewußt verschleiernd; der »mutmaßliche Haupttäter« sei »gebürtiger Wiesbadener, er hat dort auch länger gelebt« und sei »bereits wegen zahlreicher Gewaltdelikte aufgefallen«.[483] Wieder nur ein Fall von »Jugendgewalt« also, kein Grund zur Aufregung? Nach ein paar Kurzmeldungen und Lokalberichten ist wieder Ruhe. Keine Lichterkette, kein Sturm der Entrüstung.

Es ist eine groteske Normalität, die sich hier eingestellt hat, an die, sich zu gewöhnen, schwerfällt und die auch nicht Gewohnheit werden darf. Es ist nicht »normal«, im eigenen Land wegen seiner Zugehörigkeit zum Staatsvolk angegriffen zu werden, als Opfer und Freiwild zu gelten. Tatsächlich könnte schon bald die Normalität in einem Europa, in dem in den Muslim-Ghettos französischer oder britischer Städte bereits »islamische Republiken« mit eigenem Bürgermeister und eigenen Sicherheitskräften entstehen[484], noch ganz anders aussehen. Walter Laqueur sieht angesichts der ungleichen demographischen Dynamik bereits die »letzten Tage des alten Europa« heraufziehen, mit vielfach geteilten Städten, in denen die »Schauplätze einer hochentwickelten Zivilisation, die einst in der Welt führend war«, nur noch als Reminiszenz im Freilichtmuseum anzutreffen wären.[485]

Christopher Caldwells Frage, ob Europa noch dasselbe sein wird, wenn es von ganz anderen Einwohnern bevölkert wird, beantwortet sich selbst: Nein. Die Fähigkeit europäischer Völker, ihre Identität zu bewahren, ist von der Bereitschaft zur Begrenzung und Steuerung von Einwanderung nicht zu trennen. Wenn Europa mehr Einwanderer aufnimmt, als seine Wähler wollen, deutet das darauf hin, daß seine Demokratie nicht richtig funktioniere, konstatiert Caldwell.[486] Europas politische Eliten dagegen beschwören eine globalisierte Welt, in der es nicht die Grenzen von Ländern, sondern nur der Menschenrechte zu verteidigen gelte, und sprechen sich damit quasi selbst das Recht auf steuernde Einwanderungspolitik ab.

»Multikulti ist gescheitert.« Das periodisch aus Politikermund zu hörende Schein-Eingeständnis bleibt leere Rhetorik, solange die praktische Politik sich weiter stillschweigend einig ist, auf politische Steuerung von Einwanderung zu verzichten und das »Integrations«-Geschehen einfach treiben zu lassen. »Politik des faktischen Multikulturalismus« nennt das der Ravensburger Politikwissenschaftler Berthold Löffler.[487] Weil die Politik darauf verzichtet, Assimilationsdruck auf Einwanderer auszuüben, findet unter der verlogenen Rhetorik von »Toleranz« und »Bereicherung« tatsächlich Segregation und Staatszerfall statt. Das Scheuen vor dem Konflikt führt bei diesem Zurückweichen der Mehrheitsgesellschaft und der allmählichen Aufgabe ihrer eigenen ethnischen Kontinuität und kulturellen Traditionen die Regie. Der Preis für den Verzicht auf kurzfristige Konfliktverschärfung durch Assimilationsdruck und sorgfältige Auswahl von Einwanderungsberechtigten sind ethnische Konflikte und Kämpfe um die kulturelle Hegemonie in der Gesellschaft, die gerade durch den liberalen Multikulturalismus heraufbeschworen werden.

## Intellektueller Verrat

Vorbürgerkrieg, ethnische Brückenköpfe, Feindbilder – ist diese Sprache zu harsch, ist sie nicht versöhnlich genug, sondern auf Konfrontation aus? Radikalisiert sie diejenigen, die sich nicht weiter um die Integration und die friedliche Lösung der kleinen und großen Konflikte zwischen Deutschen und Fremden bemühen wollen, sondern auf das Recht der Einheimischen pochen? Ja, warum nicht? Die Sprache ist angemessen. Sie ist drastisch, weil das, was sie beschreiben muß, kein schmerzloser Vorgang oder Übergang ist, sondern eine Unterdrückung und Verdrängung mittels einer schmerzhaften Durchsetzungsaggressivität. Opfer dieses Vorgangs werden nie diejenigen, die ihn in Gang gesetzt haben: Kaum ein Politiker oder Publizist wohnt dort, wo die multikulturelle Gesellschaft als Schnapsidee an ihr Ende gekommen ist und sich in einen Verteilungskampf auflöst, in dem das Recht des Stärkeren gilt. Vielmehr ist es sogar so, daß es wiederum dieselben Politiker und Publizisten sind, die Witterung für den Sieger von morgen aufnehmen und auf Kosten des eigenen (des deutschen) Volkes mit diesen Siegern gemeinsame Sache zu machen beginnen: Die Einbürgerung zum Billigtarif (praktiziert seit etwa zehn Jahren) oder Anwerbung von Migranten für den Staats- und sogar Polizeidienst sind Ausdruck eines Willens zum endgültigen Umbau des Staatsvolks und des Staatsapparats.

Aber selbst die harmlosere Variante ist gefährlich genug: Man könnte sie mit intellektuellem Interesse an allem und jedem umschreiben. Aus diesem Interesse entstehen dann jene Entwürfe liberaler Utopien, die nur im kleinen Kreis der Gebildeten und Kultivierten gelingen können, keinesfalls aber auf eine Massengesellschaft übertragbar sind. Da es der Intellektuelle normalerweise jedoch nicht dabei beläßt, sich und seinen Standesgenossen solche utopischen Vorschläge zu machen, wird aus dem bloßen Interesse so etwas wie ein Sendungsbewußtsein, eine Predigertat für alle. In einem Aufsatz zu dieser Thematik hat der Historiker Karlheinz Weißmann dieses Gebaren noch härter als »intellektuellen Verrat« bezeichnet. Verraten würde durch solchen abstrakten Liberalismus jede Politik, die sich mit der konkreten Lage zu befassen habe, in unserem Fall: mit der täglichen, ganz konkreten Zurückdrängung der Deutschen im eigenen Land. Daß diese Lage sich zuspitze, bleibe dem Intellektuellen, dem Politiker, dem Publizisten nicht verborgen. Jedoch fürchte und thematisiere er als Folge daraus nicht den »molekularen Bürgerkrieg« (Enzensberger), sondern die Widerlegung seiner intellektuellen Position.

Aufhänger für Weißmanns Analyse war das Buch des *FAZ*-Feuilletonchefs Patrick Bahners über *Die Panikmacher*, die in der Islamisierung Deutschlands keine Bereicherung, sondern eine Bedrohung sähen. Im Kampf gegen diese religiöse (und ethnische) Überfremdung Deutschlands sei eine »Entzivilisierung« in Sicht. Weißmann sieht an dieser Stelle die Kriterien für den »intellektuellen Verrat« erreicht, denn Bahners mache nur unter den Deutschen (den »Panikmachern«) die Träger dieser Entzivilisierung aus. Sie habe nichts zu tun »mit dem Angriff des Morgen- auf das Abendland, verfehlter Einwanderungspolitik, demographischem Kollaps, Umkippen von Stadtvierteln, Inländerfeindlichkeit und Alphabetisierung der Unterschicht, sondern mit der mangelnden Bereitschaft zur deutschen Selbstaufgabe und dem Willen einiger, sich der Auflösung entgegenzustemmen.«[488]

Kurzum: Bücher wie jenes von Patrick Bahners vernebeln die Lage, die im entscheidenden Fall eben immer eine konkrete ist. Wenn nun das Buch über deutsche Opfer und fremde Täter dabei helfen kann, den Nebel, der über diesem Gelände liegt, aufzulösen und den Kampfplatz dem klaren Blick freizugeben, wäre schon viel gewonnen. Die voraufgegangene Theorie und die nachgestellte Chronik seien deshalb nun noch einmal in 15 Thesen zur Lage zugespitzt. Sie markieren den Stand, von dem aus die Debatte beginnen sollte.

## 15 Thesen für den Beginn der Debatte

1. Deutschland steht, städtisch punktuell sowie in manchen Westregionen flächendeckend, vor der Gefahr, keine deutsche Zukunft mehr zu haben. Statistiken zeigen, daß die Deutschen vielerorts in den Alterskohorten 0–20 bereits überflügelt wurden und der demographischen sowie der ethnisch-kulturellen Dynamik der Einwanderer nichts entgegenzusetzen haben.

2. Deutschland teilt diese Schwäche mit den anderen weißen Völkern und Nationen und ist aufgrund seiner Niederlage und eines zunächst implementierten, dann übernommenen Schuldstolzes in einer extrem schwachen Verteidigungsposition. Dennoch: Ganz Europa steht dem Massenzustrom muslimischer und anderer Einwanderer in einer fatalen Mischung aus Selbstzweifel (gesteigert: Selbsthaß), Menschheitsglaube und Geburtenschwäche hilflos gegenüber. Konfrontiert ist unser Kontinent mit einer islamischen »Hyper-Identität«. Deren Durchsetzungsaggressivität stößt auf mangelhafte Verteidigungsbereitschaft: Das Eigene scheint den Deutschen (und Europäern) eine Verteidigung nicht wert zu sein. In den Worten des Verfassungsrechtlers Udo di Fabio: »Warum sollte eine vitale Weltkultur sich in eine westliche Kultur integrieren wollen, wenn diese – die nicht genügend Nachwuchs produziert und nicht mehr länger über eine transzendente Idee verfügt – sich ihrem historischen Ende nähert?«[489]

3. Die Überfremdung findet nicht aufgrund einer kulturellen Überlegenheit statt. An die Stelle des deutschen kulturellen Standards und Bildungsanspruchs tritt nichts Besseres, nichts Bereicherndes. Vielmehr hat sich eine massenkompatible Clan- und Sippenverbandswirtschaft und -kultur ausgebreitet, die ohne das typisch deutsche, hochentwickelte Leistungsethos nimmt, was der Sozialstaat bietet. Das Problem verschärft sich, weil auch ein Teil der Deutschen sich in einem solchermaßen alimentierten Leben unterhalb der früher üblichen deutschen Arbeitsethik gut zurechtfindet und sich versorgen läßt, auf einem Niveau, das

noch vor 50 Jahren für Arbeitslose oder Arbeitsunwillige unvorstellbar war. Diese Deutschen gehen als Teilmasse der Massengesellschaft dem Anspruch an ein leistungsbereites, deutsches Leben ebenso verloren wie der Großteil der Einwanderer.

4. Wir Deutsche haben also nicht einmal die Kraft, das eigene Volk vor den Dekadenzverlockungen der modernen, liberalen Massengesellschaft zu bewahren. Die Kraft kann unmöglich für die Integration von Millionen Einwanderern ausreichen. Außerdem zeigen sich bereits jetzt, in einer Phase des ermöglichten Massenkonsums und des unvorstellbaren individuellen Reichtums, die Bruchlinien zwischen Deutschen und Nichtdeutschen. Diese Bruchlinien werden in Krisenzeiten und im Ernstfall zu den Frontverläufen ethnischer Bürgerkriegsszenarien.

5. Das an sich bereits abstoßende Argument, die Zuwanderung sei notwendig zur Stützung unserer Sozialsysteme, entbehrt jeder Grundlage. 1973 waren 65 Prozent der Einwanderer als echte Gastarbeiter berufstätig. Bereits 1983 waren es noch 38 Prozent, heute sind es unter 25 Prozent. Gleichzeitig verliert Deutschland jährlich eine Stadt von der Größe Weimars an gut ausgebildeten, leistungsbereiten Deutschen, die sich und ihre Familien im Ausland besser aufgehoben sehen – fast immer finanziell und beruflich, fast nie emotional.

6. Das oben Ausgeführte zwingt zu einem differenzierten Blick: Im akademischen Milieu war interkultureller Austausch mit Auslandsstudium und Arbeit im Ausland stets gang und gäbe. Es wird und soll ihn weiterhin geben, und jeder kann Einwandererfamilien kennenlernen, deren Bildungsgrad, Kindererziehung, Anstand, Leistungsbereitschaft und Bescheidenheit als Gast oder auf Dauer Eingewanderte nichts zu wünschen übriglassen. Des weiteren gibt es Ausländergruppen, deren ethnisch-kulturelle Nähe eine Assimilation möglich machen (grob: Europäer, aber auch Angehörige einiger asiatischer Völker). Die kulturelle Distanz anderer Gruppen (insbe-

sondere der stärksten Einwanderergruppen, der Türken, Kurden, Araber) würde selbst einem selbstbewußten und vor Vitalität strotzenden Gastland die Integration unmöglich machen. Wir müssen horizontal zwischen dem Eigenen, dem Naheliegenden und dem Unvereinbaren unterscheiden und vertikal zwischen den (wenigen) Bereichernden und der nivellierenden Masse, der Unterschicht, von der wir im eigenen Volk mehr als genug vorfinden. Der US-Journalist Christopher Caldwell schrieb jüngst von notwendiger »brutaler Indifferenz« und einem »Regierungshandeln«, das für gutmenschliche Gemüter »abstoßend« sei, aber nichtsdestotrotz notwendig werde.[490]

7. In diesem Zusammenhang müssen drei der heute einflußreichsten Deutungsmuster für ethnische Konflikte bekämpft werden: Diese Konflikte sind weder eine Variante des sozialen Konflikts innerhalb der Gesellschaft, noch identisch mit dem Thema »Jugendgewalt« und keineswegs das Ergebnis von Vorurteilen. Es handelt sich vielmehr tatsächlich um ethnisch-kulturelle Unvereinbarkeit und um Urteile, die sich auf die individuelle Erfahrung fremder Aggression und die das gesamte Ausmaß erfassenden statistischen Daten stützen können. Die Debatten um die »Deutschenfeindlichkeit« und um das Thema »deutsche Opfer, fremde Täter« wurden zu Recht angestoßen und müssen in großem Umfang und wiederholt geführt werden.

8. Keinesfalls darf verschleiert werden, welche einzelnen und welche gesellschaftlichen Gruppen für die fahrlässige Herbeiführung der multikulturellen Gesellschaft verantwortlich sind. Die Konsequenzen waren absehbar, die Warner sind jedoch von vornherein kriminalisiert und mundtot gemacht worden. Nun sind es wiederum dieselben Gruppen, die zu verschleiern und zu vertuschen versuchen, daß es sich bei der offensichtlichen Deutschenfeindlichkeit innerhalb Deutschlands um Attacken aus gesicherter Position heraus handelt: Die Landnahme ist längst in vollem Gange, die ethnischen Brückenköpfe sind eingerichtet.

9. Diese Brückenköpfe gibt es in jeder größeren und mittelgroßen westdeutschen Stadt. Ihr Ausbau ist vorhersehbar: Jahr für Jahr wächst die Zahl jener Ausländer oder »Deutschen mit Migrationshintergrund«, denen beispielsweise der Soziologe Gunnar Heinsohn eine tragende Rolle in Konflikten zuschreibt[491]: männlich, im »kampffähigen Alter« (zwischen 16 und 35), schlecht integriert, schlecht ausgebildet, mit schlechten Vorbildern und fixiert auf Opfer – die Deutschen –, bei denen viel zu holen ist.

10. Den unter den Attacken leidenden Deutschen bleiben zwei Wege: Flucht oder Anpassung. Flucht ist nur für diejenigen möglich, die sich einen Ortswechsel leisten können. Dieses Wegziehen wird in der Fachliteratur hin und wieder als das bezeichnet, was es ist: eine Binnenvertreibung. Nun gibt es aber auch Deutsche, die aufgrund ihrer finanziellen Schwäche gezwungen sind, in einem ethnisch eroberten Stadtteil zu bleiben und somit in einer Umgebung zu leben, die ihre Identität gefährdet. Für diese Deutschen muß jede erdenkliche Hilfe organisiert werden. Eine Lobby muß sich ihrer annehmen, muß auf die oftmals nicht bezifferbaren Kosten der Integration hinweisen und den Schutz der deutschen Identität organisieren.

11. Polizei und Justiz sind durch politisch erwünschtes Messen mit zweierlei Maß und auferlegtes Zurückweichen in ihrer Autorität schleichend demontiert worden. Im Umgang mit Ausländerkriminalität und deutschenfeindlicher Gewalt bestehen nicht nur Gesetzes-, sondern mehr noch Vollzugsdefizite.

12. Parallel zu diesen Anstrengungen sind alle politisch sinnvollen Maßnahmen zu ergreifen, die ein weiteres Anwachsen ethnischer Minoritäten und einen weiteren Rückgang der einheimischen Bevölkerung verhindern.[492] Dazu gehört nicht zuletzt der Umbau des Sozialstaates, der Passivität und Sich-Einrichten in der Abhängigkeit bei Einwanderern wie Einheimischen fördert und zur Unterschichtseinwanderung geradezu ermuntert. Und jede Geburten-Politik muß die Deutschen bevorzugen.

13. Ein extrem schwieriger Punkt ist die notwendige Reduzierung des Ausländeranteils. Eine Rückführung nichtintegrierter Einwanderer staatlicherseits ist machbar (einem Staat ist prinzipiell sehr wenig unmöglich). Das kann über Rückreiseanreize, staatlichen Druck, harte Kriterien wie Sozialhilfeabhängigkeit oder Spracherwerb und so weiter betrieben werden. Selbst die Kopie der harten Praxis eines Einwanderungslandes wie Kanada wäre schon ein Meilenstein. Jedenfalls wäre es das, was Caldwell mit »Regierungshandeln« und »brutaler Indifferenz« meinte: Der deutsche Sozialhilfeempfänger ist eben immer noch einer von uns, und die Erziehungskraft unseres Volkes reicht – wie oben beschrieben – derzeit noch nicht einmal für die eigenen Leute aus. *Wir oder Nicht-Wir,* das ist bei allen fließenden Rändern der Maßstab.

14. Für den Fall des Scheiterns solcher Minimalschritte wird letztlich keine Alternative zu einer Segregationspolitik bestehen, wie sie offen oder verdeckt schon im Gang ist. Diese Art von »Brasilianisierung«, bei der sich Ober- und Mittelschicht in befestigte Siedlungen zurückziehen und den Rest sich selbst überlassen, wäre allerdings die schlechteste aller denkbaren Varianten. Vom *Wir oder Nicht-Wir* verschöbe sich der Maßstab zum *Ich oder Alle.*

15. Da diese Segregation im Sinne eines Flickenteppichs vor allem für entscheidungsstarke, finanzkräftige Deutsche Refugien bereithalten wird, muß im Falle des Falles für den größeren Teil unseres Volkes eine »Theorie des Verschwindens« formuliert werden: Man wird aufgehen in einer heterogenen Masse, der als Leitfigur der unmündige, gelenkte Konsument vorsitzt und auf dieser Ebene doch wieder homogen ist. Das Deutsche würde ein Elitenkennzeichen bleiben, aber auch und gerade das wäre angesichts unserer Geschichte eine Schwundstufe, ein erbärmlicher Abgang.

# Kapitel 6

# Auswahl-Chronik der Jahre 2006–2010

Vorbemerkung zur Chronik · www.deutscheopfer.de ·
Teil 1: Alltagsgewalt · Teil 2: Intensivtäter,
schwere Fälle, Gewalt mit Todesfolge ·
Teil 3: Gewalt gegen öffentliche Organe und
Einrichtungen · Teil 4: Sexuelle Gewalt

## Vorbemerkung zur Chronik

Gewalt gegen Deutsche ist kein theoretisches Problem, sondern eine
Alltagserfahrung, die von immer mehr Deutschen geteilt wird. Wie
hoch die Schwelle ist, hinter der deutschenfeindliche Gewalt erst
als solche begriffen und beschrieben wird, ist in den Kapiteln 1 bis
4 dargestellt worden. Vieles, was auf dem Schulhof, auf dem Weg
zur Arbeit, zur Diskothek, zum Einkaufen erlebt und erlitten wird,
liegt in einem Graubereich: Was ist bloße jugendliche Aufmüpfig-
keit (und nicht an Volkszugehörigkeit oder die Prägung durch einen
anderen Kulturraum gebunden), was ist gezielte Deutschenfeindlichkeit (und bekommt damit jene ethnisch-kulturelle Aufladung,
um die es in diesem Buch geht)?

Die im folgenden aufgeführten Fälle stammen aus den Jahren
2006 bis 2010. Sie sind dem weit größeren Fundus entnommen, den
die Autoren über Jahre angesammelt haben und zugetragen bekamen. Und er wächst weiter, Tag für Tag. Neue Fälle – das Jahr 2011
war bisher sehr ergiebig – werden regelmäßig auf der Internetseite
www.deutscheopfer.de dokumentiert. Es hat sich dabei als sinnvoll
erwiesen, die Fälle in vier Kategorien einzuteilen und somit Über-
sichtlichkeit in einen nach Menge und Angriffspunkt unübersichtli-
chen Komplex zu bringen.

1. In die Kategorie »Alltagsgewalt« (Seiten 157 bis 199) finden jene Übergriffe Aufnahme, die man zum Teil noch mit einer »normalen« Schlägerei unter Jugendlichen oder dem Machogehabe im Revierkampf verwechseln könnte. Signifikant ist jedoch zum einen die Eskalation des Konflikts, in dem nach kürzester Aufwärmphase eine Rangelei in eine Messerstecherei ausarten kann. Zum anderen spielt das bandenartige Drangsalieren deutscher Opfer eine große Rolle: Hier sind Einflußzonen abgesteckt worden, in denen von der Demütigung, über das berühmt-berüchtigte »Abziehen« von Wertgegenständen bis zur Schutzgelderpressung alles zum Alltag gehört. Ein drittes Kennzeichen ist die extrem niedrige Reizschwelle: Oft genügen ein falscher Blick, ein unbeabsichtigter Rempler, ein Gerücht, und der Deutsche sieht sich einer Aggressivität ausgesetzt, gegen die er aufgrund seiner Erziehung zum Gespräch und zur gütlichen Einigung nichts entgegenzusetzen hat.

Kurzum: Die Kategorie »Alltagsgewalt« gibt Einblick in jene alltägliche Verhinderung, Störung und Zerstörung dessen, was man in Deutschland bisher unter Normalität des täglichen Lebens verstehen und tatsächlich praktizieren konnte. Gleichzeitig ist diese Kategorie eine, die Hinweise darauf gibt, wie sehr sich der Alltag einzelner Deutscher und deutscher Familien in sogenannten Problemvierteln hin zu einem Leben in einer »falschen Normalität« verändert hat. Schlagend und in seiner Eindringlichkeit unerreicht, hat das der Berliner Publizist Thorsten Hinz veranschaulicht in seinem Buch *Zurüstung zum Bürgerkrieg*. Der Ort des Geschehens ist Berlin-Schöneberg, und Schöneberg ist weit verbreitet.

2. Die Kategorie »Intensivtäter, schwere Fälle, Gewalt mit Todesfolge« (Seiten 200 bis 218) ist nicht so umfangreich wie die erste, aber sie ist in mancher Hinsicht die Spitze des Eisbergs. Das, was in den unwidersprochenen, nichtgeahndeten und somit erfolgreichen Formen der Alltagsgewalt eingeübt worden ist, findet in schwerer Körperverletzung, in Mord und Totschlag und in der wiederholten intensiven Tat Steigerung und Höhepunkt. Daß ausländische oder erst eingebürgerte Täter teils für bis zu 80 Prozent der schweren Gewaltdelikte verantwortlich sind, ist im theoretischen Teil des Buchs nachgewiesen worden. Es sind Fälle wie die dokumentierten, die für Aufmerksamkeit und Schlagzeilen sorgen – nicht in jedem Fall, aber wenigstens doch so, daß es zu überregionalen Debatten über die Gewalt ge-

gen Deutsche gekommen ist, und daß sich – wie in Kapitel 1 gezeigt – etwa der *Spiegel* bemüßigt fühlte, die Ausländergewalt im Topf der allgemeinen Jugendverrohung zu verrühren. Dennoch: Ständig kommen neue Gewalttaten hinzu, verübt von Zugezogenen, von Gästen, an einem signifikant hohen Anteil deutscher Opfer. Auch diese Kategorie wird auf der Internetseite www.deutscheopfer.de auf dem neuesten Stand gehalten.

3. »Gewalt gegen öffentliche Organe und Einrichtungen« (Seiten 219 bis 232) umfaßt Tätlichkeiten gegen Polizeibeamte ebenso wie solche gegen Busfahrer oder Angehörige ziviler Wachdienste. Diese Kategorie berührt ein heikles Thema: Zum Gewaltmonopol des Staates nach innen gehört nämlich zwingend, daß sich die Polizei im öffentlichen Raum ungestört bewegen kann und daß sie diese Bewegungsfreiheit auf jeden Fall durchsetzt. Wenn nun, wie in Kapitel 4 ausgeführt, hohe Polizeibeamte, Richter, Politiker und Journalisten von sogenannten No-go-areas sprechen, von rechtsfreien Räumen also, in denen sich eine normale Polizeistreife nicht mehr bewegen kann, sondern nur noch ein massiveres Aufgebot: dann ist das eine in doppelter Hinsicht alarmierende Bestandsaufnahme. Zum einen bedeutet dies, daß Straßenzüge oder Stadtteile »besetzt«, also verlorengegangen sind an Gruppen, die sich der Rechtsordnung und der Staatsgewalt nicht beugen wollen. Zum anderen zeigt sich an den Beschimpfungen der Polizeibeamten und am Versuch, sie an ihrer Arbeit zu hindern, daß sie als Gegner der Auseinandersetzung oder: als Gegner im Vorbürgerkriegs gesehen werden. Wenn also auch in diesem Bereich die Bruchlinien entlang ethnischer Grenzen verlaufen, so birgt der Plan, vermehrt Migranten in den Dienst bei der Polizei zu rekrutieren, einigen Sprengstoff: Wem gehört im Zweifelsfall die Loyalität eines türkischen Polizisten in deutscher Uniform?

4. Es ist sinnvoll, »sexuelle Gewalt« (Seiten 233 bis 244) als eigene, vierte Kategorie auszuweisen. Die Opfer sind praktisch ausschließlich weiblich, und auch in diesem Segment der Straftaten ist der Anteil ausländischer Täter signifikant höher als der deutscher Täter. Dokumentiert sind vor allem sogenannte Überfallsvergewaltigungen und -übergriffe. Ethnisch signifikant sind Vergewaltigungen, an denen sich gleich mehrere Täter beteiligen. Ein erschreckendes Phänomen hat der britische Unterhausabgeordnete Jack Straw An-

fang 2011 im Parlament zur Sprache gebracht: bandenmäßiges Vergewaltigen junger weißer Mädchen zum Zwecke ihrer Demütigung. Solche Vorfälle erinnern an Vergewaltigungsorgien siegreicher Soldaten nach der Einnahme eines feindlichen Ortes und sind ein deutliches Zeichen für das unterschwellige oder offenkundige Bewußtsein der Täter, daß sie Kämpfer in einem ethnisch-kulturellen Bürgerkrieg sind. In diesen Zusammenhang gehören auch Fälle wie der vom 15. Juli 2010: An diesem Tag vergewaltigten vier Türken zwei deutsche Mädchen und filmten ihre Tat, um die Demütigung festzuhalten und anschaulich zu verlängern. Solche Fälle sind sicherlich wiederum die Extrempunkte einer Linie, die ihren Ausgangspunkt dort nimmt, wo das weiße, deutsche Mädchen als »Schlampe« bezeichnet und als leichte Beute wahrgenommen wird – während gerade etwa junge Türken mit Argusaugen über die Züchtigkeit und Unberührtheit ihrer Schwestern und Cousinen wachen und deren Ehre bis hin zum Mord verteidigen.


## www.deutscheopfer.de

In allen vier Teilen der Chronik haben die Autoren für die Buchausgabe ihrer Arbeit bewußt auf das Zitieren der meist im Internet gefundenen Quellen für die einzelnen Fälle verzichtet. Diese Quellenangaben sind zudem meist deshalb nach kurzer Zeit veraltet, weil die dazugehörenden Dokumente entweder routinemäßig von den Seiten einer Zeitung gelöscht oder aber bewußt entfernt werden. Die Autoren sehen daher in der Einrichtung einer zum Buch gehörenden Internetseite die beste Lösung: Unter www.deutscheopfer.de sind alle Fälle der folgenden Chronik nach Datum geordnet und, farblich in Kategorien unterteilt, dokumentiert. Entscheidend ist, daß die Quellen nicht nur angegeben, sondern durch eingescannte Zeitungsartikel und sogenannte Screenshots (Fixierungen von Bildschirmansichten des Computers) jederzeit abrufbar sind. Außerdem wird diese Seite fortlaufend aktualisiert. Daß dabei auf die Zuarbeit interessierter Leser gesetzt wird, versteht sich von selbst: Nur so kann das Ausmaß der Ausländergewalt vermessen werden.

## Teil 1: Alltagsgewalt

Quellen zu den Fällen unter www.deutscheopfer.de
(Datum in die Suchmaske eingeben).

**10. Juni 2006**
*Hamburg: Deutscher Fußball-*
*fan beleidigt und mit Messer*
*verletzt*

Während der Fußballweltmeisterschaft schmückt sich ein 20jähriger Hamburger mit Deutschlandfahnen auf den Wangen. Zudem hat er einen Kurzhaarschnitt, ist aber nicht »in der Neo-Nazi-Szene aktiv«, wie die *Welt* betont. Aus diesen Gründen wird er von vier Südländern antideutsch beleidigt, schließlich mit Messern angegriffen und verletzt. Das Opfer muß danach ins Krankenhaus. Der Kriminologe Christian Pfeiffer wird zu diesem Übergriff befragt und sagt, er passe ins »typische Schema«, weil Jugendliche verschiedener Herkunftsländer beteiligt seien, was bei zwei Drittel aller Gewalttaten der Fall ist. Deutsche seien überproportional häufig Opfer. Türken würden als Täter häufig in Erscheinung treten.

**2. August 2006**
*Berlin/Gesundbrunnen: Zwei*
*Deutsche, 20 Polizisten und*
*etwa doppelt soviele Türken*

Im Berliner Stadtteil Wedding muß ein Aufgebot von 20 Polizisten zwei Deutsche vor einer 40 bis 50 Personen großen Gruppe, die laut *Tagesspiegel* vorwiegend aus Türken bestanden haben soll, in Sicherheit bringen. Drei türkische Männer haben zuvor auf einen 34jährigen Mann und eine 20jährige Frau eingeschlagen. Die Beamten, die den beiden Deutschen zu Hilfe eilen, werden von den Türken beleidigt und bedroht. Die Polizei nimmt vier Angreifer wegen gefährlicher Körperverletzung und Landfriedensbruchs fest.

**25. September 2006**
*Berlin-Moabit: Dieb sticht Su-*
*permarkt-Leiter in den Bauch*

Der stellvertretende Filialleiter eines Supermarktes in Berlin-Moabit erwischt zwei dunkelhäutige Männer beim Diebstahl. Einer der Diebe zieht ein Messer und sticht Andreas F. (41) zweimal in den Bauch.

**21. März 2007**

*Berlin-Reinickendorf: Zwölf-jähriger Türke sticht Mann in den Rücken*

Ein zwölfjähriger Türke sticht einem 55jährigen Mann in Berlin-Reinickendorf in den Rücken. Das Jugendamt kannte den Jungen bereits. Dennoch gibt es für ihn kaum Konsequenzen: Ein Termin mit der Familie wurde vereinbart sowie Anti-Aggression-Training angeordnet. Die Eltern müssen diesen Maßnahmen jedoch zustimmen.

**25. April 2007**

*Berlin-Kreuzberg: 15jähriger Türke mit Kopfstoß gegen Lehrer*

An der Friedrich-Ludwig-Jahn-Hauptschule in Berlin-Kreuzberg ermahnt ein 61 Jahre alter Lehrer einen 15jährigen Schüler, endlich dem Unterricht zu folgen. Der junge Türke ist darüber so empört, daß er den Lehrer wüst beleidigt, bedroht und schließlich angreift, und ihn durch einen Kopfstoß verletzt. Auch der eintreffenden Polizei setzt sich der Türke zur Wehr. An der Friedrich-Ludwig-Jahn-Hauptschule werden 314 Schüler aus 23 Nationen unterrichtet. Vier Prozent der Schüler stammen aus Deutschland. *Die Welt* leitet ihren Bericht über den Vorfall mit der Feststellung ein, daß gewalttätige Übergriffe auf Lehrer an Berliner Schulen mittlerweile zur Normalität zählten.

**24. August 2007**

*Bad Godesberg: Abifeier von Ausländern in Massenschlägerei verwandelt*

In der Stadthalle von Bad Godesberg kommen Gymnasiasten zu einer Vor-Abiturfeier zusammen. Um 21.30 Uhr verlassen rund 30 Schüler im Alter zwischen 18 und 22 Jahren die Veranstaltung, um in einem Park noch ein wenig weiter zu feiern. Ohne einen erkennbaren Grund wird die Gruppe von sechs Ausländern angegriffen. Eine halbe Stunde später treffen laut Polizei weitere »30 bis 40 Jugendliche im Alter von 16 bis 18 Jahren« ein und zetteln eine Massenschlägerei an. Dabei werden elf Schüler verletzt. Die Täter werden als Marokkaner und Türken beschrieben.

In einem Bus in Berlin beleidigen drei **6. September 2007**
Türken die Fahrgäste. Einer von ihnen, *Berlin: Deutschenfeindliche*
Fatih, grölt laut späterer Anklage:»Ich *Aggressivität im Nahverkehr*
ficke alle deutsche Frauen«, und:»Die
Deutschen müssen vergast werden!« Im Prozeß im April 2008 meint
Fatih, er habe»nur« den Spruch»Scheiß-Deutsche!« getätigt. Sein
Kumpan Kaan U. brüllt im Prozeßsaal eine Zeugin an:»Ich mach'
dich fertig! Dreckskind.« In seinem Fall geht es auch um eine Attacke
auf eine 17jährige. Grundlos hatte er sie geschlagen und getreten.
Die Richterin Kirsten Heisig:»Er hat wohl ein Problem damit, mit
Frauen gewaltfrei umzugehen.« Das steckt auch hinter dem Haftbefehl wegen versuchten Totschlags. Kaan U. hatte im November 2007
einer Frau mit einem Messer ins Gesicht gestochen. Das Urteil von
Richterin»Gnadenlos«: Vier Wochen Arrest für Kaan U., zwei Wochen für Fatih, 30 Stunden Freizeitarbeit für Mesut, den dritten Täter.

Im oberfränkischen Hof muß ein 36jäh- **21. November 2007**
riger Türke bei einem Fahrbahnwechsel *Hof: LKW-Fahrer von 36jähri-*
ausweichen und berührt mit den Rä- *gem Türken verprügelt*
dern den Bordstein. Daraufhin rastet
er aus. Er hält den beteiligten LKW-Fahrer an, geht zum Führerhaus
und schlägt mit seiner geballten Faust durch das geöffnete Fenster
auf den Fahrer ein. Der Türke öffnet anschließend die Fahrertür, um
besser zuschlagen zu können. Dem Opfer gelingt es jedoch, die Tür
wieder zu schließen. Der Täter geht daraufhin auf die andere Seite
des Lastwagens und schlägt auf den Beifahrer ein. Schließlich holt er
noch eine Stange, mit der er auf die Beifahrertür einschlägt. Die herbeigerufene Polizei schlichtet und erstattet Anzeige gegen den Türken.

Drei Türken im Alter zwischen 13 und **25. November 2007**
15 Jahren schlagen in Datteln (NRW) *Datteln: 15jähriger mit*
einen 15jährigen Deutschen an ei- *Schädelhirntrauma nach An-*
ner Bushaltestelle zu Boden und tre- *griff von drei Türken – Kaum*
ten auf ihn ein. Der Jugendliche erlei- *Berichterstattung der Medien*
det ein Schädelhirntrauma und muß
notoperiert werden. Die Täter können festgenommen werden. Über
diesen Fall berichten ausschließlich die regionalen Medien WDR
und *WAZ* sowie einige Weblogs. Die *WAZ* spricht von einer Schlägerei unter Jugendlichen.

**10. Dezember 2007**
*Berlin-Charlottenburg: Drei*
*Lehrer von neunjährigem*
*Türken angegriffen*

Der neunjährige Schüler Can stört in Berlin-Charlottenburg massiv den Unterricht und beleidigt seine Mitschüler. Als ein Lehrer einschreiten will, schlägt der junge Türke auf ihn ein. Auch zwei weitere Lehrer der Ludwig-Cauer-Grundschule können das Kind zunächst nicht bändigen. Als dies endlich gelingt, wird das Kind in die Schulstation gebracht. Dort schlägt Can zunächst einem Sozialarbeiter ins Gesicht sowie vor die Brust und greift auch noch eine Sportlehrerin tätlich an. Die Mutter des Kindes, Süreyya Yilmaz, verweist in türkischen Zeitungen derweil auf die Schuld der Lehrer. Ihr Sohn sei tadellos und ein Opfer der harten Verfahrensweise der Lehrerschaft. Sie zeigt deshalb die Pädagogen wegen Körperverletzung ihres Kindes an, die ein Arzt feststellte. Die Schule sieht den Fall anders: Der neunjährige Türke sei seit seiner Einschulung auffällig. Auch die Betreuung durch einen Sozialarbeiter habe keinen Erfolg gebracht, berichtet die *Welt*. Als Konsequenz für seinen Angriff auf die Lehrer muß Can zwei Wochen dem Unterricht fernbleiben.

**28. Dezember 2007**
*Gelsenkirchen: »Scheiß-*
*Deutscher« schaut Frau*
*zu lange an*

Am Hauptbahnhof Gelsenkirchen wird ein Deutscher (38) von mehreren Ausländern mit einem Messer attackiert, als »Scheiß-Deutscher!« bezeichnet sowie bestohlen. Motiv der jungen Ausländer: Der Deutsche habe die weibliche Begleitung eines der Täter »zu lange angeschaut«. Das Opfer erleidet Prellungen und eine Schnittwunde.

**1. Januar 2008**
*Hamburg-Niendorf: Jugend-*
*liche schlagen Frührentner*
*krankenhausreif*

Drei Südländer zwischen zwölf und 15 Jahren beleidigen im Hamburger Stadtteil Niendorf einen 55jährigen Frührentner als »Penner«. Anschließend verpassen sie ihrem Opfer so lange Schläge und Kopfnüsse, bis es das Gleichgewicht verliert. Dann treten sie auf den am Boden liegenden Mann ein und flüchten. Das Opfer muß ins Krankenhaus. Die Täter bleiben unerkannt.

Bei den Mülheimer Hallen-Stadtmei-
sterschaften (NRW) im Fußball kommt
es zu einer Massenschlägerei. Am letzten Tag des fünftägigen Turniers treffen in der RWE-Rhein-Ruhr-Sporthalle
vor etwa 1500 Zuschauern im Halbfinale Rot-Weiß Mülheim und
der türkische Verein Galatasaray Mülheim aufeinander. Nach mehreren Platzverweisen fangen die Türken eine Schlägerei an, an der
sich auch Zuschauer beteiligen. 30 Polizeibeamte müssen den Tu-
mult auflösen. Danach wird das Turnier abgebrochen. Schuld, so
die türkischen Verantwortlichen, seien die Schiedsrichter und rassistische Äußerungen von Seiten der Deutschen. Die Polizei verneint
hingegen vorausgegangene ausländerfeindliche Provokationen. Der
Vorsitzende des Mülheimer Schiedsrichterausschusses, Wolfgang
Krutzke, erklärt gegenüber der *Rheinischen Post:* »Galatasaray hat
sich ganz mies verhalten, die Mannschaft und die Fans. Die haben
gespuckt, geschlagen und getreten. Ich plädiere dafür, den Klub in
Zukunft von diesem Turnier auszuschließen.«

**5. Januar 2008**
*Mülheim: Massenschlägerei*
*bei Fußballturnier zwischen*
*Türken und Deutschen*

In Nürnberg feiern Matthias H. und
sein Bekannter Matthias K. in verschiedenen Lokalen bis spät in die
Nacht. Gegen vier Uhr steigen sie zu
einem »Südländer« ins Taxi und fahren nach Hause. Doch die Fahrt ko-
stet zu viel. Matthias H.: »Ich sagte zu
dem Fahrer, daß ich nicht genügend Geld einstecken hätte. Wir hatten vor meinem Elternhaus gehalten, ich sagte ihm, daß ich kurz
reingehe und Geld hole.« Als Sicherheit drückt er dem Fahrer den
Geldbeutel mit EC-Karte und Personalausweis in die Hand. Zudem
wartet sein Freund im Auto. Doch der Taxifahrer ist nicht einverstanden mit dem Plan. Er beleidigt seinen Fahrgast als »Scheiß-
Deutscher« und verprügelt ihn. Der Freund von Matthias H. steigt
aus, um ihm zu helfen, wird aber vom Taxifahrer mit einem Messer
in Schach gehalten. Danach flüchtet der Ausländer mit dem Geldbeutel seines Opfers.

**23. Februar 2008**
*Nürnberg: Südländischer*
*Taxifahrer verprügelt*
*betrunkene Fahrgäste und*
*bezeichnet einen als*
*»Scheiß-Deutscher«*

**26. Februar 2008**
*Berlin-Lichterfelde: Streit im Bus mit Kubaner*

In Berlin-Lichterfelde kommt es in einem Linienbus zu einem Streit zwischen dem Fahrer (52) und dem kubanischen Fahrgast Kwame A. (28), der im Verlaufe der Auseinandersetzung auf den Deutschen einprügelt. Mitfahrende können den Ausländer bis zum Eintreffen der Polizei festhalten.

**1. April 2008**
*Berlin-Steglitz: Schwerbehinderter Frührentner von Südländern ausgeraubt*

Mitten auf einer belebten Kreuzung in Berlin-Steglitz greifen zwei Südländer den 63jährigen schwerbehinderten Henry P. an, zerren ihn in ein Auto, zwingen ihn zur Herausgabe seiner EC-Karte und der Geheimnummer, fahren sechs Stunden mit ihrem Opfer durch die Stadt und heben an verschiedenen Stellen Geldsummen ab. Die Täter räumen so das Konto des sehbehinderten und zuckerkranken Frührentners leer. Als sie ihn freilassen, darf er nur seinen Schwerbehindertenausweis behalten. Henry P. kann später gegenüber der Kripo die Täter nur vage beschreiben: Sie seien groß, schlank, schwarzhaarig und südländischen Aussehens gewesen.

**4. Mai 2008**
*Hamburg: Fußballschlägerei mit drei Türken*

Tahsin Ö., Arif Do. und Murrat De. vom Fußballverein Vatan Gücü verprügeln in Hamburg drei Spieler des SC Sternschanze. Auch Anhänger der türkischen Mannschaft beteiligen sich an der Schlägerei. Die Partie in der Kreisklasse hatte Vatan Gücü gewonnen. Die Ursache der Ausschreitungen liegt auch nach Abschluß der Ermittlungen im dunkeln. Auf seiner Internetseite wirbt der Verein mit dem Spruch »Sport verbindet Freundschaft und Kultur«.

**30. Mai 2008**
*Köln: Versuchter Raubüberfall auf Pfarrer, der für Großmoschee sammelt*

Bei dem katholischen Pfarrer Franz Meurer klingelt es gegen halb elf Uhr abends an der Tür. Der 56jährige öffnet und wird von einem Geständnis überrumpelt: »Ich habe einen Mann abgestochen, bitte helfen Sie mir«, beichtet ihm ein Ausländer. Doch ehe Meurer reagieren kann, dringen zwei weitere Männer ins Pfarrhaus ein und bedrohen ihn. Meurer geht jedoch selbst zum Angriff über:»Ich habe ihnen gesagt, daß ich mich wehre und einen von ihnen angesprungen«, berichtet er der Lokalpresse später. Die Täter flüchten daraufhin. Das Pikante an dem Vorfall: Pfarrer Franz Meurer (CDU) brachte es 2007 zu deutschlandweiter Bekanntheit, weil er Gelder für die umstrittene Großmoschee im Kölner Stadtteil Ehrenfeld gesammelt hatte und dafür sogar die Sonntagskollekte spendete.

In Köln-Kalk wird eine Rentnerin an der Bushaltestelle von zwei südländischen Jugendlichen absichtlich geschubst. Die 73jährige Frau schlägt mit dem Gesicht auf den Gehweg, ihre

**24. Juni 2008**
*Köln-Kalk: Rentnerin von jugendlichen Südländern gestoßen und ausgelacht*

Brille zerbricht und sie trägt Hämatome davon. Die beiden Jugendlichen (14 und 15) lachen die Frau aus, dann rennen sie weg.

Bei der Homberger Kirmes (NRW) schlagen 50 Beteiligte teilweise mit Baseballschlägern aufeinander ein. Nach Aussage von Schaustellern waren aus einer

**15. Juli 2008**
*Homberg: Massenschlägerei auf Rummel*

Gruppe von Ausländern grundlos Flaschen auf den »Musikexpress« geworfen worden. Ein Mitarbeiter des »Musikexpress« wird schwer verletzt und mit einem Schädelbruch ins Krankenhaus eingeliefert. Der Rummel hat seit dem Vorfall mit Besucherrückgang zu kämpfen. Die Sicherheitsvorkehrungen wurden durch eine zusätzliche private Firma verstärkt.

Zwei junge Deutsche werden in Kiel von Südländern angegriffen und als »Scheiß-Deutsche« beschimpft. Die Täter drängen ihre Opfer in eine Ecke

**28. Juli 2008**
*Kiel: »Scheiß-Deutsche« schwer verletzt*

und treten auf sie ein. Beide müssen schwerverletzt in ein Krankenhaus. Einer der jungen Deutschen stürzte aufgrund des Angriffs vier Meter in die Tiefe.

**22. August 2008**

*Berlin-Dahlem: Radfahrer mit*
*Messer schwer verletzt*

In Berlin-Dahlem geraten vier junge Südländer mit einem Radfahrer (50) auf offener Straße aneinander. Sie stellten sich ihm in den Weg. Nach einem Streit zückt ein Angreifer sein Messer und sticht zu. Der 50jährige wird schwer verletzt. Die 16 bis 20 Jahre alten Ausländer können der Polizei entkommen.

**1. November 2008**

*Frankfurt a. M.: Südländer*
*treten wehrlosem Deutschen*
*30- bis 40mal gegen den Kopf*

Ein Deutscher (36) wird an einer Bahnhaltestelle in Frankfurt a. M. Opfer äußerst brutaler Schläger. Fünf Südländer, vermutlich Nordafrikaner, greifen den Mann an, weil er »blöd guckte« und treten ihm 30- bis 40mal vorzugsweise gegen den Kopf. Danach flüchten die Täter. Bereits eine Viertelstunde vor dieser Tat bedrohte vermutlich die gleiche Tätergruppe den Mitarbeiter einer Tankstelle.

**30. November 2008**

*München: Deutsche Soldaten*
*von Südosteuropäern schwer*
*verletzt*

Mit den Worten »Scheiß-Deutsche!« werden zwei junge Männer (21, 24) von sechs vermutlichen »Südosteuropäern« beleidigt und dann zusammengeschlagen. Der 24jährige erleidet durch einen Sturz infolge der Schlägerei einen Schädelbruch. Das 21jährige Opfer trug eine Bundeswehruniform, die den Unmut der Ausländer geweckt hatte. Laut *Süddeutscher Zeitung* sei er mit »Was willst du Bundler überhaupt« angepöbelt worden.

**30. November 2008**

*Köln-Ehrenfeld: Türke sticht*
*dreizehnmal auf »Nazi« ein*

In Köln-Ehrenfeld verweigert der deutsche Physikstudent P. (26) dem 21jährigen Türken Yavuz K. eine Zigarette. Dieser beschimpft ihn daraufhin als »Nazi« und »Ausländerhasser«. Der Physikstudent, der selbst Halbkoreaner ist, antwortet: »Siehst du denn nicht, ich bin selber halber Ausländer.« Daraufhin dreht Yavuz K. durch und sticht dreizehnmal auf den Studenten ein. Dieser bleibt nur durch eine erfolgreiche Notoperation am Leben. Vor Gericht sagt der Täter im Spätsommer 2009, das Verhalten des Opfers, ihm keine Zigarette zu geben, hätte bei ihm eine Panikattacke ausgelöst, weil er sich von »oben herab« behandelt und bedroht gefühlt habe. Das Gericht verurteilt Yavuz

K. wegen versuchten Totschlags und schwerer Körperverletzung zu fünf Jahren Haft. Damit entschied man sich für ein Urteil im unteren Bereich des Strafrahmens, um dem jungen Täter nicht die Zukunft zu verbauen, so das Gericht.

**1. Dezember 2008**
*Lübeck: 15jähriger Südländer schlägt Busfahrer – Video-Überwachung als Konsequenz*

Eine fünfköpfige Gruppe »südländisch aussehender« Jugendlicher gerät in Lübeck in Streit mit einem Busfahrer, weil dieser verlangt, daß jeder aus der Gruppe einen gültigen Fahrausweis erwerben müsse. Ein 15jähriger schlägt daraufhin dem Busfahrer mit der Faust ins Gesicht, der seine Verletzungen später im Krankenhaus behandeln lassen muß. Die Jugendlichen können unerkannt flüchten. Lars Hertrampf, Pressesprecher des Stadtverkehrs Lübeck, betont nach diesem Vorfall, es würde sich um eine Ausnahme handeln. »Wir haben in den vergangenen fünf Jahren im Schnitt ein bis zwei schwerere Vorfälle pro Jahr. Eine Zunahme können wir nicht feststellen, allerdings nimmt die Gewaltbereitschaft bei Übergriffen zu.« Zugleich kündigt er jedoch an, daß in den nächsten Monaten 20 weitere Busse mit Video-Überwachung ausgestattet werden, um die Sicherheit im Nahverkehr zu erhöhen.

**14. Dezember 2008**
*Hamburg: Polizei kann »nicht jeden Ausländer am Hauptbahnhof kontrollieren«*

Zwei Frauen werden am Hamburger Hauptbahnhof von einem 30jährigen Ausländer belästigt. Stefan B. und sein Schwiegervater wollen den Frauen helfen und gehen dazwischen. Der Ausländer schlägt daraufhin Stefan B. ins Gesicht und prügelt auf ihn ein. Zudem kommen ihm zwei Freunde zu Hilfe, die die deutschen Opfer ebenfalls bedrohen. »Wir konnten uns gerade noch in die Bahn retten. Die Männer schlugen wie verrückt gegen die Scheiben. Wir hatten solche Angst, daß sie die Tür aufbekommen«, berichtet Stefan B. später der *Hamburger Morgenpost*. Kurze Zeit später ruft der Mann, der bei der Schlägerei einen doppelten Kieferbruch erlitten hat, bei der Polizei an, um nach den Tätern fahnden zu lassen. Doch der Beamte glaubt nicht an einen Fahndungserfolg und blockt ab. Man könne »nicht jeden Ausländer am Hauptbahnhof kontrollieren«, so der Polizist.

**21. Januar 2009**
*Pforzheim: 17jähriger Türke sticht auf am Boden liegendes Opfer ein*

In Pforzheim erleidet ein 20jähriger Mann nach einem Streit zweier Personengruppen mehrfache Stichverletzungen. Der Täter, ein 17jähriger Türke, sticht noch auf den am Boden liegenden Deutschen ein, ehe er zur Flucht ansetzt. Die Polizei kann ihn jedoch wenig später festnehmen.

**24. Januar 2009**
*Berlin: Von »Südeuropäern« durch die Scheibe eines U-Bahnfensters gestoßen*

Der 30jährige Baris K. bittet drei Männer in einer Berliner U-Bahn, ihre Füße von der Sitzbank zu nehmen. Es ist schon nach drei Uhr nachts, und die drei Männer versuchen, Baris K. zu provozieren, indem sie ihre Füße so legen, daß sie ihn berühren. Doch die höfliche Bitte hat Konsequenzen für den Mann. Die Provokateure treten und schlagen daraufhin auf ihn ein. Schließlich stoßen sie den Mann am U-Bahnhof Hansaplatz durch die Scheibe eines Fensters auf den Bahnsteig. Das Opfer erleidet Prellungen und einen Nasenbeinbruch. Die Täter werden von der Polizei als »Südeuropäer« beschrieben. Sie können durch die Auswertung der Videoaufzeichnungen festgenommen werden. Der CDU-Abgeordnete Matthias Brauner bezeichnet diesen Vorfall als einen »traurigen Höhepunkt der Gewaltspirale in den öffentlichen Verkehrsmitteln«. Die Berliner Verkehrsgesellschaft (BVG) müsse daraus lernen und mehr Sicherheitspersonal einstellen.

**29. März 2009**
*Berlin-Wedding: Siebenjähriger überfällt Siebzehnjährige – Staat will Täterfamilie helfen*

Der 7jährige Goran aus Bosnien überfällt in Berlin-Wedding eine 17jährige Joggerin und zwingt sie mittels Schlägen und wüsten Drohungen (»Ich mach' dich tot!«) zur Herausgabe ihres Mobiltelefons. Die Mutter des Täters bezweifelt die Aussage des Opfers und verweist auf den Humor des Jungen. Der 7jährige Erstkläßler ist derweil kein Unbekannter und hat klare Pläne: Goran ist bereits einmal von der Schule geflogen, was für seinen Berufswunsch jedoch kein allzu großes Problem darstellt: »Ich bin der Stärkste in meiner Klasse, will später Boxer werden!« Der Bezirksstadtrat für Jugend und Finanzen in Berlin-Mitte, Rainer-Maria Fritsch (Linke, heute: Staatssekretär für Soziales in der Senatsverwaltung für Integration, Arbeit und Soziales), reagiert sofort auf den Vorfall. Gegenüber dem *Tagesspiegel* betont er: »Ich habe sogleich eine Teamleiterin und weitere Mitarbeiter auf die Familie angesetzt.« Es werde geprüft, wie der Mutter des Täters geholfen werden kann. Dabei werde der kulturelle Hintergrund der Familie berücksichtigt, denn diese kenne andere »Standards« der Kinderbetreuung. Zudem werde der Familie ein »Entwicklungszeitraum« zugestanden.

David Schramm, ein 18jähriger Schüler aus Attendorn, trifft nach einem Kneipenbesuch zusammen mit zwei Mädchen auf einen gleichaltrigen Türken und einen Albaner. Die Ausländer beleidigen zunächst die Mädchen.

**25. April 2009**

*Attendorn: Schulleiter warnt nach schwerer Körperverletzung: »Meidet bestimmte Gegenden und die Innenstadt!«*

Schramm wird zusammengeschlagen. Schwer verletzt mit einem doppelten Kieferbruch kann sich der Schüler in ein nahe gelegenes Gasthaus retten und wird von da aus ins Krankenhaus gebracht. Die Polizei kann die beiden Täter ermitteln. Ein Motiv gibt es nicht, der Gewaltausbruch erfolgte aus »Lust und Laune«. Der Schulleiter von David Schramms Gymnasium warnt nach der Gewalttat alle Jugendlichen und Eltern: »Nehmt euch in acht, wo ihr euch in Attendorn nachts bewegt. Meidet bestimmte Gegenden. Dazu gehört auch die Innenstadt.« Der Vater von David, Gunter Schramm, findet klarere Worte: »Viele deutsche Jugendliche haben mittlerweile Angst, nachts auf die Straße zu gehen. Die Täter sollte man ausweisen, denn sie haben ihr Gastrecht verwirkt und schaden dem Ansehen ihrer friedlichen Landsleute.«

Auf einem Spielplatz in Hamburg-Neugraben treten Türken dutzendfach auf einen 19jährigen Elektriker-Lehrling ein. Zusammen mit fünf Freunden hat sich der junge Mann zuvor auf dem

**22. Mai 2009**

*Hamburg-Neugraben: Elektriker-Azubi von zehn Südländern zusammengeschlagen*

Spielplatz getroffen. Plötzlich taucht eine Gruppe von etwa zehn Südländern auf. Der Wortführer ohrfeigt Marius M. und droht mit einer zerschlagenen Bierflasche. Danach fallen die Täter über ihr Opfer her. Marius M. beschreibt den Haupttäter und die Situation wie folgt: »Er drohte, mich abzustechen. Ich kannte den Typ überhaupt nicht, dann schlugen und traten seine Kumpane auf mich ein. Ich wurde bewußtlos.« Der 19jährige erleidet dabei einen mehrfachen Jochbeinbruch, einen Bruch des Nasenbeins und verliert zudem mehrere Zähne.

**23. Mai 2009**
*Hamburg: Verprügelt, ausgeraubt und gedemütigt*

In Hamburg schlagen drei Südländer einem 15jährigen Othmarscher die Zähne aus, treten ihm in den Bauch und rauben ihn aus. Danach zwingen sie ihn, sich auszuziehen.

**1. Juni 2009**
*Rosenheim: Frage nach Nationalstolz »falsch« beantwortet*

Im oberbayerischen Rosenheim wird kurz vor Mitternacht ein 17jähriger Radfahrer von einer Gruppe junger Männer aufgehalten, die ihn fragen, »ob er stolz auf Deutschland sei«. Die Antwort scheint »falsch« gewesen zu sein. Ihm wird daraufhin von drei »vermutlich ausländischen Jugendlichen« mehrmals ins Gesicht und auf den Oberkörper geschlagen. Er erleidet dabei schwere Kopfverletzungen. Die Täter entkommen.

**6. Juni 2009**
*Neu-Isenburg: Linker Club von ausländischen Schlägern heimgesucht*

Eine größere Gruppe von Schlägern, größtenteils türkischer oder marokkanischer Herkunft, überfällt den Club »Voltaire« in Neu-Isenburg. Dort ist meist die linke Szene vertreten. An diesem Abend spielt die Punk-Band »Dolf«. 20 junge Männer zwischen 16 und 22 Jahren im »Bushido-Look« kommen nun zusätzlich zu dem Konzert, stellen sich dort im Halbkreis auf und prügeln wahllos und ohne jeden Grund auf Umstehende ein, die in Reichweite ihrer Fäuste sind. Fast 20 linke Gäste werden verletzt, einer verliert ein Auge. 2010 verbietet die Stadt Neu-Isenburg aufgrund von Sicherheitsbedenken eine Neuauflage des Punk-Konzerts mit »Dolf«.

**21. Juni 2009**
*Stuttgart: Messerstecherei in Diskothek*

Bei einer Messerstecherei in einer Stuttgarter Diskothek werden vier Männer (22–25) zum Teil lebensgefährlich verletzt. Die beiden Täter sind Südländer.

Daniela R. (20) wartet in Charlotten-burg auf den Bus. Plötzlich steht ein BMW vor ihr und ihren Freundinnen. »Da saßen drei Südländer zwischen 23 und 25 drin«, sagt sie zur *Berliner Zeitung*. Sie wollten die jungen Frauen mitnehmen. Daniela lehnt ab. »Das wirst du bereuen«, sagt einer der Täter und schießt zweimal auf sie, bevor er mit seinen Kumpanen flüchtet. Daniela R. muß ambulant behandelt werden.

**27. Juni 2009**
*Berlin-Charlottenburg: Junge Frau angeschossen, weil sie nicht mitfahren wollte*

Eine Gruppe junger Türken fällt in der Regionalbahn von Lauf nach Nürn-berg durch Pöbeleien und Beschimp-fungen auf. Zwei von ihnen treten und schlagen neun Fahrgäste. Jürgen Mansel, Professor vom Institut für interdisziplinäre Konflikt- und Gewaltforschung der Uni Bielefeld, wird von der *Nürnberger Zeitung* zu diesem und anderen Fällen interviewt. Auf die bereits suggestiv gestellte Frage, ob Ausländer ein gleich hohes Gewaltpotential wie Deutsche hätten und nur durch sie ausgrenzende »Faktoren« häufiger auffallen würden, antwortet Mansel: »Das ist richtig. Sie sind nicht gewalttätiger als deutsche Jugendliche, die in vergleichbaren Lebenslagen und Stadtvierteln aufwachsen.«

**4. Juli 2009**
*Lauf/Nürnberg: Zwei Türken treten Fahrgäste in einer Regionalbahn*

Eine Gruppe junger Männer »mit Mi-grationshintergrund« trifft sich an ei-ner Tankstelle in Lübeck. Dort befin-det sich auch ein 20jähriger, mit dem die Ausländer in Streit geraten. Im Verlauf der Auseinandersetzung schlägt einer aus der Gruppe mit der Faust ins Gesicht des jungen Mannes. Als der Getroffene taumelnd auf die Knie sinkt, holt ein weiterer Ausländer mit dem Fuß aus und tritt ihm mit voller Wucht an den Kopf. Das Opfer muß ins Krankenhaus. Die Täter können zwar gefaßt werden, kommen jedoch nach der Beweisaufnahme wieder frei.

**23. August 2009**
*Lübeck: Migrantengruppe verprügelt 20jährigen Mann*

**6. September 2009**
*Seligenstadt: Fußballspiel*
*nach gewalttätigen Angriffen*
*der türkischen Mannschaft*
*abgebrochen*

Bei einem Fußballspiel zwischen Türk SV aus Seligenstadt und dem Gast aus Hanau-Steinheim kommt es zu Ausschreitungen. Aufgrund einer umstrittenen Entscheidung einer Linienrichterin verpaßt ihr ein 17jähriger Spieler der türkischen Mannschaft eine Ohrfeige und fliegt umgehend vom Platz. Der Vater der Geschlagenen, gleichzeitig Trainer der Steinheimer Fußballer, erbost sich über die Tat lautstark und wird wohl deswegen von einem weiteren Spieler des Türk SV, einem Verwandten des ersten Täters, getreten. Dabei erleidet der 49jährige einige Blessuren. Die Attacke der zwei Spieler zieht den Abbruch der Begegnung nach sich.

**26. September 2009**
*Gelsenkirchen: Pfadfinder-*
*gruppe ausgeraubt – »Sie*
*sprachen nur gebrochen*
*Deutsch.«*

Vier Mitglieder einer Pfadfingergruppe aus Bochum sind nahe der Stadtgrenze zu Essen in Gelsenkirchen-Horst unterwegs. Drei Männer bedrohen sie und fordern die Herausgabe von Handys und Bargeld. Um ihrer Forderung Nachdruck zu verleihen, schlagen und treten die Täter, die nur gebrochen Deutsch sprechen, die Pfadfinder. Zudem benutzen sie Messer und eine Holzlatte. Die Opfer geben schließlich ihre Wertgegenstände ab und kommen mit leichten Verletzungen davon.

**27. September 2009**
*Dinslaken: Südländische*
*Randalierer verprügeln*
*44jährigen Mann*

Ein 44jähriger Mann ist auf dem Nachhauseweg in Dinslaken. Er trifft auf zwei junge Männer, die eine Mülltonne umtreten, und stellt diese zur Rede. Ohne jedwede Vorwarnung prügeln und treten diese nun auf ihn ein. Die Polizei, der die Täter entkommen, spricht von einem »südländischen Erscheinungsbild« der Schläger.

**27. September 2009**
*Dinslaken: Südosteuropäer*
*treten Mann vom Fahrrad*

Ein 43jähriger Mann wird von zwei Südosteuropäern verfolgt und vom Fahrrad getreten. Der Mann erleidet schwere Verletzungen und muß ins Krankenhaus gebracht werden. Die Ermittlungen der Polizei ergeben, daß der Mann schon öfter von den Südosteuropäern verfolgt wurde.

In den späten Abendstunden des 9. Oktober kommt es im Bochumer Stadtteil Langendreer zu einem Raubüberfall auf Robin W. (38). Auf dem Marktplatz trifft der Deutsche auf sechs oder sieben männliche Jugendliche, die laut

**9. Oktober 2009**
*Bochum: »Vermutlich Südosteuropäer« rauben 38jährigen Deutschen aus und schlagen ihn krankenhausreif*

Polizeiangaben »vermutlich Südosteuropäer« gewesen sind. Diese greifen den Mann an, schlagen ihn zu Boden und treten so lange auf ihn ein, bis er bewußtlos wird. Danach entwendet die Jugendbande dem Bochumer den Rucksack. Durch den brutalen Überfall zieht sich der Mann schwere Gesichtsverletzungen zu. Unter anderem erleidet er einen Jochbein, Kiefer- und Nasenbruch. Gegenüber der *Bild* sagt Robin W. später: »Ich kann vor Schmerzen und Alpträumen kaum noch schlafen. Und muss immer an den Fall aus München denken. Ich hätte auch tot sein können. Aber das wäre diesen Schlägern wahrscheinlich sogar egal gewesen.«

Türk Gücü Dingolfing gegen DJK Altenkirchen – ein normales A-Klasse-Spiel in Bayern. Nach 28 Minuten fliegt der türkische Spielertrainer vom Platz und seine Mannschaft läuft einem 0:1-Rückstand hinterher. Türk Gücü

**25. Oktober 2009**
*Dingolfing: Spieler und Fans von türkischer Fußballmannschaft verprügeln Rechtsverteidiger*

dreht das Spiel wieder – es steht kurz vor Ende 3:2 für die Gastgeber. Doch Altenkirchen bekommt eine zweite Luft – Endstand: 3:4 und Sieg für die Gästemannschaft. In der Endphase des Spiels spuckt ein Gücü-Spieler den 22jährigen Altenkirchener Rechtsverteidiger an – eine hitzige Szene, die sich die Zuschauer und türkischen Spieler merken. Direkt nach Spielschluß stürmen 40 Zuschauer und einige Gücü-Spieler auf den Altenkirchener Verteidiger los und verprügeln ihn. Gemeinsam mit einem weiteren Mitspieler muß er mit einem Jochbeinbruch ins Krankenhaus eingeliefert werden. Ein Gücü-Spieler tritt dem wehrlos am Boden liegenden jungen Mann sogar ins Gesicht.

## 18. Dezember 2009

*Bremen: Polizei kann 76jäh-
riger Frau bei Problemen mit
schwarzafrikanischen
Dealern nicht helfen*

Mit 76 Jahren betreibt Anne Kähler in
Bremen noch ein Fischgeschäft. Doch
immer wieder setzen ihr schwarzafri-
kanische Dealer schwer zu. Sie demü-
tigen, beleidigen und bespucken die
alte Frau. »Nazischwein, blöde Kuh,
verpiss dich, du alte Hure«, sollen sie ihr entgegengebrüllt haben.
Ein Polizeibeamter sagt zu dem Fall: »Wenn wir einen Schwarzafrikaner festnehmen, läßt ihn die Justizbehörde schon nach kurzer Zeit wieder laufen. Dann steht er wieder da, verkauft weiter seinen Stoff und zeigt uns den Stinkefinger. Wir sind da genauso hilflos wie sie.«

## 27. Dezember 2009

*Köln: Schuß ins Gesicht
nach versehentlichem Tritt
auf den Fuß*

In einer Kölner Straßenbahn tritt ein
31jähriger einem Südländer versehentlich auf den Fuß, woraufhin dieser
ausrastet und nach dem Aussteigen
aus der Bahn eine Waffe zieht und
dem Opfer mitten ins Gesicht schießt. Das Opfer wird schwer verletzt ins Krankenhaus gebracht.

## 14. Januar 2010

*Dreieich: 14jähriger Jordanier
verprügelt 12jährigen aus
»Lust«*

Mit »kaum vorstellbarer Gewalt«, so
die Polizei, schlägt und tritt in Drei-
eich-Sprendlingen nahe Offenbach ein
14jähriger Jordanier aus reiner »Lust«
einen Zwölfjährigen zusammen. Das
Opfer erleidet schwere Kopfverletzungen und liegt noch Tage nach
dem Angriff im Krankenhaus. Ob er je wieder richtig hören kann,
ist unklar.

## 16. Januar 2010

*Saarbrücken: »Bist du
Deutscher?« Bei falscher
Antwort: Faustschlag*

Ein 27 Jahre alter Türke schlägt in
Saarbrücken auf Passanten ein. Acht
Bürger verletzt er dabei. Zunächst stellt
der Täter jedem Opfer die Frage: »Bist
du Deutscher?« Nach der für ihn zu er-
wartenden Antwort schlägt er mit den Fäusten zu. Als die Polizei
eintrifft, greift er diese ebenfalls an und verletzt zwei Beamte. Der
Mann kommt nach der Festnahme in die Psychiatrie.

In München kommt es vor einer Diskothek zu handgreiflichen Auseinandersetzungen. Ein 18jähriger will dabei einem Bekannten helfen, nachdem

**6. Februar 2010**
*München: Messerstecherei*
*vor Diskothek*

dieser von einer Gruppe Jugendlicher angegriffen wurde. Einer der Angreifer, laut Münchner *tz* »türkischstämmig« und etwa 17 Jahre alt, sticht auf den Helfer mit dem Messer zehnmal ein. Er kann danach flüchten.

Zwei 14jährigen Jugendlichen werden in Hildesheim von jungen Südländern die Handys abgenommen. Einer der Täter zieht ein Messer und fordert die

**11. Februar 2010**
*Hildesheim: Südländer erbeuten Handys von 14jährigen*

Handys im Wert von jeweils 400 Euro ein. Die beiden 14jährigen geben aus Angst ihre Handys ab.

In den Bus von Hamburg-Ochsenzoll nach Bad Segeberg steigen zwei jugendliche Südländer an der Haltestelle »Abzweiger Oering« ein. Sie sind die einzigen Fahrgäste. Als die Männer

**18. Februar 2010**
*Bad Segeberg: Südländer greifen Busfahrer an und rauben ihn aus*

vor dem Fahrer stehen, packt der eine den Fahrer fest am Hemdkragen und drückt ihn gewaltsam in den Fahrersitz. Sie fordern von dem Busfahrer die Herausgabe des Geldes. Dieser händigt daraufhin ein großes schwarzes Kellnerportemonnaie aus. Nachdem die Täter das Portemonnaie an sich genommen haben, springen sie aus dem Bus und flüchten.

In Bielefeld kommt es zu einem brutalen Angriff auf einen 17jährigen Jugendlichen. Zwei Männer beleidigen ihn und seinen jüngeren Freund (16) als »Hurensöhne!«, schlagen ihm eine

**27. Februar 2010**
*Bielefeld: Lähmungserscheinungen nach Angriff von Südländern*

Bierflasche auf den Kopf. Das Opfer ist nach der Tat für mehrere Tage halbseitig gelähmt, wie die Angehörigen berichten. Die geflüchteten Täter werden als Südländer beschrieben.

**20. März 2010**
*Hamburg: Schwere Schädel-*
*verletzungen nach gemein-*
*schaftlicher Körperverletzung*

Etwa fünf bis sechs junge Südländer treffen in Hamburg-Billstedt einen
19jährigen und seine Freundin. Plötzlich reißen sie den Deutschen zu Boden und prügeln auf ihn ein, vorzugs-
weise in die Kopfgegend. Schließlich lassen sie das bewußtlose Opfer zurück, flüchten mit seiner Geldbörse. Mit lebensgefährlichen
Schädelverletzungen kommt der Überfallene auf die Intensivsta-
tion einer Klinik. Nach einer Erstbehandlung seiner Schädelbrüche
schwebt der 19jährige dann nicht mehr in Lebensgefahr.

**27. März 2010**
*Berlin: Zeitung meint,*
*auch Nichtrauchen könne*
*Gesundheit schaden*

Der Bundespolizei-Azubi Johannes H.
wird in Berlin-Lichtenberg von Südländern nach Zigaretten gefragt.
Nichtraucher Johannes H. hat keine
dabei. »Da zog einer dieser südlän-
disch aussehenden Männer sofort ein Messer und stach zu«, berichtet er später. Der Stich verfehlt nur knapp Lunge und Leber.
Die Täter können flüchten. Die *Berliner Zeitung* titelt süffisant:
»So kann es enden, wenn man in Lichtenberg keine Kippe abgibt.
Auch Nichtrauchen kann der Gesundheit massiv schaden.«

**5. April 2010**
*Bochum: Kriminelles*
*Ausländerquartett überfällt*
*zwei Schüler*

In der Bochumer Innenstadt rauben
vier junge Südländer zwei Schüler (15
bzw. 16) unter Gewaltandrohung aus.
Die 14- bis 16jährigen Täter bedrohten
die Schüler mit Butterfly-Messern und
meinen, sie würden sie abstechen, falls sie ihre Taschen nicht leer-
ten. Mit einem MP3-Player und Bargeld flüchten die Südländer anschließend unerkannt.

**7. April 2010**
*Soest: Frau von Südländer*
*angegriffen und beraubt*

Eine 40jährige Soesterin wird vor einer Volksbank von einem Südländer
ausgeraubt. Sie will gerade die Tages-
einnahmen einer Imbißgaststätte ein-
zahlen, als sie von einem jungen Mann aus einer etwa 8–10 Personen großen Gruppe angesprochen wird. Angeblich wollen sie eine
»nächtliche Befragung« durchführen. Die Frau blockt ab und kann
das Geld einzahlen. Als sie dann das Bankgebäude verläßt, greift

sie ein etwa 18- bis 20jähriger unvermittelt an. Der junge Täter verlangt die Herausgabe ihrer Handtasche. Da sich die Frau wehrt,
schreit und um sich tritt, würgt sie der Südländer am Hals, bis ihr
schwindelig wird und sie ihre Handtasche hergibt. Anschließend
flüchtet der Täter. Die Fahndung der Polizei verläuft ergebnislos.

In der Innenstadt von Hagen wird ein **9. April 2010**
18 Jahre alter Mann von einem Süd-     *Hagen: Südländer bedroht*
länder (20–30) mit einem Messer be-    *jungen Mann mit Messer*
droht. Anschließend nimmt ihm der      *und klaut ihm 20 Euro*
Täter einen 20-Euro-Schein aus der
Geldbörse und flüchtet. Die Fahndung der sofort alarmierten Polizei bleibt erfolglos.

Ein 27jähriger Moerser wird von zwei   **10. April 2010**
jungen Südländern (ca. 15–17) ange-    *Moers: Südländer raubt*
sprochen. Er soll sein Handy heraus-   *Handy nach Schlag ins*
holen und die Uhrzeit nennen. Nach-    *Gesicht*
dem er dies verweigert, schlagen ihm
die Täter ins Gesicht und entwenden sein Handy. Anschließend
flüchten sie zu Fuß.

In Oldenburg kommt es zu einem Raub-   **10. April 2010**
überfall auf einen 19jährigen Mann     *Oldenburg: Handy und Geld*
aus Wilhelmshaven, der in Begleitung   *nach Kneipennacht geraubt*
eines Freundes eine Kneipe verläßt.
Auf der Straße werden die beiden von einem Osteuropäer und einem Südländer angesprochen und mit einem Teleskopschlagstock
bedroht. Der Wilhelmshavener wird zur Herausgabe seines Handys
und Bargelds aufgefordert. Nach Aushändigung flüchten die Täter.

Zwei junge Ausländer entwenden ei-     **15. April 2010**
nem 15jährigen seinen iPod. Die 16 bis *Offenbach: »Hey, fühl dich*
18 Jahre alten Täter türkischer oder   *abgerippt«*
marokkanischer Herkunft stellen sich
dem Jugendlichen in den Weg. Plötzlich schnappt sich einer das
Musikabspielgerät. Zudem sagen sie auf »deutsch mit Akzent« zu
dem jungen Offenbacher: »Hey, fühl dich abgerippt.«

**15. April 2010**
*Kiel: Jugendlicher von vier*
*Ausländern ausgeraubt*

Vier junge Südländer schlagen in Kiel einen Jugendlichen nieder und stehlen ihm sein Handy und Bargeld. Am Abend geht das 16jährige Opfer mit einem 17jährigen Begleiter über eine Fußgängerbrücke. Dort kommen ihnen vier südländisch aussehende junge Männer entgegen, drehen sich aber abrupt um und fordern von dem Jugendlichen die Herausgabe von Bargeld und Handy. Um ihrer Forderung Nachdruck zu verleihen, schlagen und treten sie auf ihr Opfer ein. Unter dem Eindruck der Gewalteinwirkung gibt der 16jährige seine Wertsachen heraus, und die Täter flüchten.

**18. April 2010**
*Gronau: Drei Südländer*
*schlagen zu und erbeuten*
*Geld*

Ein 48jähriger Mann aus Enschede stößt in Gronau auf drei Südländer, die unvermittelt auf ihn einschlagen. Darüber hinaus entwenden die Täter seine Geldbörse mit Bargeld und flüchten. Das Opfer erleidet Prellungen im Gesicht. Die sofort eingeleitete Fahndung der Polizei verläuft ohne Erfolg.

**24. April 2010**
*Herne: 15jähriger wehrt*
*sich gegen 1,90 Meter*
*große Südländer*

Ein 15jähriger Schüler geht in Herne durch eine Kleingartenanlage, als ihm auf dem Mittelweg der Anlage zwei männliche Jugendliche entgegentreten. Einer faßt dem 15jährigen an den Kragen und fordert ihn auf, die Taschen zu leeren. Daraufhin schlägt dieser dem Täter mit der Faust ins Gesicht und ergreift die Flucht. Sofort danach entfernen sich die beiden 1,90 Meter großen Südländer.

**24./25. April 2010**
*Kiel: Mehrere Raubtaten in*
*der Innenstadt über das*
*Wochenende*

Vier bis fünf südländisch aussehende junge Männer umringen in Kiel einen 22jährigen in Höhe einer Hofeinfahrt, nachdem dieser aus einer Diskothek gekommen ist. Einer von ihnen hält ihm ein Messer vor den Bauch. Ein weiterer fordert ihn nun auf, seine Wertsachen herauszugeben. Sie durchsuchen daraufhin den jungen Mann und rauben sein Handy und Portemonnaie. Anschließend flüchten die Täter.

Einen Tag später wird ein 18jähriger Opfer zweier Südländer. Der Jugendliche wartet am Bahnhof auf seinen Bus. Nach einer Begegnung mit vier Personen, zwei Südländern und zwei jungen Frauen, kommt es zu einem Raubüberfall. Als der Bus des späteren Opfers erscheint, halten ihn die Südländer zurück und schlagen unvermittelt auf seinen Kopf ein. Sie durchsuchen den inzwischen am Boden liegenden 18jährigen und entwenden sein Handy und den MP3-Player. Anschließend flüchten die etwa 16 bis 20 Jahre alten Täter.

Die dritte Raubtat an diesem Wochenende verüben ebenfalls zwei südländisch aussehende Täter. Ein 19jähriger wird von den zwei Männern nach der Uhrzeit gefragt, als er auf der Fensterbank einer Kneipe sitzt. Plötzlich schlägt ihm einer der Südländer ins Gesicht. Anschließend rauben die Täter das Handy ihres Opfers und flüchten.

**1. Mai 2010**
*Ratingen: Handyraub durch Schwarzafrikaner*

Ein 29jähriger Düsseldorfer wartet in Ratingen an einer Haltestelle auf die Straßenbahn, als sich ein Schwarzafrikaner zu ihm setzt und ihn sofort anspricht. Fast gleichzeitig erscheinen noch zwei Südländer an der Haltestelle. Einer bedroht ihn sofort mit geballter Faust und fordert sein Handy. Nach einem sich anschließenden Handgemenge können die Täter das Handy ihres Opfers aus der Hosentasche entwenden. Danach flüchten sie.

**1. Mai 2010**
*Duisburg: Handyraub von Täter, der Deutsch mit türkischem Akzent spricht*

Ein 17jähriger fährt mit seinem 9jährigen Bruder in Duisburg-Wanheim mit Inline-Skatern. Ein unbekannter Südländer kommt auf die beiden zu und fordert von dem älteren der Brüder in »Deutsch mit türkischem Akzent« die Herausgabe des Handys. Als dieser der Aufforderung nicht nachkommt, stößt der etwa 20 bis 25 Jahre alte Türke den Jugendlichen zu Boden, schlägt und durchsucht ihn. Der Täter nimmt sich schließlich das Handy und flüchtet.

**1. Mai 2010**
*Bergisch-Gladbach:*
*Südländer wollen*
*Armbanduhr rauben*

Eine Gruppe von sieben Jugendlichen wird auf dem Schulgelände des Otto-Hahn-Schulzentrums in Bergisch-Gladbach von zwei Südländern angesprochen, die Frauen werden beleidigt. Daraufhin kommt es zu einem Gerangel. Einer der Südländer schlägt einen jungen Mann mehrfach und verlangt die Herausgabe seiner Armbanduhr. Daraufhin flüchtet der Geschlagene. Nach kurzer Verfolgung läßt der Täter von seinem Opfer ab und flüchtet ebenfalls.

**2. Mai 2010**
*Leverkusen: Raubüberfall von*
*Südländer endet für Opfer im*
*Krankenhaus*

Ein Leverkusener (35) wird von einer ihm unbekannten Person mit den Worten »Hallo Kollege, wie geht's« angesprochen. Unvermittelt sprüht der Südländer dem 35jährigen Pfefferspray ins Gesicht. Von einem nahe gelegenen Treppenaufgang kommen zwei weitere Komplizen hinzu und schlagen auf das Opfer mit Schlagstöcken ein. Das Trio raubt dem Leverkusener die Geldbörse und flüchtet. Der 35Jährige muß im Krankenhaus ärztlich versorgt werden.

**4. Mai 2010**
*Limburg: Südländer erbeuten*
*Handy, Schlüsselbund und*
*USB-Stick*

Zwei junge Männer im Alter von 20 und 21 Jahren werden von einem fremden jungen Mann überfallen. Der etwa 20- bis 25jährige Südländer habe sie mit einer Pistole und einem Messer bedroht und Bargeld gefordert, berichten sie später der Polizei. Schließlich hätte er ein Handy, ein Schlüsselbund und einen USB-Stick erbeutet und sei geflüchtet.

**11. Mai 2010**
*Bielefeld: Räubertrio erbeutet*
*Handy und schlägt anschlie-*
*ßend 17jährigen zusammen*

Zwei Südländer und ein Deutscher entwenden in Bielefeld einem 17jährigen sein Handy und schlagen anschließend auf ihn ein. Das Tätertrio im Alter von 17 bzw. 18 Jahren kann ermittelt werden. Zwei der drei heranwachsenden Tatverdächtigen sind bereits kriminalpolizeilich in Erscheinung getreten.

Ein 18jähriger wird auf dem Heimweg in Hochheim von einem etwa 20jährigen Südländer mit einem Faustschlag ins Gesicht ohne Vorankündigung niedergeschlagen. Anschließend fordert

der Täter die Herausgabe von Bargeld. Des weiteren nimmt er sich das Handy des Geschädigten. Der Südländer wird von einem Osteuropäer, vermutlich ein Russe oder Pole, begleitet.

Gegen Mitternacht bemerkt in Köln ein Jugendlicher (16) eine Gruppe von 10–15 Personen. Als er den Personenkreis passiert, folgen ihm zwei ca. 14-

bis 17jährige und fragen ihn zunächst nach der Uhrzeit. Anschließend fordert das Duo die Herausgabe des Handys. Um der Forderung Nachdruck zu verleihen, schlagen und treten die Südländer zu. Mit dem geklauten Handy können sie schließlich flüchten.

Nachdem ein 20jähriger Kölner eine halbe Stunde nach Mitternacht sein Fahrzeug geparkt hat, wird er plötzlich von drei Südländern angegangen.

Das Trio fragt ihn zunächst nach einer Zigarette. Als der Angesprochene die Frage verneint und seinen Weg zu Fuß fortsetzt, stoßen ihn die Täter im Alter zwischen 20 und 25 Jahren um und schlagen auf ihn ein. Einer der Täter zieht dazu noch ein Messer und verletzt den Überfallenen am Arm. Als der Kölner bereits am Boden liegt, reißen die Angreifer ihm das Portemonnaie aus der Pullovertasche und flüchten. Wenig später findet das Opfer seine Geldbörse wieder. Die Räuber haben jedoch Bargeld und Kreditkarte entnommen. Der Verletzte muß zur ambulanten Behandlung in ein Krankenhaus gebracht werden.

Wegen einer Handvoll Geldmünzen raubt ein jugendlicher Südländer einen 15jährigen aus. Dieser kommt gerade vom Hauptbahnhof zu seinem

Fahrrad. Während er das Schloß löst, bemerkt er mehrere Jugendliche, die sich hinter ihm auf eine Mauer setzen. Als er dann losfahren will, wird er vom Wortführer des Trios bedroht. Er solle jetzt nicht laut werden und seine Geldbörse herausgeben, sonst werde er zusammengeschlagen, so der Südländer. Der 15jährige gibt nach und händigt seine Geldbörse aus. In ihrer Pressemitteilung über diesen Vorfall titelt die Polizei: »Abziehen ist kein Bagatelldelikt«.

**29. Mai 2010**
*Duisburg: Zwei Männer von drei Südländern zusammengeschlagen und ausgeraubt*

Zwei Männer im Alter von 28 und 31 Jahren werden in Duisburg von drei Südländern (20 bis 25) unvermittelt angegriffen, zusammengeschlagen und getreten. Im Verlauf der Auseinandersetzung rauben sie ein Portemonnaie mit Papieren, Autoschlüssel und zwei Handys. Die Opfer erleiden Prellungen, einer der beiden muß aufgrund einer Platzwunde am Kopf ambulant im Krankenhaus behandelt werden.

**7. Juni 2010**
*Dormagen: Handy gestohlen*

Drei Jugendliche rauben einem 16jährigen aus Dormagen das Handy. Der Rädelsführer wird von dem Opfer als Südländer (18 bis 19 Jahre) beschrieben, der nur gebrochen Deutsch spreche. Die Gruppe des Südländers wurde auf den 16jährigen aufmerksam, weil dieser für einen ankommenden Anruf mit dem Fahrrad stoppte und telefonieren wollte. Die Täter traten an den Jungen heran und drohten ihm körperliche Gewalt an. Als sie das Handy bekommen hatten, flüchteten sie.

**8. Juni 2010**
*Köln: Ausländisches Räubertrio klaut Handys von Jugendlichen und Kindern*

Innerhalb weniger Stunden werden in Köln mehrere Kinder beziehungsweise Jugendliche überfallen. Zwei Kindern werden dabei ihre Mobiltelefone geraubt. Gewalt wird zum Teil ebenfalls eingesetzt, z. B. mit Fäusten und Stöcken. Vermutlich handelt es sich bei allen Vorfällen um ein Tätertrio. Der erste ist 13 bis 14 Jahre alt. Sein Erscheinungsbild wird von Opfern als leicht pummelig bis muskulös sowie ausländisch beschrieben. Der zweite, etwa 15jährige Mittäter habe ebenfalls ein südländisches Aussehen. Der dritte Täter wird ebenfalls von mehreren Opfern als Südländer erkannt.

Vor einer Sparkassenfiliale reißt ein etwa 30 Jahre alter Türke einer 26jährigen Frau die Geldbörse aus der Hand und stößt die Frau anschließend in ein nahe gelegenes Gebüsch. Der Täter kann flüchten.

**10. Juni 2010**
*Bielefeld: Türke klaut Frau Geldbörse und stößt sie in ein Gebüsch*

Einer 77jährigen Rentnerin wird in Siegen-Geisweid die Handtasche geraubt. Bei dem Überfall stürzt die Frau zu Boden und zieht sich dabei eine schwere Verletzung zu. Mit einem Rettungswagen wird sie in ein Krankenhaus zum stationären Aufenthalt gebracht. Der Räuber ist ein Südländer.

**14. Juni 2010**
*Siegen: Seniorin bei Handtaschenraub gestürzt und schwer verletzt*

Auf dem Weg nach Hause begegnet eine 18jährige kurz vor ihrem Wohnhaus einem Südländer, der ihr plötzlich von hinten an den Haaren zieht und ihr mehrfach mit der Faust ins Gesicht schlägt. Dann entreißt er ihr die Handtasche und flüchtet. Die Geschädigte trägt Prellungen im Gesicht davon.

**20. Juni 2010**
*Duisburg: Junge Frau von Südländer geschlagen und ausgeraubt*

Gegen 22.30 Uhr wird in Kiel-Gaarden ein 28jähriger Mann von einer Gruppe von vier bis fünf Jugendlichen im Alter von etwa 16–17 Jahren unvermittelt angegriffen, durch Schläge und Tritte zu Boden gebracht und leicht verletzt. Letztlich rauben ihm die Täter sein Handy. Gegen 23.15 Uhr verläßt ein 23jähriger mit einem hochwertigen LG-Handy in der Hand einen Linienbus im Stadtteil Mettenhof. Ihm kommt dabei eine Gruppe von sieben Personen entgegen. Zwei der Personen – vermutlich handelt es sich um Südländer – schlagen und treten sofort auf den Mann ein. Dieser fällt daraufhin zu Boden, kann sich aber im Fortgang erfolgreich gegen weitere Angriffe wehren. Die Täter flüchten schließlich ohne Beute.

**21. Juni 2010**
*Kiel: Zwei Handy-Raubtaten in einer Stunde*

**26. Juni 2010**
*Offenbach: Handy durch zwei*
*Südländer erbeutet*

Zwei Räuber bedrohen einen 21jäh-rigen auf dem Wilhelmsplatz, damit dieser sein Handy herausrückt. Der junge Mann gibt schließlich nach. Später beschreibt er die Täter als Südländer.

**30. Juni 2010**
*Gronau: Mädchen genötigt*
*und Jungen mit Stock von*
*Deutschlandfahne verprügelt*

Ein 12jähriges Mädchen aus Gronau wird auf einem Rad- und Fußweg von vier Jugendlichen, darunter Südländer, angehalten. Diese zwingen sie dazu, sich hinzuknien, und fotografieren dies mit ihrem Handy. Danach lassen sie von ihr ab. Das Mädchen kann noch sehen, wie die Gruppe Jugendlicher einen 10- bis 12jähri-gen Jungen mit einer Deutschlandfahne anhält. Die Fahne wird ihm abgenommen, der Junge wird mit dem Stock verprügelt.

**4. Juli 2010**
*Bielefeld: Polizei sucht*
*südländischen Räuber mit*
*Irokesenfrisur*

Eine Gruppe von vier bis fünf jugend-lichen Südländern raubt in der Nacht einen 25jährigen Bielefelder aus. Einer spricht ihn an und verlangt Handy und Bargeld. Völlig unvermittelt zieht ein Täter dem 25jährigen die Beine weg. Als er auf dem Boden liegt, tre-ten und schlagen die Südländer weiter. Danach flüchten sie mit sei-ner Tasche und seinem Portemonnaie. Der Wortführer der Gruppe soll etwa 25 Jahre alt sein und einen Irokesenhaarschnitt getragen haben.

**4. Juli 2010**
*Mülheim an der Ruhr:*
*17jähriges Mädchen von*
*Südländer angegriffen*

Ein 17jähriges Mädchen begegnet in Mülheim an der Ruhr nachts einem etwa 25 bis 30 Jahre alten Südlän-der, der sie um eine Zigarette bittet. Die 17jährige verneint die Bitte und läuft weiter. Der Mann folgt ihr. Als sie bewußt langsamer geht, verlangsamt auch der Unbekannte sein Tempo. Kurz darauf bleibt das Mädchen stehen. Beim Überholen mustert der Südländer sie zunächst sehr auffällig und packt plötzlich ohne Vorwarnung zu. Seine rechte Hand hält er vor ihren Mund. Durch ihre Gegenwehr kann das Mädchen kurz schreien. Der Täter stößt sie nun zu Boden. Durch die Hilferufe aufgeweckt, eilen jedoch einige Anwohner auf die Straße. Der Täter läßt darauf von dem Mädchen ab und flüchtet.

Ein Handy, eine RMV-Karte, EC-Karten und 50 Euro Bargeld büßt ein 32 Jahre alter Langener bei einem Straßenraub an der S-Bahn-Haltestelle Ostend ein.

Ein Südländer hatte ihn unvermittelt am Arm gepackt und in eine Ecke gezogen. Ein zweiter Südländer bedroht ihn währenddessen mit einem Messer und verlangt die Herausgabe seiner Wertgegenstände. Beide Täter sollen etwa 18 Jahre alt gewesen sein.

Jugendliche Ausländer lauern in Kaufungen einem 19jährigen auf. Er bekommt einen Tritt in den Rücken und fällt dabei nach vorne auf den Boden. Sofort klaut ihm einer der Täter seinen

**13. Juli 2010**
*Kaufungen: 19jähriger mit*
*Messer bedroht, ausgeraubt*
*und leicht verletzt*

Rucksack, in dem sich ein Netbook befindet. Ein anderer hält in der Zeit mit beiden Händen die Schultern des jungen Mannes fest und drückt ihn zu Boden. Einer der Täter habe ihm dann das T-Shirt nach oben geschoben und ein Butterfly-Messer mit der flachen Seite gegen den Brustkorb gedrückt. Das Messer habe rote Flecken auf dem Griffstück gehabt. Mit dem Netbook und dem Portemonnaie des Opfers mit zehn Euro Bargeld und den Ausweispapieren flüchten die Täter anschließend.

In Verden überfallen Ausländer einen 19jährigen und rauben ihn aus. In der Nähe einer Skaterbahn sprechen die Täter ihr späteres Opfer an und fragen nach Geld. Als der 19jährige nicht so-

**14. Juli 2010**
*Verden: Ausländer schlagen*
*19jährigen zusammen und*
*rauben ihn aus*

fort reagiert, wird er von einem der Männer geschubst und, als er zu fliehen versucht, zu Boden gerissen. Zwei der drei Täter treten anschließend auf ihr Opfer ein und rauben ihm zehn Euro Bargeld und einen MP3-Player. Anschließend fliehen die drei in ihrem VW-Golf. Der 19jährige erleidet Kopfverletzungen und Rippenprellungen. Über die Täter ist unter anderem bekannt: ein Farbiger und ein 18 bis 25 Jahre alter Südländer.

**18. Juli 2010**
*Offenbach: Dunkelhäutiger*
*raubt Laptop nach*
*zwei Ohrfeigen*

Mit zwei Ohrfeigen schüchtert ein dunkelhäutiger Räuber einen 45jährigen in der Bahnhofsanlage ein. Gegen 4.30 Uhr wird das Opfer von dem muskulösen Unbekannten zunächst angesprochen. Dann schlägt er zu und schnappt sich den Laptop samt Tasche und flüchtet.

**21. Juli 2010**
*Bielefeld: Mit Bierflasche*
*niedergestreckt und gefesselt,*
*aber kein Geld gefunden*

In der Bahn in Bielefeld spricht ein etwa 20 Jahre alter Südländer einen 37jährigen an. Der Südländer begleitet ihn danach zu seiner Wohnung, da sie offenbar den gleichen Heimweg haben. Als der 37jährige dort ankommt, schlägt ihn der junge Südländer von hinten mit einer Bierflasche nieder. Danach hält er ihm ein Butterfly-Messer vor den Körper. Der Mann muß sich auf den Boden im Wohnzimmer legen und wird mit einem Kabelbinder gefesselt. Danach fragt und sucht der Südländer nach Geld. Da aber nichts zu finden ist, schlägt und tritt der Täter immer wieder auf den Mann ein. Mehrfach fragt ihn der Täter auch nach der PIN-Nummer seiner EC-Karte. Warum der Täter dann nach einiger Zeit von ihm abläßt und aus der Wohnung flieht, kann der 37jährige später nicht sagen. Er muß nach diesem Angriff zur stationären Behandlung ins Krankenhaus gebracht werden.

**25. Juli 2010**
*Bielefeld: Nach Diskobesuch*
*ausgeraubt und*
*zusammengeschlagen*

Ein 38jähriger Mann befindet sich auf dem Rückweg von der Disco zu seinem Auto, als er dort unter einem Vorwand von einem Südländer angesprochen wird. Nach einem kurzen Gespräch geht dieser plötzlich den 38jährigen von hinten an, umklammert ihn und schlägt mehrfach auf ihn ein. Danach bringt er ihn zu Boden und tritt unter anderem gegen den Kopf des Opfers. Aus Angst vor weiteren körperlichen Übergriffen kommt der Mann der Forderung nach Geld nach und gibt dem Räuber rund 30 Euro. Danach flüchtet der Südländer. Der 38jährige erlitt Platzwunden sowie Prellungen am Kopf und der rechten Hand. Er muß in einem Krankenhaus ambulant behandelt werden.

Zwei Südländer rauben in Hannover einen 21jährigen aus und bedrohen ihn mit einem Messer. Anschließend flüchten beide mit dem erbeuteten Geld.

**28. Juli 2010**
*Hannover: Mit Messer bedroht und ausgeraubt*

Ein 14jähriger gerät auf dem Schulhof mit zwei Südländern aneinander. Sie fragen ihn, warum er so blöd lache. Als der Schüler nur mit den Schultern zuckt, schubsen sie ihn. Dann wird das Opfer dazu aufgefordert, seine Bauchtasche zu übergeben. Als es verneint, würgen ihn die Südländer und bedrohen ihn mit Schlägen. Bei der Taschenübergabe nehmen sich die Südländer das darin enthaltene Bargeld (acht Euro). Anschließend wirft der Haupttäter die Tasche vor die Füße des 14jährigen. Dann bedroht er den Beraubten, ihm etwas anzutun, sollte er zur Polizei gehen.

**29. Juli 2010**
*Herne: Schulhofschubserei endet mit Raub*

Ein etwa 20 bis 25 Jahre alter Türke sticht in Kiel mit einem Messer auf einen 22jährigen ein und kann danach flüchten. Das Opfer wird lebensgefährlich verletzt. Zu dem Hintergrund der Tat ist wenig bekannt: Es soll vor der Messerattacke eine verbale Auseinandersetzung gegeben haben.

**29. Juli 2010**
*Kiel: Messerstiche eines Türken verletzen 22jährigen schwer*

Der Familienvater Mohammed A. (49) sticht den neuen Freund seiner Ex-Frau nieder und verletzt ihn dabei schwer. Mohammed A. hatte mitbekommen, wie der 36jährige Volker B. mit einem seiner Kinder, die bei seiner Exfrau leben, ins Planetarium gegangen war. Dort wartet er vor dem Eingang auf ihn und sticht zu.

**4. August 2010**
*Hamburg: Neuen Lebensgefährten der Exfrau niedergestochen*

Ein 21jähriger bemerkt, wie eine Gruppe Südosteuropäer einen 17jährigen Bekannten bedrängt. Als er helfen will, wird er sofort von mehreren Personen festgehalten und bekommt ein Knie ins Gesicht. Der 21jährige flüchtet zunächst, wird von der Gruppe aber wenig später

**5. August 2010**
*Hannover: Zivilcourage bestraft*

eingeholt und erneut geschlagen und getreten. Die schweren Verletzungen des jungen Mannes müssen stationär im Krankenhaus behandelt werden.

**7. August 2010**
*Dortmund: Straßenraub am*
*Hauptbahnhof*

Zwei südländische Straßenräuber im Alter zwischen 16 und 20 Jahren schlagen am Dortmunder Hauptbahnhof einen 20jährigen und nehmen ihm die Geldbörse ab. Anschließend flüchten sie mit der Beute.

**7. August 2010**
*Mülheim an der Ruhr: 25jäh-*
*rige Frau erst angemacht und*
*dann ausgeraubt*

Eine 25jährige Frau verläßt gegen vier Uhr die Diskothek »Ballermann 6« in Mülheim an der Ruhr und will zu ihrer nahe gelegenen Wohnung gehen. Noch im Bereich der Diskothek spricht sie ein junger Mann auf der Straße an und will sie begleiten. Die 25jährige lehnt das Angebot ab. Trotzdem folgt ihr der junge Südländer mit einem weiteren jungen Ausländer bis zur Haustür. Hier verabschieden sich die Männer und entfernen sich zunächst. Nachdem die 25jährige der Meinung ist, sie sei allein, holt sie den Schlüssel aus ihrer Tasche und schließt auf. In diesem Moment kommen die Männer zurück und schlagen sie nieder. Die Frau verliert das Bewußtsein. Nachdem sie wieder zu sich gekommen ist, stellt sie fest, daß Schmuck und Bargeld fehlen.

**10. August 2010**
*Offenbach: Räubertrio*
*erpreßt Handy und Geld*

Drei 16 bis 18 Jahre alte Räuber nehmen in Offenbach unter Gewaltandrohung einem Jugendlichen dessen Handy und Geld ab. Danach flüchten sie. Zwei Täter waren Südländer und der dritte soll »undeutlich und nuschelnd leise« gesprochen haben, so die Polizei. Er habe schwarze, kurz gelockte Haare und einen schief stehenden Zahn im Oberkiefer.

**11. August 2010**
*Bochum: Jugendlicher mit*
*Messer angegriffen*

Ein Jugendlicher (17) geht alleine durch den Bochumer Westpark. Plötzlich steht ihm ein 20- bis 25jähriger Südländer gegenüber, der ein Messer in der Hand hält. Er fordert den Jungen dazu auf, seine Wertsachen herauszugeben. Der Angesprochene entgegnet, daß er nichts dabei habe. Der Täter attackiert ihn deshalb mit dem Messer. Anschließend flüchtet er. Der Überfallene trägt eine etwa zwei Zentimeter lange Stichwunde am linken Unterarm sowie diverse Kratzer am Handgelenk davon. Die Verletzungen müssen in einem Krankenhaus behandelt werden.

Ein gehbehinderter 51jähriger raucht im Kaiser-Wilhelm-Park in Essen eine Zigarette, als sich vier Südländer zu ihm gesellen.

**12. August 2010**
*Essen: Vier Jugendliche berauben Rollstuhlfahrer*

Der Mann spricht mit ihnen und gibt einem der Jugendlichen eine Zigarette. Nach kurzer Zeit fummelt einer der 15 bis 17 Jahre alten Südländer an dem Elektro-Rollstuhl herum und legt den Vorwärtsgang ein. Der Behinderte kann sein Gefährt stoppen, bevor es einen Abhang hinunterrollt. Als ein anderer aus der Gruppe den Mann fragt, ob er Geld bei sich habe, verneint dieser. Daraufhin nimmt sich einer den Zündschlüssel aus dem Rollstuhl und steckt ihn ein. Auch auf die Aufforderung des Besitzers hin gibt er den Schlüssel nicht zurück. Eingeschüchtert zieht der 51jährige seine Geldbörse aus der Tasche. Der optisch Älteste aus der Gruppe nimmt es sich. Anschließend erhält der Beraubte seinen Zündschlüssel zurück und die Gruppe entfernt sich.

Ein 34jähriger Putzmann wartet am Bahnsteig der U-Bahnstation Odeonsplatz, als fünf junge Araber ihn anpöbeln: »Was guckst du so?« Dann verprügeln sie ihn.

**13. August 2010**
*München: Putzmann in U-Bahnhof von Arabern verprügelt*

Zwei junge Männer (26 und 27) versuchen in Haltern am See aus einem Gully ihren Autoschlüssel zu fischen. Zwei 20 bis 25 Jahre alte Südländer kommen vorbei.

**15. August 2010**
*Haltern am See: Zwei Männer zusammengeschlagen und ausgeraubt*

Sie schlagen und treten unvermittelt zu. Dem 26jährigen rauben sie ein Handy. Dem 27jährigen schlagen sie mit einem Zimmermannshammer, den die Männer zur Öffnung des Gullys verwendeten, auf die Nase. Den Hammer nehmen sie danach mit und flüchten. Durch Zufall kommt eine Rettungswagenbesatzung an der Tatörtlichkeit vorbei, die sich um die verletzten Geschädigten kümmert.

**22. August 2010**
*Hamburg: Drei Südländer*
*greifen Deutschen an und*
*schlagen ihn krankenhausreif*

Ein 31jähriger Deutscher wird in Hamburg in einem Lokal von drei Südländern angegriffen und dabei verletzt. Er saß mit seiner Freundin zusammen. Die drei Südländer betraten das Lokal und gingen sofort zielstrebig auf den 31jährigen zu. Ohne Vorwarnung schlug zunächst ein Täter, anschließend auch die beiden anderen Täter, auf den Geschädigten ein. Vermutlich wurde dabei auch ein Messer eingesetzt. Anschließend flüchteten die Täter. Der Geschädigte wurde mit Schnittverletzungen am Hals ambulant in einem Krankenhaus behandelt.

**26. August 2010**
*Minden: Tankstellenüberfall*
*mit Baseballschläger*

Einen Tankstellenüberfall mit Baseballschläger begeht ein etwa 20 bis 25 Jahre alter Südländer. Er läßt sich einen dreistelligen Bargeldbetrag in eine Tasche füllen und flüchtet. Eine sofort danach ausgelöste Fahndung nach dem Täter verläuft erfolglos.

**27. August 2010**
*Bielefeld: Fünf Südländer*
*schlagen einen 41jährigen zu-*
*sammen und rauben*
*seine Geldbörse*

Ein Bielefelder (41) wird Opfer von fünf südländischen Straßenräubern. Sie stürzen sich gemeinsam auf ihn, schlagen ihn zu Boden und treten auf ihn ein, um seine Geldbörse zu erbeuten. Mit dieser flüchten die 20 bis 25 Jahre alten Täter. Das Opfer muß mit einer Kopfwunde ins Krankenhaus, die dort ambulant versorgt wird.

**28. August 2010**
*Frankfurt a. M.: Umgestoßen*
*und ausgeraubt*

Ein 31jähriger Frankfurter wird unerwartet von hinten umgestoßen und beraubt. Als dieser am Boden liegt, greift sich der Angreifer den Rucksack des Opfers und entwendet daraus ein Handy, das Schlüsselbund des Opfers, die EC-Karte sowie Ausweisdokumente. Durch den Sturz wird das Opfer leicht am Arm verletzt. Nach Angaben des Opfers waren an dem Raub zwei Personen beteiligt. Einer der Täter konnte als etwa 18–20 Jahre alter Südländer beschrieben werden.

Drei junge Südländer rauben einem 15jährigen Mühlheimer in der Offenbacher Innenstadt das Handy. Als der Jugendliche zusammen mit zwei Freunden in der Schloßstraße nahe der Hochschule für Gestaltung auf den Bus wartet, erscheinen die drei jungen Männer im Alter zwischen 17 und 24 Jahren. Einer tritt vor und greift sich gewaltsam das Handy. Als zwei Freunde des Opfers zu Hilfe kommen, zieht einer der Mittäter ein Messer. Nach dem Raub flüchten die drei Südländer.

**28. August 2010**
*Offenbach: Handy gerippt*

In Höhe eines Sitz-Rondells kommt es in Verden zu einer Auseinandersetzung unter Jugendlichen. Eine Gruppe von Südländern greift einen 16jährigen mit einer Flasche an, die einer der Täter seinem Opfer auf den Kopf schlägt. Ein 19jähriger wird zudem mit einem Messer bedroht. Als sein ein Jahr jüngerer Freund den Angreifer wegstoßen will, zieht er sich auch eine Schnittwunde an der Hand zu. Anschließend laufen die Südländer genauso wie ihre Opfer weg. Zwei der Opfer müssen zur Behandlung ins Krankenhaus.

**2. September 2010**
*Verden: Auseinandersetzung unter Jugendlichen mit südländischen Tätern*

Drei Südländer Anfang 20 schlagen in Köln einen 27jährigen von hinten nieder. Auf dem Boden liegend, wird der Mann von einem der Täter festgehalten. Die beiden anderen durchsuchen ihn und stehlen die Geldbörse und das Handy aus seiner Hosentasche. Die Räuber flüchten.

**5. September 2010**
*Köln: Drei Südländer überfallen 27jährigen*

Vier Jugendliche, alle oder darunter zumindest drei Südländer, greifen einen 14jährigen und einen 16jährigen an. Zunächst wird der 16jährige geschlagen, sein Bargeld wird entwendet. Danach durchsuchen die Täter den 14jährigen und rauben sein Handy. Die Angreifer wollen sich entfernen, als das ältere Opfer aufmüpfig wird. Daraufhin kehren zwei der Räuber zurück. Ein später ermittelter 15jähriger Täter nimmt Anlauf und tritt dem Jugendlichen in den Bauch. Die Täter fliehen danach. Die Opfer müssen mit Atemproblemen und Bauchschmerzen im Krankenhaus behandelt werden.

**11. September 2010**
*Köln: Südländer ziehen Jugendliche ab und schlagen zu*

**12. September 2010**
*Duisburg: Drei junge Südländer überfallen 66jährigen*

In Duisburg-Neudorf gehen drei jugendliche Südländer einen 66jährigen an und fordern ihn auf, ihnen seinen Tascheninhalt zu geben. Der stark eingeschüchterte Mann übergibt den Tätern sein Handy und seine Geldbörse mit Inhalt. Die Täter flüchten.

**16. September 2010**
*Hamburg: Südländer rauben Mann aus und schießen auf ihn*

Ein 46jähriger Mann, der seinen Hund in einer Gartenanlage in Hamburg ausführt, wird Opfer eines Raubüberfalles und muß seine Geldbörse aushändigen. Zudem reißen ihm die südländischen Täter seine Goldkette vom Hals. Bei dem Raub geben die Jugendlichen (ca. 16 bis 18) einen Schuß aus einer Kleinkaliberwaffe ab, der jedoch lediglich den Jackenärmel des Opfers beschädigt. Eine sofort eingeleitete Fahndung mit acht Streifenwagen führt nicht zur Festnahme der Täter.

**19. September 2010**
*Thedinghausen: Nach Zigarette gefragt und dann bestohlen*

Hinter dem Autoscooter auf dem Thänhuser Markt greifen zwei Südländer einen 17jährigen an und rauben ihm sein Handy. Das Opfer hatte einen Anruf erhalten und sich, um besser telefonieren zu können, etwas abseits des Geschehens begeben. Dabei war er zunächst von einem der beiden Räuber nach einer Zigarette gefragt worden. Ein zweiter Täter soll ihm im selben Moment das Handy aus der Hand gerissen haben.

**26. September 2010**
*Dormagen: Laute Südländer verprügeln 23jährigen und stehlen sein Handy*

Am Dormagener Bahnhof kommt es zu einer Schlägerei zwischen einem 23jährigen Nievenheimer und zwei 18 bis 20 Jahre alten Südländern. Der junge Deutsche wurde bereits in der S-Bahn verfolgt, weil er sich über die laute Musik der beiden beschwerte. Nach dem Aufeinandertreffen fehlt dem 23jährigen das Handy.

Zwei Südländer (ca. 20 bis 28) rauben einem 21jährigen in Nienburg das Handy und drohen ihm Gewalt an, sollte er seine Wertgegenstände nicht abgeben.

**26. September 2010**
*Nienburg: Handyraub*

Zwei Südländer zwischen 15 und 25 treten von hinten an einen 21jährigen heran und greifen in seine Hosentasche. Der 21jährige schreit die beiden an und ergreift die Flucht. Nach kurzer Zeit haben ihn die Täter jedoch wieder eingeholt. Einer hält nun ein Messer vor und entnimmt dem jungen Mann aus der Hosentasche das Portemonnaie. Anschließend flüchten sie und können trotz eingeleiteter Fahndung unerkannt entkommen.

**6. Oktober 2010**
*Kiel: 21jähriger in Kiel überfallen und beraubt*

Ein Jugendlicher sieht sich am Bahnsteig 5 des Limburger Bahnhofs mit drei Fremden konfrontiert. Ein Dunkelhäutiger und zwei Südländer fordern von ihm Geld oder Zigaretten, sonst würde er geschlagen. Der Erpreßte sagt, er habe drei Euro dabei, übergibt die Münzen und wird daraufhin in Ruhe gelassen.

**6. Oktober 2010**
*Limburg: Von einem Dunkelhäutigen und zwei Südländern abgezogen*

Nach einer privaten Feier befindet sich eine 20jährige Frau in Frankfurt auf dem Nachhauseweg, als sie in einer Unterführung von zwei jungen Südländern angesprochen wird. Als sie einfach weitergeht, erhält sie einen Faustschlag auf die Nase und stürzt zu Boden. Die Männer treten auf die am Boden liegende Frau ein und entwenden ihr schließlich aus der Handtasche einen 20-Euro-Schein. Mit Verdacht auf Gehirnerschütterung, einer Nasenbeinfraktur und Unterleibschmerzen muß die junge Frau mit dem Rettungswagen ins Krankenhaus gefahren werden.

**9. Oktober 2010**
*Frankfurt a. M.: Junge Frau zusammengeschlagen, weil sie Gespräch abblockt*

**17. Oktober 2010**
*Frankfurt a. M.: Türkentrio schlägt, tritt und wirft mit Steinen*

Eine 48 Jahre alte Frau mit ihrem 17 Jahre alten Sohn und einer ebenfalls 17 Jahre alten Begleiterin fahren vom Hauptbahnhof mit der Linie 11 in Richtung Griesheim. Schon während der Fahrt fällt ihnen ein Trio jugendlicher Türken auf, welches sich durch besondere Aggressivität und Pöbeleien gegenüber den anwesenden Fahrgästen hervortut. Als die späteren Opfer dann die Bahn verlassen, steigen die drei Türken ebenfalls aus. Schon während des Aussteigens kommt es ohne ersichtlichen Grund zu Rangeleien. Außerhalb der Straßenbahn nutzen die Täter dann ihre Fäuste und schließlich auch noch ein Messer. Die 48jährige erleidet mehrere Schnittverletzungen am Oberkörper, der 17jährige eine Schnittwunde an der Schulter. Als es den Opfern nach einiger Zeit endlich gelingt, die Flucht anzutreten, werden sie von den Tätern noch mit Schottersteinen aus dem Gleisbett der Straßenbahn beworfen.

**19. Oktober 2010**
*Kiel: Südländer erbeuten Handy*

Ein 19 Jahre alter Mann wird Opfer eines Straßenraubes im Kieler Stadtteil Wellingdorf. Zwei Südländer (ca. 15 bis 17) bauen sich auf einmal vor ihm auf, bedrohen ihn mit einem Messer und fordern die Herausgabe seines Handys. Anschließend flüchten die Täter unerkannt mit der Beute.

**20. Oktober 2010**
*Bad Nauheim: 37jährigem werden 400 Euro geraubt*

Fünf oder sechs junge Südländer bedrohen in Bad Nauheim einen 37jährigen aus Chemnitz mit körperlicher Gewalt. Sie schubsen und stoßen ihn zunächst hin und her, bevor einer der Täter dem Chemnitzer das Portemonnaie aus dessen Gesäßtasche zieht. Er entnimmt daraus 400 Euro Bargeld. Während der Tat halten zwei weitere Mittäter den 37jährigen fest. Die Südländer entfernen sich nach dem Raub unbemerkt. Alle waren zwischen 18 und 25 Jahre alt.

Ein 24jähriger Pizzalieferant soll zwei Pizzas und eine Flasche Cola ausliefern. Vor Ort erwarten ihn jedoch zwei maskierte Südländer Anfang 20, die die Herausgabe von Ware, Portemonnaie und Handy fordern. Dabei hält einer der Männer einen Gegenstand in der Hand, bei dem es sich vermutlich um ein Butterfly-Messer handelt. Der 24jährige händigt aus Angst alles aus.

**21. Oktober 2010**
*Hamburg: Pizzabote von Südländern mit Überfall überrascht*

Auf dem Neumarkt in Bielefeld kommt es gegen vier Uhr nachts zu einer Auseinandersetzung zwischen einem 14jährigen und seinem 18jährigen Freund sowie einer Gruppe Südländer im Alter von 18 bis 22 Jahren. Einer aus der Gruppe reißt den 14jährigen zu Boden, zieht ihm die Kapuze über den Kopf und tritt zusammen mit anderen auf ihn ein. Die Südländer entwenden dem Jungen schließlich zwei Jacken sowie ein Mobiltelefon. Danach flüchtet die Gruppe. Das Opfer zog sich Verletzungen im Gesicht zu.

**24. Oktober 2010**
*Bielefeld: 14jähriger von einer Gruppe Südländer verprügelt*

Ein leicht alkoholisierter Mann (53) trifft in Wanne-Eickel auf drei männliche Personen, die ihn nach einer Zigarette fragen. Direkt danach stößt das Trio den Wanne-Eickeler mit voller Wucht gegen einen Metallzaun, der dadurch aus der Verankerung gerissen wird. Danach schlagen und treten die etwa 20 Jahre alten Südländer auf den 53jährigen ein. Dabei schlägt der Kopf des Mannes mehrfach gegen die Metallstäbe. Mit schweren Gesichtsverletzungen schleppt er sich zu seiner in der Nähe gelegenen Wohnung. Von dort bringt man ihn direkt in ein örtliches Krankenhaus, wo unter anderem ein zertrümmertes Nasenbein festgestellt wird. Aufgrund der Kopfverletzungen wird der Mann anschließend in ein Krankenhaus nach Recklinghausen verlegt. Dort fällt er in ein Wachkoma. Ein Raubdelikt halten die Kriminalbeamten für unwahrscheinlich, da die brutalen Schläger das Bargeld des Mannes nicht entwendet haben und sein Handy am Tatort gefunden wurde. Möglicherweise wurde das Trio bei der weiteren Tatausführung gestört.

**4. November 2010**
*Wanne-Eickel: Prügelattacke von Südländern, 53jähriger im Wachkoma*

**5. November 2010**
*Darmstadt: 19jähriger*
*behält Handy, muß aber*
*ins Krankenhaus*

Ein 19jähriger Darmstädter wird Opfer eines versuchten Raubüberfalles. Der Mann ist im Herrngarten unterwegs, als er aus einer Gruppe von vier jungen Südländern angesprochen und zur Herausgabe seines Handys aufgefordert wird. Als er dies nicht freiwillig macht, halten ihn zwei der Männer fest, die anderen beiden schlagen und treten auf ihn ein. Hierbei wird das Opfer im Kopfbereich erheblich verletzt und muß im Krankenhaus ärztlich versorgt werden. Die Täter flüchten ohne Beute.

**5. November 2010**
*Herford: Zweimal*
*Pfefferspray ins Gesicht*

Gegen zehn Uhr abends wird ein 57jähriger Herforder von zwei jungen Südländern angesprochen und nach Zigaretten befragt. Als der 57jährige mitteilt, keine Zigaretten zu haben, verlangen die Heranwachsenden Geld und sprühen dem Opfer Pfefferspray ins Gesicht. Dem 57jährigen gelingt es, ins nahe gelegene Freizeitbad zu flüchten und von dort die Polizei zu verständigen. Etwa 20 Minuten später wird ein 25jähriger Herforder, der mit seinem Fahrrad unterwegs ist, von vier Südländern angesprochen und nach Bargeld befragt. Gleichzeitig wird ihm Pfefferspray ins Gesicht gesprüht. Das Opfer wird von seinem Fahrrad gestoßen und stürzt zu Boden. Die Täter rauben Bargeld, zwei Handys sowie das schwarze Mountainbike. In beiden Fällen soll es sich um Südländer im Alter von 18–20 Jahren gehandelt haben.

**6. November 2010**
*Bielefeld: Polizeibekannter*
*Iraker raubt 24jährigen aus*

Vor einem Kiosk kommt es zu einer gefährlichen Körperverletzung mit Raub. Dabei wird ein 24jähriger Bielefelder von mehreren Männern geschlagen und getreten und seiner Geldbörse beraubt. Die eingesetzten Beamten können einen der Täter festnehmen. Es handelt sich um einen 18jährigen, der Polizei hinreichend bekannten Iraker. Den anderen Personen gelingt die Flucht.

Eine 19jährige Frau lernt in einer Kieler Diskothek einen jungen Südländer
(21–23) kennen, der sie überredet, mit
ihm nach draußen zu kommen. Im

Laufe der Unterhaltung weist die junge Frau Annäherungsversuche
des Mannes zurück. Dieser schlägt und tritt daraufhin auf sie ein.
Aufgrund der Schwere der Verletzungen wird die Geschädigte mit
einem Rettungswagen in die Uni-Klinik eingeliefert.

Vier Jungen im Alter von etwa zehn
Jahren befinden sich in Minden mit
ihren Rädern auf dem Heimweg von
der Schule, als ihnen plötzlich ein
Südländer den Weg versperrt. Einem

**9. November 2010**
*Minden: 10jährige auf dem*
*Heimweg von der Schule*
*zusammengeschlagen*

Jungen schlägt der zwölf- bis 14jährige mit der Faust ins Gesicht.
Einem weiteren schlägt er mehrfach mit der flachen Hand ebenfalls
ins Gesicht. Er zieht bei einem Kind noch den Rucksack aus dem
Fahrradkorb, stellt ihn dann jedoch wieder zurück, als er von ei-
nem in der Nähe befindlichen Jugendlichen dazu aufgefordert wird.
Der Schläger läßt daraufhin von den Kindern ab.

Vier Südländer überfallen in Hannover
einen 31 Jahre alten Mann. Er war auf
dem Nachhauseweg, als ihm vier Männer entgegenkamen. Diese stellten sich
ihm in den Weg, schlugen ihm mit der

Faust ins Gesicht und forderten ihn auf, Alkohol für sie zu kaufen.
Danach begleiteten sie ihn zu einem nahe gelegenen Supermarkt
und postierten sich an den Ausgängen, so daß das Opfer nicht ent-
wischen konnte. Als der 31jährige den Alkohol gekauft und an die
Täter ausgehändigt hatte, wollte er seinen Nachhauseweg fortset-
zen, wurde aber von den Angreifern erneut durch Schläge daran
gehindert und mußte abermals in dem Supermarkt Alkohol kaufen
und an das Quartett übergeben. Später gelang dem 31 Jahre alten
Mann die Flucht.

**12. November 2010**
*Köln: Zwei Südländer über-*
*fallen 37jährige Frau*

Zwei Südländer überfallen auf der Zwischenebene der U-Bahnhaltestelle Florastraße in Köln-Nippes eine Frau (37). Einer der Männer greift plötzlich nach der Handtasche der Frau. Als das Opfer die Tasche nicht sofort hergibt, bedroht ein Räuber die Frau mit erhobenen Fäusten. Der Andere zieht so stark an der Tasche, daß sie von ihren Riemen abreißt. Die Männer fliehen mit ihrer Beute in unbekannte Richtung.

**13. November 2010**
*Kiel: Ausländertrio erbeutet*
*Handy und Geldbörse*

Drei südländisch aussehende Männer rauben in Kiel einem 18jährigen sein Handy. Die Täter drücken ihr Opfer ohne jegliche Vorwarnung gegen eine Hauswand und fordern unter Vorhalt eines Messers die Herausgabe seiner Wertgegenstände. Das Trio flüchtet schließlich mit einem geraubten iPhone und einem Portemonnaie.

**19. November 2010**
*Rüsselsheim: Mädchen*
*angepinkelt, verprügelt*
*und ausgeraubt*

Auf dem Rüsselsheimer Bahnhof sitzen gegen 22 Uhr zwei 16jährige Mädchen und warten auf den Zug, als sich ein junger Südländer (20) nähert und dem einen Mädchen gegen das Bein uriniert. Als sich die Geschädigte empört, tritt der Täter dem Mädchen in den Bauch und ohrfeigt sie, bis es zu Boden geht. Dabei fallen ihr zwei Handys aus der Jackentasche, von denen der Täter eines mitnimmt.

**20. November 2010**
*Dortmund: Junger Mann*
*nach Stichen, Schlägen und*
*Tritten in Lebensgefahr*

Zwei 19 und 22 Jahre alte Dortmunder werden durch jeweils einen Messerstich, Schläge und Tritte eines Südländers schwer verletzt. Die Verletzungen sind so schwerwiegend, daß bei dem 22jährigen zunächst Lebensgefahr besteht.

Eine zwölf Jahre alte Schülerin wird Opfer eines Raubes, bei dem sie aufgrund einer Gehirnerschütterung das Bewußtsein verliert. Die Zwölfjährige ist mit ihrem Fahrrad auf dem Heimweg. Plötzlich wird sie von einem Südländer vom Fahrrad gestoßen. Die Täter flüchten mit dem Rad. Rettungskräfte müssen die Zwölfjährige später in die Kinderklinik bringen.

**23. November 2010**
*Bremen: zwölfjähriges Mädchen vom Fahrrad gestoßen*

Drei Südländer rauben in Hannover einen Zehnjährigen im Bereich eines Treppenabgangs der U-Bahnstation Kröpcke (Mitte) aus. Sie erhalten einen Euro sowie ein Handy. Den leeren Handyakku des Jungen quittieren die jugendlichen Täter mit Drohungen und Gewalt. Schließlich zwingen sie den eingeschüchterten Jungen in eine Stadtbahnlinie ihrer Wahl einzusteigen.

**25. November 2010**
*Hannover: Zehnjähriger von drei Südländern in U-Bahnstation ausgeraubt*

In einem Skaterpark in Herne kommt es zu einem Raubüberfall auf zwei Schüler (zwölf und 13). Zwei 15 bis 16 Jahre alte Südländer fordern von den beiden Hernern die Herausgabe von Wertsachen und unterstreichen ihre Forderungen durch Drohungen und Schläge. Das kriminelle Duo entwendet zwei Handys, Bargeld sowie einen hochwertigen Kopfhörer und flüchtet anschließend mit der Beute.

**28. November 2010**
*Herne: Geschlagen und ausgeraubt im Skaterpark*

Gegen elf Uhr läuft ein 55jähriger Frankfurter zu Fuß durch die Innenstadt. An einer Fußgängerampel umkreisen ihn plötzlich drei Südländer. Einer der Täter hält den Mann fest, die beiden anderen durchsuchen ihn. Die Täter finden seine Geldbörse und entnehmen daraus einen Bargeldbetrag in Höhe von ca. 230 Euro. Nachdem sie die Geldbörse auf den Boden geworfen haben, entfernen sich die Täter.

**1. Dezember 2010**
*Frankfurt a. M.: An Fußgängerampel am hellichten Tage ausgeraubt*

**12. Dezember 2010**
*Bielefeld: Südländer*
*verlangen Wegegeld*

Drei Diskobesucher werden von zwei Südländern, eventuell Italiener (20–30), aufgefordert, 50 Euro Wegegeld zu bezahlen. Sie ignorieren die Forderung zunächst. Das Duo folgt ihnen jedoch und versucht, einem der drei Diskogänger das Portemonnaie aus der Hosentasche zu ziehen. Der 33jährige Verler greift jedoch ein und kann den Raub verhindern. Allerdings kommt es zu einer zweiten Rangelei, in deren Verlauf die unbekannten Männer an seinem Mantel zerren und ihm diesen ausziehen. Anschließend laufen die Räuber mit dem Mantel davon.

**12. Dezember 2010**
*Frankfurt a. M.: Drei Südlän-*
*der rauben 22jährigen aus*

Ein 22jähriger Frankfurter geht den Aufgang der U-Bahnstation Hauptwache hinauf, als ihn drei Südländer umringen und an eine Wand drücken. Die 25 bis 28 Jahre alten Täter fordern den Geschädigten auf, sein Handy und seine Geldbörse herauszugeben. Zunächst übergibt der 22jährige lediglich sein Portemonnaie und sagt, daß er sein Handy nicht mit sich führe. Die Täter tasten ihn jedoch daraufhin ab und entdecken das Handy. Sie können unerkannt flüchten.

**13. Dezember 2010**
*Sittensen: Täter stirbt bei*
*maskiertem Raubüberfall*
*nach Gegenwehr des Opfers*

Bei einem Raubüberfall in Sittensen durch fünf »gebrochen Deutsch sprechende« Täter auf einen 77jährigen Hausbesitzer erschießt der Angegriffene im Verlauf des Überfalls einen der Täter. Der Rentner wird von fünf teilweise maskierten Tätern angesprochen und in das Haus gedrängt. Dort fordern die Räuber Geld und nehmen dem Geschädigten die Geldbörse ab. Danach durchsuchen sie das Haus und stoßen im Obergeschoß auf einen Tresor. Bei dem Versuch, den Tresor zu öffnen, lösen die Räuber Alarm aus. Der Rentner, der als Jäger Schußwaffenbesitzer ist, kann nach einer Pistole greifen. Er schießt und trifft dabei einen der Täter, einen Albaner, tödlich. Die anderen vier Täter flüchten derweil in unbekannte Richtung.

Zwei Südländer zwischen 20 und 25 Jahren überfallen am Nürnberger Rathenauplatz einen Passanten und berauben ihn. Das Duo schlägt den 33jährigen Mann zu Boden und raubt

**15. Dezember 2010**
*Nürnberg: Südländer-Duo schlägt 33jährigen und raubt ihm mehrere hundert Euro*

ihm im weiteren Verlauf die Geldbörse mit mehreren Hundert Euro Bargeld. Anschließend flüchten die Täter. Ihr Opfer lassen sie leicht verletzt zurück. Es muß ambulant behandelt werden.

Ein 22jähriger Mann aus Kempen wird in Krefeld von hinten durch drei Südländer, die ihm gefolgt sind, durch Tritte angegriffen, zu Boden gebracht und leicht verletzt. Ihm wird sein Porte-

**18. Dezember 2010**
*Krefeld: Drei Südländer verprügeln 22jährigen und rauben Geldbörse*

monnaie aus der Hose gezogen. Die Täter können flüchten.

Als sich zwei 43 und 45 Jahre alte Männer an einem Imbiß im Bahnhof in Solingen-Ohligs etwas zu essen holen, werden sie von einer Gruppe von

**18. Dezember 2010**
*Solingen: Angepöbelt und mit Stühlen verprügelt*

vermutlich fünf jungen Südländern angepöbelt. Aus dem Wortgefecht entwickelt sich eine handfeste Keilerei, in deren Verlauf die Gruppe plötzlich mit Stühlen auf das Duo eindrischt. Anschließend flüchten die jungen Männer aus dem Bahnhof. Die beiden Opfer erleiden Prellungen und Schwellungen im Gesicht, die ambulant im Krankenhaus behandelt werden müssen.

In der Kieler Innenstadt kommt es zu einem brutalen Überfall auf einen Deutschen. Zwei junge Südländer wollen ihn ausrauben (Handy und Bar-

**18. Dezember 2010**
*Kiel: Messerstiche auf Flucht vor Räubern*

geld) und verletzen den Flüchtenden mit einem Messer. Dabei erleidet der 26jährige Stichverletzungen im Bereich der Schulter und im Oberschenkel. Lebensgefahr besteht nicht.

## Teil 2: Intensivtäter, schwere Fälle, Gewalt mit Todesfolge

Quellen zu den Fällen unter www.deutscheopfer.de
(Datum in die Suchmaske eingeben).

**20. Februar 2007**
*Köln: Intensivtäter auf freiem Fuß – Opfer schwerbehindert*

Der Intensivtäter Erdinc H. (damals 17) überfällt in Köln mit Mitgliedern seiner Jugendbande »The New Generation of Gernsheim« einen 43jährigen Deutschen, verprügelt ihn vor den Augen seiner Lebensgefährtin und deren vier Kinder (sieben bis elf Jahre alt) und erbeutet 20 Euro. Waldemar W. fällt dabei ins Koma und ist heute aufgrund seiner damals erlittenen Verletzungen schwerbehindert. Erdinc H. wird verhaftet, vier Wochen später aber bereits wieder entlassen, da sein Opfer nach damaliger Einschätzung »wahrscheinlich« keine bleibenden Schäden davontragen werde. Erdinc H. wird in das Projekt »Heim statt Untersuchungshaft« eingegliedert. Vor Gericht hat er keinerlei Reue gezeigt. Er lehnt eine ihm von seinem Anwalt nahegelegte Entschuldigung bei dem Opfer mit den Worten »Das geht gegen meine Ehre« ab. Das Urteil von Richter Hans-Werner Riehe: »Der Angeklagte ist der schweren Körperverletzung schuldig.« Von einer Gefängnisstrafe sieht er allerdings ab: »Die Verhängung einer Jugendstrafe bleibt vorbehalten.« Im Zivilprozeß wird Erdinc H. dann 2010 zu einem Schmerzensgeld von 110 250 Euro verurteilt. Er muß dies allerdings nur zahlen, wenn sein Verdienst höher als 990 Euro pro Monat liegt. Das ist bisher nicht der Fall. Hinzu kommt, daß der Täter laut *Bild* auch noch Unterhalt für ein Kind bezahlen müßte. Waldemar W. muß seit dem Überfall mit bleibenden Hirnschäden und epileptischen Anfällen leben. Seine Arbeit hat er verloren, seine Freundin hat ihn verlassen, er selbst ist zu seinen Eltern zurückgekehrt und bezieht Hartz-IV.

Im sächsischen Brand-Erbisdorf tötet Mohamed S., 30 Jahre alter Tunesier, seine Ehefrau Birgit S. (49), indem er sie mit einem Massagegurt erdrosselt. Der Grund des Mordes war Eifersucht, da die Frau als Friseurin arbeitete und anderen Männern die Haare schnitt. Birgit S. ließ sich für Mohamed sogar von ihrem ersten Mann scheiden. Doch die Beziehung zu dem Tunesier war bereits vor der Hochzeit problematisch, da er sie immer wieder kontrollierte und um den Friseursalon schlich. Am Tag des Mordes schrieb er ihr eine SMS mit dem Inhalt: »Viele Männer – nicht gut – tot!« Daraufhin wollte sich Birgit mit ihm aussprechen, wozu es nicht mehr kam. Mohamed flüchtete zunächst nach Italien, wurde aber nach drei Monaten geschnappt. Trotz eines Geständnisses plädierte der Verteidiger des Tunesiers vor Gericht auf Freispruch. Die bereits erwachsene Tochter von Birgit S. sah die Beziehung von Anfang an kritisch: »Ich hatte meine Mùtter gewarnt. Die andere Kultur und das Alter, da war ein zu großer Unterschied.«

*März 2007*
*Brand-Erbisdorf (Sachsen):*
*Tunesier erdrosselt deutsche*
*Ehefrau, weil sie Friseurin ist*

Ein Streit um liegengelassenen Müll eskaliert am Tegeler See. Der 44jährige Familienvater Ralf-Hans S., der mit seinem etwa dreijährigen Sohn und seiner Frau an der Badestelle liegt, fordert vier junge türkische Männer auf, ihren Müll zu beseitigen. Diese reagieren aufgebracht und werden ausfallend. Sie umringen den Mann und greifen ihn mit einem Knüppel an. Der 23jährige Darius E. will dem Mann helfen, doch der 17jährige Erol A. ist schneller und rammt ein Messer in den Rücken des Helfers. Im Krankenhaus stirbt Darius E. an seinen Verletzungen. Die Täter flüchten zunächst und stärken sich in einem Imbiß mit Döner und Cola. Der vorbestrafte Täter erhält später acht Jahre Jugendhaft. Seine Freunde kommen mit Bewährungsstrafen zwischen sechs und 18 Monaten davon. Sie beschweren sich vor Gericht über den Familienvater. Dieser hätte seine Bitte, den Müll wegzubringen, auch freundlicher sagen können. Unter den Mittätern ist auch der 18jährige Knüppelschläger Ugur Al., der noch vor der Urteilsverkündung für den Totschlag am

*14. Juni 2007*
*Berlin/Tegeler See: Helfer*
*bekommt Messer in den*
*Rücken – Wiederholungstat*
*am 29. Dezember 2007:*
*Mittäter sticht Jugendlichen*
*nieder und verletzt ihn*
*lebensgefährlich*

Tegeler See erneut straffällig wird. Am 29. Dezember 2007 sticht er einen 17jährigen mit dem Messer nieder und verletzt ihn dabei lebensgefährlich. Ein Jahr nach der Tat wird vor hundert Gästen ein Gedenkstein für Darius E. am Tegeler See eingeweiht. Zudem haben sich Freunde die Mühe gemacht, eine eigene Internetseite für das Opfer zu gestalten: www.nachrufdarius.de.

### 21. August 2007

*Kernen-Rommelshausen bei Stuttgart: Ehrenmord an Yvan Schneider – 20 000 Unterschriften für Verschärfung des Jugendstrafrechts*

Der 19jährige Abiturient Yvan Schneider aus Kernen-Rommelshausen bei Stuttgart wird ermordet, zerstückelt und einbetoniert, weil er sich mit der Freundin des 18jährigen Haupttäters getroffen haben soll. Es handelt sich um einen Ehrenmord. Die aus Eritrea stammende, 16jährige Sessen K. ist mit dem türkisch-kroatischen Haupttäter Deniz E. (18) liiert. Dieser setzt eine Todesliste für alle Männer (insgesamt sieben) auf, mit denen seine Freundin eventuell bereits Geschlechtsverkehr gehabt haben könnte. Sessen K. hatte ihm gegenüber wahrheitswidrig behauptet, mit Yvan Schneider ihren ersten Sex gehabt zu haben. Deshalb zwingt Deniz E. seine Freundin, Yvan auf eine Wiese zu locken. Dort erschlägt Deniz E. gemeinsam mit seinem kasachischen Freund Roman K. den jungen Gymnasiasten mit einem Baseballschläger. Anschließend zerstückeln sie den Leichnam in 14 Teile, betonieren diese in einer Wohnung in Stuttgart-Gablenberg in fünf Blumenkübel ein und versenken sie im Neckar. Den Torso des Getöteten versteckt Deniz E. unter Mithilfe seines Vaters und eines weiteren Mannes, Kajetan M., in einem Waldstück bei Großbottwar. Vor Gericht erhalten Deniz und Roman die Höchststrafe im Jugendrecht für Mord, 10 Jahre. Sessen K. wird zu neun Jahren Haft verurteilt. Wegen Strafvereitelung erhält zudem Kajetan M. drei Jahre und drei Monate Haft.

Die Eltern von Yvan Schneider sind mit dem Urteil nicht zufrieden und starten eine Unterschriftenkampagne für härtere Strafen für jugendliche Kriminelle. Über 20 000 Menschen schließen sich ihrer Initiative an, doch alle Appelle an die Politik, unter anderem an die Justizministerinnen Brigitte Zypries und Sabine Leutheusser-Schnarrenberger (SPD bzw. FDP) bleiben unbeantwortet. Fabienne und Pierre Schneider haben über den Mord an ihrem Sohn ein Buch geschrieben und Freunde eine Internetseite rund um den Fall aufgebaut.

Alle wichtigen Quellen auf: www.yvanschneider.de.

Nico (19), der Sohn von Nord-Bezirks-amtsleiter Mathias Frommann (SPD), und sein Freund Daniel (19) werden vor einer Diskothek von einer süd-ländischen Jugendgang nach Zigaret-ten und Handys gefragt. Als die Gymnasiasten die Zigaretten geben wollen, schlägt einer der Angreifer Nico eine Flasche auf den Kopf. Trotz Verletzungen kann er fliehen. Die Täter treten währenddes-sen auf seinen am Boden liegenden Freund ein, sprühen ihm Reiz-gas ins Gesicht und rammen ihm mindestens dreimal ein Messer in den Rücken. Die Beamten können drei der Messerstecher sofort fas-sen. Während Daniel im Krankenhaus notoperiert wird, entläßt der Strafrichter den ehemaligen Häftling Cem M. (17), den polizeibe-kannten Volkan C. (17) und Özmen N. (18). Im Juni 2008 erhalten Özmen, Volkan und Ahmet K. (18) bis zu zwei Jahre auf Bewährung. Die Haupttäter Peter und Cem erhalten »Vorbewährung«. Das bedeu-tet, sollten sie sich in den nächsten sechs Monaten nichts zuschul-den kommen, können sie zwei Jahre Haft umgehen. Während des Prozesses beleidigen die Täter die Angehörigen der Opfer mehrfach.

**3. November 2007**
*Hamburg: Polizeibekannte Jugendgang verprügelt Sohn von Politiker*

Die beiden Ghanaer Collins Y. (25) und Isaac B. (21) vergewaltigen die 22jäh-rige Studentin Nadine M. Sie zeigt die beiden an, doch die Polizei verweist auf die fehlenden Zeugen und vermeintli-che Widersprüche in der Aussage. Lediglich Collins Y. erhält wegen Drogenbesitzes drei Monate auf Bewährung, obwohl die Richterin einräumt, daß Collins Y. Wiederholungstäter ist. Die zugrunde ge-richtete Nadine M. nimmt sich daraufhin das Leben. Im März 2008 vergewaltigt Isaac B. erneut eine junge Frau. Es kommt zwei Jahre nach der Vergewaltigung zu einer Verhandlung. Diesmal erhält er eine Strafe von einem Jahr und sechs Monaten Haft. Da er bereits elf Monate in Untersuchungshaft gesessen hat und die übrigen sie-ben Monate erlassen werden, ist Isaac B. dennoch ein freier Mann.

**1. Dezember 2007**
*Lübeck: Selbstmord nach Vergewaltigung durch zwei Ghanaer*

**20. Dezember 2007**

*München: U-Bahnschläger sorgen für bundesweite Schlagzeilen*

Der Türke Serkan A. (20) und der Grieche Spyridon L. (18) prügeln in einer Münchner U-Bahnstation brutal auf den 76jährigen Rentner Bruno N. ein. Er hatte sie aufgefordert, das Rauchen einzustellen. Daraufhin beleidigen die beiden Ausländer den Rentner als »deutsches Arschloch«, schlagen ihn zu Boden und treten dann auch noch mit Anlauf gegen seinen Kopf. Sie rauben ihrem Opfer den Rucksack und können zunächst flüchten. An einen Freund schicken sie ein Handyvideo mit der Tat und dem Text: »Jetzt wirst du gerade Zeuge, wie ich einen Deutschen umbringe!« Der Rentner erleidet einen dreifachen Schädelbruch. Die Täter können anhand von Überwachungskameras gefaßt werden. Serkan A. erhält wegen versuchten Mordes zwölf Jahre Haft, Spyridon L. eine Jugendstrafe von achteinhalb Jahren. Nach der Hälfte ihrer Haftverbüßung müssen sie mit einer Abschiebung aus Deutschland rechnen. Serkan A. zeigte nach der Urteilsverkündung den Pressefotografen den Mittelfinger. Der Fall sorgte bundesweit für viele Schlagzeilen und eine Debatte über Ausländerkriminalität.

**6. Januar 2008**

*München: Asylbewerber verprügeln zwei junge Männer in U-Bahnstation Sendlinger Tor*

Am Morgen werden zwei junge Männer (22) in der Münchner U-Bahnstation Sendlinger Tor von einer Gruppe junger Iraker und Palästinenser mit Schlägen und Tritten traktiert. Die Opfer müssen daraufhin ärztlich behandelt werden. Die vier Täter (16 bzw. 17) werden aufgrund von Videobildern festgenommen. Sie waren erst wenige Monate zuvor illegal nach Deutschland eingewandert und sind seitdem zum Teil bereits mehrfach mit Polizei und Justiz in Berührung gekommen. Der Palästinenser Mohamed B. (16) kam im September 2007 und ist 13mal aktenkundig geworden. Sein Asylantrag wurde zwar abgelehnt, aber da die Sicherheitslage in seinem Heimatland als zu kritisch eingeschätzt wird, bleibt er weiter in Deutschland. Gegen ihn wurde nach der Gewalttat Haftbefehl erlassen. Der ebenfalls an der Tat beteiligte Asylbewerber Salim A. (17) wurde zuvor schon viermal wegen Diebstählen sowie einer Sachbeschädigung festgenommen. Er bleibt genauso auf freiem Fuß wie die zwei anderen Täter.

In Frankfurt a. M. prügeln sieben Männer – zumeist mit »Migrationshintergrund«, wie die Polizei mitteilt – im Alter von 17 und 21 Jahren einen U-Bahn-Fahrer ins Krankenhaus, der auf dem Weg nach Hause ist. Zuvor hatten die polizeibekannten Täter in einer U-Bahn randaliert. Haftbefehle werden nicht beantragt.

**6. Januar 2008**
*Frankfurt a. M.: Polizeibekannte U-Bahnschläger prügeln einen Lokfahrer ins Krankenhaus*

Während sich der 20jährige Türke Ferhat G. in Berlin am Morgen auf dem Weg zur Arbeit befindet, kommt ihm das Pärchen Grit A. (34) und Tom H. (31) von einer langen, feuchtfröhlichen Nacht entgegen. Grit A. rempelt Ferhat G. versehentlich beim Springen über das Straßenpflaster an, entschuldigt sich aber sofort. Der 115 Kilo schwere Türke nimmt dies jedoch nicht an. Vor Gericht heißt es später, zu seinem Persönlichkeitsbild gehöre ein grundsätzliches Streben nach Dominanz gepaart mit einem steten Mißtrauen gegen »alles und jeden«. Zunächst beleidigt Ferhat G. Tom H. und Grit A., die aber nicht reagieren. Gemeinsam mit weiteren Passanten warten die beiden an einer roten Ampel. Ferhat G. sucht den Blickkontakt zu Tom H. und gibt später an, er habe sich dadurch provoziert gefühlt. Wieder beleidigt er ihn deshalb. Nun erst reagiert Tom H. – vor Gericht wird festgestellt, daß er möglicherweise gelacht und gefragte habe, was denn der Angeklagte eigentlich von ihm wolle? Daraufhin kommt es zu einer kurzen Schlägerei zwischen den Männern. Ferhat G. habe gemerkt, daß sich sein Gegenüber nicht einfach einschüchtern lasse, möchte nach den Feststellungen der Richter aber unbedingt der Dominierende sein und die Angelegenheit in seinem Sinne beenden. Plötzlich rammt der Türke sein Messer sieben Zentimeter tief in den Kopf von Tom. Künstliches Koma, mehrere Wochen Krankenhaus, zwei Operationen und Reha-Maßnahmen muß dieser danach durchkämpfen. Schwere Konzentrations- und Wortfindungsschwierigkeiten bleiben als Schäden, mit denen er seitdem leben muß. Auch Grit A. bleibt nach den Feststellungen des Gerichts nicht verschont: Als sie dem flüchtenden Angeklagten hinterher gelaufen sei, habe dieser sie gegen den Oberkörper getreten. Die Geschädigte sei schmerzhaft auf

**6. März 2008**
*Berlin: Wiederholungstäter Ferhat rammt Messer in den Kopf seines Opfers*

den Rücken geprallt. Ferhat G. war vor der Tat bereits mit Körperverletzungsdelikten strafrechtlich in Erscheinung getreten. Er erhält eine Strafe von fünfeinhalb Jahren Haft nach Jugendstrafrecht.

**8. März 2008**
*Leipzig: Unbeteiligter Rußlanddeutscher stirbt beim »Türsteher-Krieg«*

Die von Medien als »Türsteher-Krieg« bezeichneten Auseinandersetzungen zwischen Banden in der Leipziger Diskothekenszene fordern mehrere schwerverletzte Menschen. Es beginnt damit, daß Ausländer die Diskothek »Schauhaus« stürmen. Als die Polizei eintrifft, wird auch diese angegriffen. »Sie ließen sich von unseren Diensthunden in den Arm beißen, um den Tieren dann mit der anderen Hand die Schnauze zuzudrücken«, berichtet Leipzigs Polizeipräsident Rolf Müller später über die Angriffe auf die Polizei durch ausländische Banden und Türsteher. Beide Gruppierungen seien mit Baseballschlägern, Pfefferspray und Pflastersteinen ausgerüstet. Die Lage beruhigt sich aber schließlich. Später brechen jedoch Kämpfe vor weiteren Diskotheken aus. Dabei wird der unbeteiligte, 28jährige Rußlanddeutsche Andreas K. zufällig von Kugeln getroffen. Aus einer Gruppe randalierender Ausländer habe diese ein Mann mit dunklerem Teint abgefeuert. Das Opfer hat keine Überlebenschance. Auslöser des »Türsteher-Krieges« sind Streitereien arabischer Cliquen, die mehr Einfluß in der Stadt geltend machen wollen.

**21. März 2008**
*Hamburg Rumänen aus Zuhälterbande schlagen Gastwirt tot*

Der Hamburger Wirt Holm B. (44) wird von zwei Rumänen totgeschlagen, als er einen Streit schlichten möchte. Vor seiner Kneipe hatten die zwei Südländer einen 45jährigen zusammengeschlagen. Das Opfer rettete sich in die Kneipe, wo ihm der Wirt zu Hilfe kam und einen der Täter aus dem Lokal herausschob. Draußen wartete jedoch der zweite Täter, der Holm B. dann zu Boden schlug. Die Täter ließen von ihrem neuen Opfer auch dann nicht ab. Sie schlugen und traten weiter auf den wehrlosen Mann ein. Danach konnten sie zunächst flüchten. Holm B. starb wenig später im Krankenhaus. Die zum Zeitpunkt des Prozesses im Februar 2009 33 und 25 Jahre alten Rumänen werden zu jeweils sechs Jahren Haft verurteilt. Die Verteidigung plädierte für Freispruch. Die Rumänen gehören in Hamburg zu einer berüchtigten Zuhälterbande, die Frauen zur Prostitution zwingt, Kinder entführt hat und von »fremden« Prostituierten auf »ihrem« Gelände »Standgeld« eintreibt.

In Stolberg (NRW) wird der 19jäh-
rige Kevin erstochen, als er mit einem 18jährigen NPD-Mitglied auf dem
Nachhauseweg von einer Parteiveran-
staltung ist. Der Täter ist ein 18jähri-

**4. April 2008**

*Stolberg: NPD-Sympathisant*
*auf Heimweg von Ausländer*
*erstochen*

ger Ausländer aus einer Clique. Die Polizei resümiert, daß die Tat trotz der dezidiert rechten Einstellung des Opfers keine politische Dimension besitze, sondern »im persönlichen Umfeld zwischen Tä-ter und Opfer« begründet liegt und damit lapidar eine »Auseinan-dersetzung zwischen zwei Personengruppen« darstellt. Die NPD veranstaltet nach dem Totschlag Trauermärsche. Stolbergs Bürger-meister Ferdi Gatzweiler (SPD) nennt diesen Umstand eine »Kata-strophe«, da er fürchtet, daß die Stadt zur Pilgerstätte der Rechten werde. Der Täter wird unterdessen zu einer Jugendstrafe von sechs Jahren verurteilt. Die Familie von Kevin hat für ihn eine Internet-seite eingerichtet. Darauf enthalten sind auch alle wichtigen Presse-berichte: http://www.kevin-plum.de.

Wegen geringer Drogenschulden gerät
Kirk M. (17) in einen Streit mit Gzim
L. (22), Labinot B. (21) und Yakup M.
(19). Die Ausländer versuchen, das
Geld mit Gewalt einzutreiben. Die Si-

**16. April 2008**

*Hamburg: Ausländertrio*
*entsorgt verkohlte Leiche*
*ihres Opfers*

tuation gerät außer Kontrolle, weil Kirk M. sich von der versuchten Erpressung unbeeindruckt zeigt. Labinot B. fühlt sich dadurch pro-voziert und meint, »Stärke demonstrieren« zu müssen. Es kommt zu einem Kampf mit tödlichem Ausgang. Labinot B. habe sein Op-fer stranguliert, Gzim L. ihm eine Zwiebel in den Hals gesteckt und Yakup M. habe die Tathandlungen der beiden Mitangeklag-ten durch Sprünge auf das Opfer unterstützt, heißt es später vor Gericht. Anschließend sei das Opfer auf einer illegalen Mülldepo-nie verbrannt worden. Die verkohlte Leiche wird wenig später im Hamburger Stadtteil Billwerder von einem Mitarbeiter der Stadt-entwässerung gefunden. Die Täter hatten Kirk auf Tapetenresten mit Benzin übergossen und angezündet. Im Oktober 2009 spricht das Landgericht die jungen Ausländer schuldig: Gzim L., Labinot B. und Yakup M. werden wegen gemeinschaftlichen Totschlags in Tateinheit mit versuchter räuberischer Erpressung verurteilt. Der Erwachsene Gzim L. erhält eine Freiheitsstrafe von neun Jahren und sechs Monaten, Labinot B. eine Jugendstrafe in gleicher Höhe und Yakup M. acht Jahre.

### 12. Mai 2008
*Hamburg: Jamaikanischer Drogendealer sticht mehrmals zu und tötet einen Mann*

Kim (26, Tischler) und sein Bruder Danny A. (27, Koch) geraten angetrunken auf der Reeperbahn mit dem polizeibekannten, jamaikanischen Drogendealer Leon M. (20) in Streit und werden von ihm tätlich angegriffen. Die Brüder stoßen den Angreifer ohne Erfolg zurück, doch er rennt hinter ihnen her und erwischt sie. Leon M. schneidet Danny ein Stück seiner Nase ab und ersticht Kim. Auf dem Weg ins Krankenhaus stirbt der Tischler. Einen Tag später wird der Jamaikaner in London am Flughafen gefaßt. Im Dezember 2008 wird er zu vier Jahren Haft wegen Totschlags und gefährlicher Körperverletzung verurteilt. Die Verteidigung war der Ansicht, Leon M. hätte in Notwehr gehandelt und plädierte auf Freispruch.

### 21. Juni 2008
*Berlin-Friedrichshain: Intensivtäter schüchtert Kiez ein und sticht Soldat ab*

In Friedrichshain schüchtert der mehrfach straffällig gewordene Ghanaer Jeffrey S. (18) den Kiez ein. Bäcker, Kneipenwirte und Anwohner haben vor dem großen, muskulösen Mann Angst und lassen sich Handys und andere Wertgegenstände abnehmen. In Gaststätten verweigert Jeffrey ohne Konsequenzen die Zahlung, da die Bürger Angst vor Vergeltung haben. Als sich der Ghanaer dem 20jährigen Soldaten Florian S. mit einem Messer in den Weg stellt, weil dieser auf »seinem« Bürgersteig gehe, eskaliert die Situation. Jeffrey sticht dem jungen Mann in die Brust und kann zunächst flüchten. Florian muß mit zwei Notoperationen gerettet werden. Bei der Polizei legt Jeffrey ein Teilgeständnis ab.

Nach einem langen Nachbarschaftsstreit ersticht der 35jährige Türke Tay-
fur T. in Mainburg (Kreis Kelheim)
das Rentner-Ehepaar Helmut und
Helga (66 und 72). Zuerst stellt er sie

**27. August 2008**
*Mainburg: Türke ersticht
Rentner-Ehepaar nach
Nachbarschaftsstreit*

zur Rede, dann zieht er sein Messer und sticht mindestens 20mal
zu. Der Täter stellt sich sofort nach der Tat der Polizei und wird später zu elf Jahren Haft verurteilt.

In Bensheim belästigt Haydar M. (19)
eine junge Frau, deren Freund sich
schützend vor sie stellt. Gemeinsam
prügeln daraufhin Haydar M., dessen
Vater Erdogan (42), sein Halbruder

**28. September 2008**
*Bensheim: Perser stirbt, weil
er ein Paar vor Türken
beschützen will*

Volkan M. (19) sowie der Onkel Ekbar M., der später in die Türkei flieht, auf ihn ein. Der Perser Fabian Salar Saremi kommt dem
jungen Mann zu Hilfe und beendet zunächst die Auseinandersetzung. Auf der Straße vor der Disko trifft er später auf die wartenden
Türken. Mit Schlägen und Fußtritten verprügeln sie ihr Opfer. Als
sich Fabian Saremi schwer verletzt nicht mehr wehren kann, nimmt
Haydar M. Anlauf zu einem Tritt, der das Opfer bewußtlos zurück-
läßt. Gemeinsam treten die Täter auch danach noch auf den Ohn-
mächtigen ein. Zeugen des Vorfalls sprechen von »elfmeterartigen
Tritten« gegen den Kopf des Opfers. Kurz danach überfährt ein Taxi
den 29jährigen, der einige Wochen später in einer Mannheimer Klinik stirbt. Erdogan M. erhält sechs Jahre Haft, seine Söhne jeweils
knapp über drei Jahre. Familie und Freunde von Fabian Salar Saremi versuchen das Gedenken an ihn hochzuhalten, haben zwei In-
ternetseiten eingerichtet (http://fabiansalarserbe.de und http://fabi-
ansalarsaremi.beepworld.de) sowie einen Verein für Toleranz und
Zivilcourage gegründet.

Der Obdachlose Heinz-Peter R. (51)
wird von einem stark alkoholisierten
22jährigen Türken angegriffen. Der
Täter zertrümmert seinem Opfer mit

**4. Oktober 2008**
*Frankfurt a.M.: Türke
schlägt Obdachlosen tot*

einem ungeklärten Gegenstand sämtliche Knochen des Gesichts-
schädels. Der Obdachlose stirbt wenig später an der qualvollen Ein-
atmung von Blut. Der Täter erhält sechs Jahre Haft.

**18. Oktober 2008**
*Berlin: Araber überfährt*
*77jährigen Touristen und*
*stirbt wenig später selbst*

Mit einem geliehenen BMW-Coupé überfährt mutmaßlich der 25jährige Araber Abdulkadir O. den 77 Jahre alten Berlin-Touristen Johannes K., weil er am Potsdamer Platz bei Rot über die Kreuzung fährt. Danach begeht er Fahrerflucht. Der Täter entstammt einem arabischen Groß-Clan und besitzt vor dieser Tat eine mehr als 70seitige Polizeiakte. Innerhalb des Clans gibt jeder jedem die Schuld an dem Unfall mit Todesfolge, so daß es für Polizei und Staatsanwaltschaft kaum möglich ist, den richtigen Täter zu fassen. Wenige Wochen später stirbt dieser dann bei einem Autounfall, als er mit einem Dieb vor der Polizei flieht.

**7. November 2008**
*Waldbröl bei Bonn:*
*Ehefrau erstochen, weil*
*Abschiebung drohte*

Vor den Augen seines zweijährigen Sohnes sticht Mouchtar S. (24) aus Guinea seine 47jährige Ehefrau Karin in Waldbröl bei Bonn mit 26 Messerstichen nieder, weil sie sich von ihm getrennt hatte, sich scheiden lassen wollte und ihn wegen häuslicher Gewalt anzeigte. Der Afrikaner hatte die Frau und die Kinder mehrmals geschlagen. Mouchtar S. drohte durch die Scheidung eine Abschiebung aus Deutschland, weil er noch Abschiebekosten aus dem Jahr 2003 (insgesamt 15 000 Euro) abbezahlen mußte, die er allein nicht hätte aufbringen können. Aufgrund des Totschlags wird er zu zwölf Jahren Haft verurteilt. Vor Gericht zeigt er keinerlei Reue und schiebt die Schuld auf die Familie seiner getöteten Ehefrau. Die Tochter aus erster Ehe von Karin sagt vor Gericht, Mouchtar sei von Anfang an herrisch gewesen.

**26. Februar 2009**
*Berlin-Neukölln: Rapper*
*Momoblack ersticht*
*behinderten Nachbar*

Der Neuköllner Rapper Mohammed H. (19), der sich »Momoblack« nennt, singt in mehreren seiner Lieder von Gewalt. Weil sein 41jähriger Nachbar Andreas H. ihn bittet, etwas leiser zu sein, ersticht er ihn. Das behinderte Opfer stirbt blutüberströmt. Mohammed H. ist bei der Justiz kein Unbekannter: Er flog zuvor von 15 Schulen und fiel Nachbarn und Justiz mehrfach als gewaltbereit und herrisch auf.

Der gebürtige Afghane Daryoush P. (29), Betriebswirt und Geschäftsführer einer Gebrauchtwagenfirma, kann sich nicht mit dem Entschluß seiner Freundin Lena (24) abfinden, ihn zu verlassen, weil ihn der Gedanke quält, sie könnte einen neuen Mann kennenlernen. Er kettet sich deshalb mit einer Eisenkette an sein Opfer fest und löst dann in ihrer Wohnung in einem Münchner Hochhaus eine Benzin-Explosion aus. Beide Leichen werden bis zur Unkenntlichkeit entstellt.

**3. März 2009**
*München: Eifersüchtiger Afghane reißt Exfreundin mit in den Tod*

Ihrem Mann Ernst K. erzählt Marlies K. (53), sie würde mit Kolleginnen feiern. Doch sie trifft sich mit dem Kurden Veysel K. (57) aus Doberlug-Kirchhain. Nach einem für die Frau unbefriedigenden Geschlechtsverkehr soll sie ihren Liebhaber kritisiert haben, der ihr daraufhin einen Gegenstand in den Genitalbereich rammt. Die Frau stirbt an einem verletzungsbedingten Schock. Die bei der Gewalttat nackte Marlies K. soll der mutmaßliche Täter dann wieder angekleidet und in ihr Auto gelegt haben. An einem Parkplatz setzt er sie ab und flüchtet. Später wird der Täter zu neun Jahren Haft verurteilt.

**7. März 2009**
*Doberlug-Kirchhain (Lausitz): In seiner Mannesehre gekränkter Kurde tötet Liebhaberin*

Nicole B., die 41jährige Mutter eines zehnjährigen Sohnes, wird im Parkhaus eines Hamburger Saunabetriebes mit 36 Stichen von ihrem Ex-freund Suat G. (40) getötet. Der Türke, der sie vor der Tat mehrfach bedroht hatte, handelte nach Ansicht des Gerichts im Affekt, weil er aufgrund der Trennung gekränkt war. Zur Tatzeit war er betrunken und bekifft. Zudem wirkte es sich strafmildernd aus, daß er früh von seinem Vater getrennt wurde. Richter Wolfgang Backen verurteilte Suat G. zu achteinhalb Jahren Haft wegen Totschlags.

**25. März 2009**
*Hamburg: Türke ersticht Exfreundin und bekommt achteinhalb Jahre Haft*

**24. Mai und 8. Juni 2009**
*Köln: Taxifahrer wegen*
*Handyschulden überfallen*

Der 20jährige Tarik H. überfällt an den zwei Tagen zwei Taxifahrer und verletzt mit einem Teleskopstab insbesondere sein zweites Opfer, einen 68jährigen, schwer, der danach mehrere Operationen über sich ergehen lassen muß und ein Pflegefall wird. Tarik H. gibt als Motiv Handyschulden an. Im April 2011 erhält er wegen versuchten Mordes eine Freiheitsstrafe von siebeneinhalb Jahren.

**12. Juni 2009**
*Hamburg: Körperverletzung*
*mit Todesfolge wegen*
*20 Cent – Wiederholungs-*
*tat: Ende Juni 2010: Berhan*
*schlägt Freundin kranken-*
*hausreif, weil sie nicht*
*anschaffen geht*

20 Cent wollen sich die zwei türkischen Jugendlichen Onur K. (17) und Berhan I. (16) in der Fußgängerunterführung des Bahnhofs Hamburg-Harburg von dem 44jährigen Niedersachsen Thomas M. schnorren. Als der Mann ablehnt, schlägt ihn einer der Täter unvermittelt mit der Faust nieder. Der Mann stürzt daraufhin auf den Hinterkopf. Danach treten beide weiter auf ihr Opfer ein. Der Mann erliegt drei Wochen später in einem Krankenhaus seinen schweren Kopfverletzungen. Aufgrund von Justizpannen kommen die jungen Türken schnell aus der U-Haft heraus.

Bei Berhan I. dauert es nicht lange, bis er wieder auffällig wird: Ende Juni 2010 versucht er, seine Freundin Jennifer O. (18) zum Anschaffen zu zwingen. Sie lehnt ab und wird deshalb krankenhausreif geprügelt. Berhan I. würgt sie und bricht ihr mehrere Knochen.

Im »20 Cent«-Prozeß erhalten Berhan und Onur im Dezember 2010 drei Jahre und zehn Monate bzw. drei Jahre und vier Monate Haft. Das Gericht fand heraus, daß Thomas M. an den Folgen des Faustschlags und nicht an den Fußtritten, als er bereits am Boden lag, starb. Deshalb sei dieser Fall nur eine Körperverletzung mit Todesfolge und kein Totschlag. Die Angehörigen des Opfers zeigen sich nach dem milden Urteil entsetzt. Doch auch der Verteidiger von Onur ist nicht zufrieden. Man wolle in Revision gehen, weil das Urteil auf reiner Spekulation beruhe und sein Mandant durch die öffentliche Hetze »kaum Luft vor lauter Schuld« kriege.

Auf dem Nachhauseweg von einer Feier wird in Schöppingen (NRW) der 18jährige Kevin von dem 28jährigen irakischen Asylbewerber Muhammad M. erstochen.

**21. August 2009**
*Schöppingen: Irakischer Asylbewerber ersticht 18jährigen Kevin*

Daraufhin melden sich bei der *Ahlener Zeitung* mehrere Leser, die von weiteren Problemen mit Asylbewerbern im Ort berichten. Belästigungen und Tätlichkeiten seien keine Seltenheit. Frauen könnten sich deshalb abends nicht mehr auf die Straße trauen. Die Polizei zieht daraus Konsequenzen und kündigt eine verstärkte Präsenz auf der Straße an. Vor Gericht sagt Muhammad M. aus, er habe Kevin erstochen, weil dieser ein Mädchen sexuell belästigt hätte. Diese Version läßt sich jedoch nicht durch Fakten stützen. Die Familie des Opfers gründet die Interessengemeinschaft »Schöppinger Friede«, die unter anderem für die Schließung des Asylantenheims in Schöppingen eintritt. Internetadresse: www.schoeppinger-friede.de.

Ein 16jähriger Pakistani sticht einen Hausmeister mit dem Messer nieder, weil er seine Zigarettenstummel entfernen sollte.

**21. September 2009**
*Dietzenbach: Hausmeister niedergestochen*

Mehrere Personen, darunter seine Eltern, beteiligen sich an dem Streit, ehe der Jugendliche mit einem Küchenmesser zurückkehrt und es dem Hausmeister in die Hüfte rammt. Wenige Stunden später wird der bereits polizeibekannte Täter auf freien Fuß gesetzt. Die Staatsanwaltschaft sieht keinen Grund für einen Haftbefehl. Der Jugendliche brüstet sich in der Folgezeit mit der Tat. Er habe den Hausmeister platt gemacht.

Fadi S. (35) ersticht seine von ihm getrennt lebende Ehefrau Hanna H., die aufgrund seiner Gewalttätigkeiten Anzeigen gegen den Jordanier stellte.

**13. Oktober 2009**
*Bilderstöckchen: Jordanier bringt Ehefrau nach Trennung um*

Trotz einer verfügten 200-Meter-Bannmeile um ihre Wohnung herum, fällt Fadi S. sie mehrmals an, ohne daß die Justiz tätig wird. Einige Tage nach einer solchen Attacke wird er zum Mörder. Anwohner beobachten, wie er seiner Frau das Gesicht zerschneidet und das Messer immer wieder in ihren Oberkörper rammt. Anschließend wird er beim Fluchtversuch gefaßt. Die Frau erliegt ihren Verletzungen. Hanna H. ist die Tochter einer deutschen Konvertitin zum Islam, die sich in Jordanien ihr Leben aufbaute. Dort wurde Hanna mit 15 Jahren an Fadi S. verheiratet, der selbst nach der Trennung noch darauf achtete, daß sie ihr Kopftuch trägt. Mit Fadi S. und ihren drei Kindern kam Hanna 2008 nach Deutschland, doch ihr Mann fand sich hier nicht zurecht. Im Juli 2010 wird er zu einer lebenslangen Freiheitsstrafe verurteilt.

### 15. Dezember 2009
*Dresden: Pakistanischer Asylant ermordet deutsche Freundin, weil sie nach Australien will*

Wenige Tage vor Weihnachten findet man die Abiturientin Susanna (18) tot in einem Asylantenheim. Ihr Freund, der Pakistani Syed R. (32), hat sie gewürgt und erschlagen. Susanna war bereits einige Monate mit dem Pakistani liiert. Der Mann suchte eine Frau zum Heiraten, damit er in Deutschland bleiben könne, doch Susanna hatte andere Pläne und wollte zunächst nach dem Abitur ein Jahr nach Australien. Syed wird zu einer lebenslangen Freiheitsstrafe verurteilt, die er in Pakistan absitzen möchte. Das deutsche Recht steht dem jedoch im Wege.

### 14. Januar 2010
*Hamburg: Taxi-Mord von Nienstedten*

Der polizeibekannte 24jährige Ramu B. erschießt im Stadtteil Nienstedten den Hamburger Taxifahrer Peter Lüchow von der Rückbank aus per Kopfschuß. Danach entwendet der Täter die private Brieftasche des Opfers und flüchtet. Durch Videos einer Überwachungskamera sowie Spuren an seiner Kleidung kann Ramu B. überführt werden.

### 30. Januar 2010
*Reutlingen: Polizeibekannter Türke erdrosselt Exfreundin*

Der arbeitslose Gökhan S. (20) verbringt mit seiner Exfreundin Rosa M. (18) im Hotel »Reutlinger Hof« eine gemeinsame Nacht. Rosa hat zu diesem Zeitpunkt allerdings schon einen neuen Freund. Das weiß auch Gökhan. Deshalb beschließt er in dieser Nacht, sie umzubringen. Er bittet sie, sich für eine Überraschung umzudrehen und ihre Haare wegzuziehen. Dann erdrosselt er sie mit einem Kabel. Am nächsten Morgen informiert Gökhan selbst die Polizei über seinen Mord. Ein Jahr nach seiner Tat erhält er eine Jugendstrafe von zehn Jahren. Es war nicht seine erste Verurteilung: Die Beziehung zwischen Gökhan S. und Rosa M. war von Anfang an durch Übergriffe des jungen Mannes überschattet. Im Februar 2009 drang er mit einer Schußwaffe und einem Messer in das Haus ihrer Eltern ein. Ein Sondereinsatzkommando mußte ihn zur Aufgabe bewegen. Gökhan sitzt für diese Tat zunächst in U-Haft und erhält dann eine zweijährige Bewährungsstrafe, gegen deren Auflagen (Anti-Aggressions-Training) er ohne Konsequenzen verstößt. Die Regionalzeitung *Tagblatt* spricht in der Berichterstattung über den Mord immer nur von einem »Reutlinger«.

Der Tunesier Moncef A. (55) ersticht seine Frau Tanja (39) und stellt sich danach der Polizei. Moncef war zuletzt arbeitslos. Über sein Motiv kann aber nur spekuliert werden. Tanja hinterläßt zwei Kinder im Alter von 15 und sechs Jahren.

**12. April 2010**
*Marburg: Tunesier ersticht Ehefrau*

Der Torwart des Fußballklubs VfL Wolfsburg, André Lenz (36), wird bei einem Diskothekbesuch mit mehreren Messerstichen durch den türkischen Türsteher Emin K. (31) schwer verletzt und muß notoperiert werden. Der kleine Bruder des Türstehers, Yussuf (25), soll vorher von anderen Gästen schwer verletzt worden sein. Lenz wollte nur schlichtend eingreifen.

**9. Mai 2010**
*Wolfsburg: Torhüter von türkischem Türsteher schwer verletzt*

Am S-Bahnhof Jungfernstieg in der Hamburger Altstadt fallen Ausländer einen 19jährigen an, der auf seinen Zug wartet. Mit Messerstichen töten sie ihn schließlich. Bei den vier jugendlichen Tätern soll es sich um einen Afghanen, einen Türken sowie zwei Deutsche handeln. Der 16 Jahre alte Afghane wird von der Polizei als Intensivtäter charakterisiert.

**14. Mai 2010**
*Hamburg: Tödliche Messerstecherei*

**24. Mai 2010**

*Frankfurt a.M.: Pakistani stößt junge Frau vor fahrenden Zug auf U-Bahngleise*

Weil Anna P. (20) angeblich die Oma des Pakistani Hossein H. (18) und ihn selbst beleidigte, schlägt er an einer U-Bahnstation in Frankfurt zweimal mit der Faust zu und schubst dann die zierliche Frau vor einen einfahrenden Zug auf die Gleise. Geistesgegenwärtige Wachmänner können Anna P. noch rechtzeitig retten. Überwachungsbilder überführen den polizeibekannten, arbeitslosen Pakistani schließlich. Vor Gericht betont er, daß seine Ehre durch die Beleidigungen verletzt worden sei. Reue zeigt er nicht. Das Jugendgericht verurteilt ihn zu einem Jahr auf Bewährung sowie 100 Arbeitsstunden und Anti-Aggressions-Training.

**8. Juni 2010**

*Borken bei Münster: Mann will seine Exfrau umbringen*

Der getrennt lebende Ehemann von Sabine fährt sie mit dem Auto an, als sie vor ihrer Haustür auf dem Fahrrad fährt. Die 38jährige stürzt. Daraufhin schießt der 41jährige Türke mehrfach auf seine Frau, die lebensgefährlich verletzt wird. Der Täter stellt sich wenig später der Polizei und gibt seine verletzte Ehre als Grund für den versuchten Mord an. Durch eine Notoperation überlebt Sabine. In ihrer Beziehung zu dem Türken kam es mehrfach zu Handgreiflichkeiten von seiner Seite.

**23. Juni 2010**

*Hamburg: Mahnwache für einen Deutschen*

Pascal E. (22) aus Hamburg wird nach einer Abitur-Fete von einem 27jährigen Türken, der Pascals Freundin Julia (21) vulgär anpöbelt, getötet. Pascal schützt seine Freundin und bezahlt mit seinem Leben, da der christliche Aramäer mit türkischen Wurzeln, Mathias A., sofort zusticht. Im Krankenhaus erliegt der Abiturient schließlich seinen Verletzungen. Der Mord zieht in Hamburg-Harburg eine Welle der Entrüstung nach sich. Freunde organisieren eine Mahnwache für Pascal E., an der etwa 80 Bürger teilnehmen. Mathias A. verhöhnt im Prozeß die Mutter des Opfers.

Ein 50 Jahre alter Jordanier hat seinen Arzt (49) niedergestochen, weil er sich falsch behandelt gefühlt hat. Der bereits polizeibekannte und als »psychisch auffällig« eingestufte Täter stach mehrfach auf den Oberkörper des Allgemeinmediziners ein. Zwei weitere Patienten griffen beherzt ein und konnten den Täter überwältigen. Der Arzt mußte notoperiert werden.

**25. Juli 2010**
*Saarbrücken: Jordanischer Patient sticht Arzt nieder*

Der Türke Ahmed ersticht in Grevenbroich seine Exfrau Iris. Die Frau hat keine Überlebenschance.

**11. November 2010**
*Grevenbroich: Exfrau ermordet*

Eine achtköpfige Jugendbande (15 bis 18) begeht in Hamburg eine Reihe von Raubüberfällen. Die 16jährigen Rädelsführer Hashim M. und Sahin T. organisierten die Taten und schickten Gangmitglieder zu Tankstellen, Spielhallen und Drogerien. Sahin T. war der Polizei zuvor bereits durch diverse Straftaten aufgefallen. Die Jugendlichen fielen durch die immer gleiche Methode auf: Zwei bis drei bedrohten mit Messern, Pistolen und Eisenstangen die Angestellten, nahmen die erbeuteten Wertgegenstände mit und flüchteten mit einem dafür organisierten Wagen. Insgesamt sollen sie mehrere Zigarettenstangen und etwa 2000 Euro erbeutet haben.

**30. November 2010 bis 22. Januar 2011**
*Hamburg: Jugendbande mit Straftaten am Fließband*

Vier Straßenräuber überfallen in der Frankfurter Innenstadt einen Radfahrer (32) und treten gegen seinen Kopf, als dieser am Boden liegt. Zudem rauben sie ihm das Handy und die Geldbörse. Es könnte sein, daß die Sehkraft des Opfers durch diese Tritte auf Dauer geschädigt sein wird. Zwei der Täter werden wenig später von der Polizei geschnappt. Es handelt sich um 18jährigen Marokkaner und einen »dreiundzwanzigjährigen Deutschen, der aus Eritrea stammt«, betont die *FAZ*. Der Marokkaner saß bereits einmal in U-Haft. Auch der andere Täter ist der Polizei bereits durch mehrere Gewalt- und Eigentumsdelikte bekannt.

**4. Dezember 2010**
*Frankfurt a. M.: Wiederholungstäter rauben Mann aus, der seine Sehkraft verlieren könnte*

**19. Dezember 2010**
*Bad Homburg: Mit 40 Messer-*
*stichen Exfreundin ermordet*

Der Türke Emir C. (34) ermordet seine Exfreundin Janine F. (33) mit 40 Messerstichen in die Brust. Davor hat er sie mit einem Messer gezwungen, mit in den Keller zu kommen. Nach der Tat stellt er sich der Polizei.

**20. Dezember 2010**
*Engelskirchen: Libanese*
*erschlägt Nachbarn nach*
*langem Streit*

Der Libanese Abdulbah I. (45) erschlägt seinen Nachbarn, Wolfgang K. (49), mit einem Spaten. Vorausgegangen war ein langer Nachbarschaftsstreit mit gegenseitigen Provokationen.

## Teil 3: Gewalt gegen öffentliche Organe und Einrichtungen

Quellen zu den Fällen unter www.deutscheopfer.de
(Datum in die Suchmaske eingeben).

**28. Juli 2006**
*Berlin-Lichterfelde: 30 Südländer versuchen festgenommene Freunde zu befreien*

Wegen räuberischer Erpressung und gefährlicher Körperverletzung rückt in Berlin-Lichterfelde die Polizei an und nimmt zunächst einen 16- und einen 18jährigen Täter fest. Daraufhin versucht eine 30köpfige Gruppe Jugendlicher »südländischer Herkunft«, die Festgenommenen zu befreien. Neben Beleidigungen kommt es auch zu tätlichen Angriffen. Vier Polizisten werden dabei verletzt. Die Situation in dem »Wohngebiet mit hohem Konfliktpotential« kann erst durch eine zur Verstärkung herbeigerufene Hundertschaft und unter Einsatz von Pfefferspray und Schlagstöcken unter Kontrolle gebracht werden. Fünf Jugendliche nimmt die Polizei vorübergehend fest. Darunter befinden sich nach Überprüfung der Personalien vier Intensivtäter. *Die Welt* berichtet, daß es einen ähnlichen Fall in Kreuzberg bereits vor drei Monaten gegeben habe, als »40 Personen« nach einem Verkehrsunfall auf die Beamten losgingen.

**3. August 2006**
*Berlin: Türken und Araber belagern Supermarkt – Polizeischutz für deutsches Paar*

Unter der Überschrift »Täglicher Terror auf Berlins Straßen« berichtet der *Focus* über eine Reihe von Angriffen auf Deutsche und Polizisten durch Türken und Araber und notiert unter anderem folgenden Fall: Die junge Türkin Aynur E. wird versehentlich angerempelt und schlägt danach mit ihrer Handtasche auf das deutsche Paar Jennifer P. (21) und Kay L. (35) ein. Dann holt sie Verstärkung. Das deutsche Paar versteckt sich in einem Supermarkt, vor und in dem kurz darauf etwa 50 Türken randalieren. Die eintreffenden Beamten, das Personal des Supermarktes und die anwesenden Deutschen werden beleidigt und bedroht: »Ihr lebt nicht mehr lange, wir schlitzen euch deutsche Schweine auf!« Die Polizei muß das Paar aus dem Supermarkt bringen und hört dabei Sprüche wie: »Wir bringen euch um,

ihr deutschen Drecksschweine! Das ist unser Bezirk, verpißt euch!«
Die Verkäuferinnen des Supermarktes berichten, daß solche Beleidigungen an der Tagesordnung seien.

### 14. November 2006
*Berlin-Kreuzberg: Jugendliche Türken attackieren Polizei und sprechen danach von Rassismus*

Hundert Jugendliche, vornehmlich Türken, attackieren Polizisten in Berlin-Kreuzberg, die zwei zwölfjährige Straftäter nach einem versuchten Diebstahl eines MP3-Players festnehmen wollen. Die Bewohner behaupten anschließend, die Polizei habe »mit rassistischen Sprüchen provoziert«. Die Beamten hingegen erklären, sie seien beleidigt und bedroht worden. Zwei von ihnen wurden verletzt. Die *Spiegel*-Reportage über den Fall beleuchtet beide Seiten und zeigt auf, wie groß das Bewußtsein der Türken für die Öffentlichkeitsarbeit in solchen Fällen ist. Das Magazin berichtet, wie der 31jährige Türke Senol die Jugendlichen zusammenruft und ihnen einschärft, wie sie die Gewalttaten gegenüber der Presse zu schildern haben.

### 19. Januar 2007
*Berlin-Lichtenrade: Polizist mit Eisenstange schwer verletzt*

Eine Gruppe von zwölf bis 15 Türken und Arabern will trotz Verbots auf eine Party eines Gymnasiums in Lichtenrade gelangen. Dazu verpassen sie einem Ordner einen Faustschlag ins Gesicht. Der Vater eines Schülers gibt sich als Polizist zu erkennen und will den Schläger Yahya Y. festnehmen. Die Gruppe greift daraufhin den Polizisten, Michael M., mit Schlägen und Tritten ins Gesicht sowie mit Gürteln und einer Eisenstange an. Als ein weiterer Polizist eintrifft, flüchten die Täter. Sieben von ihnen können jedoch wenig später festgenommen werden. Im September 2007 kommt es zur Verurteilung. Drei Täter erhalten wegen versuchten Totschlags und gefährlicher Körperverletzung Haftstrafen von rund drei Jahren. Ein 18jähriger kommt mit einer zweijährigen Bewährungsstrafe davon. Ein Sachverständiger sagt vor Gericht, bei den Tätern handele es sich um »normale, integrierte Jugendliche«. Allerdings hätten sie »parallele Werte« entwickelt, so der *Tagesspiegel*. Das Opfer Michael M. wünschte sich nach Beendigung des Prozesses, daß die Debatte um Jugendgewalt fortgeführt werde. Zu diesem Zeitpunkt ist seine Sehkraft noch immer nicht wieder vollständig hergestellt.

Polizisten wollen drei junge Ausländer kontrollieren und sehen sich kurz darauf einer »Menschenansammlung mit 30 Personen, überwiegend mit Migrationshintergrund«, ausgesetzt.

**8. Februar 2007**
*Berlin: Verhinderte Festnahme dreier Ausländer*

Die Polizei wird bedrängt, weil die 30 Personen die Festnahme der drei Ausländer verhindern wollen. Einen Tag später kommt es zu »Jagdszenen« auf dem U-Bahnhof Osloer Straße im Wedding, weil 20 Mitglieder der Jugendgang »Arabian Ghettoboys« einen Jugendlichen ausrauben. Dieser geht zur Polizei, die bei den Arabern Beweise für weitere Raubtaten sicherstellt. Die Staatsanwaltschaft beantragt jedoch keine Haftbefehle.

Der *Focus* listet auf, daß es auch in Stadtvierteln mit eher geringem Ausländeranteil zu schwerwiegenden Ausschreitungen kommen könne – so etwa im Sommer 2006 im Pankower Schwimmbad, in dem 200 junge Ausländer randalierten. Das Bad mußte von der Polizei geräumt werden.

Eine Gruppe von 30 Personen versucht, mit Schlägen und Fußtritten die Festnahme eines 23jährigen Diebes zu verhindern.

**11. August 2007**
*Berlin-Wedding: 30 Personen wollen Festnahme eines Diebes verhindern*

Die Polizei wird der Lage nicht Herr und muß Verstärkung anfordern. Der RBB nennt keine weiteren Hintergründe der Angriffe auf die Polizisten, betont allerdings, daß am Tatort »Menschen unterschiedlichster Herkunft« wohnen würden und es »sozialen Zündstoff« gebe.

Am Frankfurter U-Bahnhof Heddernheim zerschlagen fünf polizeibekannte Jugendliche polnischer, türkischer, afghanischer und afrikanischer Herkunft (17 bis 21) die Scheibe einer Bahn. Als ihnen Lokführer Knut Z. (43) über den Weg läuft, prügeln sie ihn zu Boden. Anrückende Polizisten werden durch die Täter angegangen

**6. Januar 2008**
*Frankfurt a. M.: Intensivtäter greifen Lokführer und Polizisten an – Wiederholungstat am 26. Juli 2008: 23jährigen mutmaßlichen »Polizeispitzel« niedergestochen*

und zudem wüst beleidigt: »Ihr werdet sterben!« sowie »Ihr scheiß deutschen Hurensöhne!« müssen die Beamten über sich ergehen lassen, bevor die Festnahmen erfolgen können. Der polnische Hauptverdächtige, David L. (17), muß zunächst in U-Haft, strotzt aber trotzdem nur so vor Selbstvertrauen. Er droht den Beamten, sollten sie einmal ohne Uniform in sein Viertel kommen, würde er sie umbringen. Zudem ist er sich sicher, daß er nur eine Bewährungsstrafe erhalten werde, weil die Richter »in dem beschissenen Deutschland eh nix drauf haben«.

Am 26. Juli 2008 schlägt der Pole David L. erneut mit einem weiteren Täter vom 6. Januar zu. Sie stechen, wiederum in einer Frankfurter U-Bahn, den 23jährigen Abdelhafid E. H. nieder, weil sie denken, er sei ein »Polizeispitzel«. David L. hatte seine Haft für frühere Taten noch nicht angetreten, und das Oberlandesgericht Frankfurt sah bei ihm keine Widerholungsgefahr. Doch der Jugendliche machte da weiter, wo er aufgehört hatte und bedrohte auch weiterhin Polizisten. Das angeordnete Anti-Aggressions-Training versäumte er. Im Mai 2009 werden David L. und sein Freund Simon G. (ein Eritreer) für mehrere Tatkomplexe verurteilt. David erhält drei Jahre Haft, Simon fünf. Dem polnischen Serientäter stellt die Richterin dennoch eine positive Sozialprognose aus und lobt, daß dieser in der U-Haft eine Ausbildung und Therapie begonnen habe.

**5. März 2008**
*Berlin-Lankwitz:*
*Schlägerei zwischen Polizei*
*und Arabern vor*
*Krankenhaus*

Nach einer Razzia in der Wohnung eines Drogenhändlers erleidet der 29jährige Verdächtige einen Kreislaufzusammenbruch und muß ins Krankenhaus nach Berlin-Lankwitz. Der Bruder des Drogenhändlers möchte zu ihm, jedoch läßt ihn das Krankenhauspersonal nicht hinein. Polizisten müssen den 41jährigen schließlich des Hauses verweisen. Danach schlagen und treten er und etwa 15 Araber auf die Beamten ein. Sieben Angreifer nimmt die Polizei dabei fest.

**12. Mai 2008**
*Duisburg: Nach Kneipen-*
*schlägerei geht es gegen*
*die Polizei*

Am Pfingstmontag betritt in Duisburg ein alkoholisierter Türke (42) eine Kneipe und will weiter trinken. Der Wirt verweigert allerdings den Ausschank von Alkohol. Daraufhin bedrängen ihn Landsmänner des Betrunkenen. Die wenig später eintreffende Polizei scheint zunächst, die Situation unter Kontrolle zu bekommen. Doch Augenblicke später entwickelt sich vor der nächsten Kneipe erneut eine Schlägerei mit den Türken. Die Polizei schreitet erneut ein und wird diesmal selbst angegriffen. 20 junge Ausländer beobachten die Situation und beteiligen sich schließlich an den Auseinandersetzungen mit der Polizei. »Los, laßt uns alle auf die Bullen gehen. Das schaffen wir, die sind nicht genug!« soll ein Anführer der Gruppe gesagt haben. »Bullen, verpißt euch, ihr habt hier nichts mehr zu melden. Das ist unsere Stadt!« Nachdem die Polizei den betrunkenen Türken abtransportiert hat, beruhigt sich die Lage. Ein Augenzeuge des Geschehens ist über die Schlägereien mit der Polizei so empört, daß er einen anonymen Brief verfaßt und ihn in umliegende Briefkästen wirft. Darin heißt es: »Wenn man mitbekommt, wie die Beamten beleidigt und angegangen werden, wird einem als Bürger angst und bange.«

**Juni 2008**
*Duisburg-Marxloh: Jugendliche Ausländer umzingeln zwei Polizisten*

Eine Reportage der *Rheinischen Post* enthüllt die Bedrohungslage für Polizisten in Duisburg-Marxloh. Hauptkommissar Hans Schwerdtfeger berichtet, wie schnell die Stimmung kippen könne, wenn Polizisten etwas von jungen Ausländern wollten. Er spricht über einen nicht genau datierten Fall, als in Marxloh viele Jugendliche aus dem Libanon, der Türkei und Kurdistan aufeinandergetroffen seien und es – wie fast immer – Streit gegeben habe. Einig sei man sich jedoch in der Abneigung gegen die deutsche Polizei. Eines Tages hätten zwei Polizisten Kämpfe zwischen Ausländern beenden wollen. Sie wurden daraufhin umzingelt und verprügelt.

**9. Oktober 2008**
*Bremen: Jugendliche Intensivtäter wollen Streifenwagen anzünden, um Waffen zu erbeuten*

Vier jugendliche Intensivtäter (14 bis 16), die bereits jeweils bis zu 22mal strafrechtlich auffielen, locken zwei Polizisten in einen dunklen Hinterhalt. Bei den Tätern handelt es sich um zwei Polen und einen Libanesen. Sie locken unter dem Vorwand, sie würden von Pennern in einem Park belästigt, einen Streifenwagen mit zwei Beamten (27 und 29) in den Bremer Stadtteil Gröpelingen. Als dieser eintrifft, schlägt ein Maskierter mit einem Baseballschläger gegen die Fahrertür. Die seitliche Scheibe des Wagens zerspringt jedoch nicht beim ersten Versuch. Daraufhin flüchtet der Täter. Unweit des Tatortes finden die Beamten bereitgestellte Benzinkanister und Molotowcocktails.

Mit diesen – das ergibt der spätere Prozeß – wollten die Jugendlichen den Streifenwagen mitsamt den Polizisten anzünden, um ihre Waffen zu erbeuten. Vor dem Landgericht Bremen erhält der Haupttäter zwei Jahre Haft wegen schwerer Brandstiftung. Die Mittäter kommen mit Bewährungsstrafen von bis zu eineinhalb Jahren davon. Die Staatsanwaltschaft hatte im Prozeß einen noch viel gravierenderen Vorwurf erhoben: Die Jugendlichen wurden wegen versuchten Mordes angeklagt. Nach dem Übergriff auf den Streifenwagen sprachen Polizeivertreter von einer »neuen Dimension der Gewalt gegen Beamte«. »Diese gezielten, hinterhältigen Attacken auf Polizisten stellen eine neue Dimension der Gewalt dar«, betonte der Bundesvorsitzende der Deutschen Polizeigewerkschaft (DPolG), Rainer Wendt, gegenüber dem *Spiegel*. »In Berlin oder im Duisburger Norden gibt es Stadtteile, in denen sich die Kollegen kaum noch trauen, ein Auto anzuhalten – weil sie wissen, daß sie dann 40 oder 50 Mann an der Backe haben.« Es handele sich um ein gezieltes Kräftemessen der Ausländer mit der Polizei, bei dem sich die »Verachtung der Täter für unsere Gesellschaft ausdrückt. Weil sie Politiker nicht erreichen können, greifen sie sich Polizisten.«

**6. Dezember 2008**
*Hamburg: SPD-Kommunal-politiker Serkan Bicen beschimpft Polizisten als »Scheiß-Nazis«*

Der türkischstämmige SPD-Kommunalpolitiker Serkan Bicen (21) wird im Hamburger Schanzenviertel in der »Locco«-Bar nach einer Ruhestörung festgenommen und widersetzt sich den Anweisungen der Polizei. Er beschimpft die Beamten als »Scheißbullen« und »Scheiß-Nazis«. Auch spricht er von einem »Scheiß-Staat«. Bicen hatte zunächst angegeben, die Polizei habe ihn wegen seines ausländischen Aussehens mißhandelt. »Ich habe zwei Dinge versucht: aufzuklären und zu deeskalieren«, wehrte sich der junge Türke gegen die gegen ihn erhobenen Vorwürfe.

**16. Dezember 2008**
*Berlin-Charlottenburg: Polizist von türkischem Dieb niedergestochen*

Hakan Ö. (30), vermutlich ein Türke, hat sich nach einem Diebstahl in seiner Wohnung verbarrikadiert, weil er weiß, daß die Polizei hinter ihm her ist. Als der 42jährige Polizist Patrick G. die Tür des Täters mit Gewalt öffnet, erwartet ihn Hakan bereits mit einem Messer und sticht mehrmals zu. Mehrere weitere Beamte können ihn dennoch festnehmen. Das Leben von Patrick G. kann durch eine Notoperation gerettet werden.

Die Leiterin des Frankfurter Amtes für multikulturelle Angelegenheiten, Helga Nagel (62), die sich seit 2001 in ihrem Amt für Ausländer einsetzt, wird auf dem abendlichen Nachhause-

**31. März 2009**
*Frankfurt a. M.: Leiterin des Amtes für multikulturelle Angelegenheiten überfallen*

weg von fünf jungen, dunkelhäutigen Männern aufgehalten, bedroht, schließlich zusammengeschlagen und ihrer Handtasche beraubt. Ihr gebrochenes Jochbein muß im Krankenhaus behandelt werden. Die Polizei schließt eine politisch motivierte Tat aus.

Nach einer routinemäßigen Verkehrs-kontrolle von zwei jugendlichen Ausländern im niedersächsischen Melle eskaliert die Situation, weil bis zu 25 Mitglieder einer Großfamilie anrücken,

**17. Juni 2009**
*Melle: Großfamilie aus dem Nahen Osten schlägt zwei Polizisten krankenhausreif*

um ihren Verwandten zu helfen. Die aufgebrachte Familie beleidigt die Beamten und bedroht sie mit dem Tod. Ein 37jähriger schlägt außerdem zu und beißt die Polizisten in die Brust. Diese werden bei dem Einsatz so schwer verletzt, daß sie zur Behandlung ins Krankenhaus müssen. Durch den Einsatz weiterer Einsatzstreifen kann die aufgebrachte Stimmung schließlich beruhigt werden. Die Familie aus dem Nahen Osten ist bereits mehrmals polizeilich in Erscheinung getreten. So versuchte sie eines Tages, das Kommissariat in Melle zu stürmen.

Zwei junge Ausländer attackieren mit einem Dutzend Freunden acht außer Dienst befindliche Polizisten und verletzen diese dabei. Zusätzlich herbei-

**7. September 2009**
*Berlin-Mariendorf: 60 Ausländer attackieren Polizisten*

gerufene Beamte können die zwei Haupttäter jedoch kurz danach festnehmen. Daraufhin versuchen 60 junge Ausländer, hauptsächlich Türken und Araber, die zwei Festgenommenen zu befreien. Zudem werden die Beamten mit Gegenständen von Balkonen beworfen.

**22. September 2009**
*Berlin-Spandau: Jugend-*
*gruppe mit 15jährigem*
*Araber greift radfahrenden*
*Polizeioberkommissar an*

Mehrere Jugendliche aus einer 40 Mann starken Gruppe greifen einen in Zivil gekleideten Polizeioberkommissar auf seinem Fahrrad an. Ein Jugendlicher tritt ihn zunächst vom Fahrrad. Dann schlagen, treten und spucken zwei seiner Freunde nach dem 43jährigen. Kurz nach der Tat wird ein 15jähriger Araber festgenommen.

**11. Oktober 2009**
*Neu-Ulm: 18jähriger*
*Ausländer tritt gegen den*
*Kopf eines am Boden*
*liegenden Polizisten*

Ein alkoholisierter, 18jähriger Intensivtäter greift eine 25 Jahre alte Polizeiobermeisterin und deren 28jährigen Kollegen an, nachdem er aufgefordert wurde, sich auszuweisen. Die Polizei ist wegen Ruhestörung gekommen. Der junge Ausländer löst ein Handgemenge aus, die Beteiligten gehen zu Boden, der Polizist erhält Tritte gegen den Kopf.

**5. Dezember 2009**
*Herford: Gewalt von*
*Südländern und Angriffe*
*auf die Polizei*

Rund um Diskotheken und Schnellrestaurants in Herford kommt es zu Gewalttaten gegen Bürger und Polizisten. In einer Schnellgaststätte werden drei 19-, 21- und 24jährige Gäste von vier Südländern am Tisch zunächst aufgesucht und im weiteren Verlauf dann geschlagen. Ganz in der Nähe des Schnellrestaurants, zwischen einer Großdiskothek und dem dortigen Parkplatz, wird ein 17jähriger von einem Südländer harsch aufgefordert, »Kohle« herauszurücken. Als der 17jährige dies verweigert, schlägt der Unbekannte ihm mit dem Handballen gegen den Kopf. Danach flüchtet der 16 bis 18 Jahre alte Südländer zum Schnellrestaurant. In einer Diskothek kommt es unterdessen zu körperlichen Auseinandersetzungen »zwischen zwei verschiedenen Gruppen Jugendlichen und jungen Männern«. Ein 17- und ein 18jähriger Deutscher werden bei der Auseinandersetzung von einer Gruppe von acht bis zehn Personen traktiert. Die jungen Männer stellen Strafantrag wegen gefährlicher Körperverletzung.

Letztlich kommt es im Anschluß an die Personalienfeststellung noch zur Festnahme eines 19jährigen. Dieser hatte die Polizisten vor der Diskothek beleidigt und war einem Platzverweis nicht gefolgt. Als er schließlich zur Durchsetzung des Platzverweises in Gewahrsam genommen werden soll, wehrt er sich heftig. Drei Freunde von ihm versuchen, die Festnahme ebenfalls gewaltsam zu verhindern, scheitern aber. Ein Ermittlungsverfahren wegen des Verdachts des Widerstandes gegen Vollzugsbeamte wird eingeleitet.

**13. Dezember 2009**
*Leutkirch: Jugendliche türkischer Abstammung zetteln Schlägerei bei Zivilcourage-Preis an – Polizisten angegriffen*

Bei der Vergabe eines Preises für Zivilcourage in der Festhalle Leutkirch (Allgäu) kommt es – wie schon im Vorjahr – zu Ausschreitungen und Schlägereien. Zunächst kommt es an der Bar der Halle zu Rempeleien. Die beteiligte Personengruppe wird aus der Halle verwiesen. Dann kommt es zu Schlägereien. Ein 19jähriger »türkischer Abstammung« schlägt einem Jugendlichen mit der Faust ins Gesicht, woraufhin die Lage eskaliert. Die eintreffende Polizeistreife versucht, die Streitenden zu trennen. Dabei geht der 19jährige Mann auf eine Polizistin und einen Polizisten los und schlägt und tritt sie. Nach einem erfolglosen Fluchtversuch kann der Türke festgenommen werden.

**3. Januar 2010**
*Berlin-Reinickendorf: Polizist beim Geldabheben von Tolga G. niedergestochen*

Der 18jährige Intensivtäter Tolga G. (Türke oder Araber) will den 47jährigen Polizisten Detlef P. beim Geldabheben an einer Sparkasse in Berlin-Reinickendorf überfallen. Der zivil gekleidete Polizist wehrt sich, indem er Tolga ins Gesicht schlägt. Daraufhin sticht dieser dreimal zu: einmal in den Rücken, in den Oberkörper und in den Unterschenkel. Detlef P. muß notoperiert werden und kann drei Monate nicht arbeiten. Vor dem Berliner Landgericht verweist der Hartz-IV-Empfänger darauf, daß er vor der Tat viel Alkohol getrunken habe und zudem Drogen konsumierte. Er erhält eine 14monatige Bewährungsstrafe.

**20. Januar 2010**

*Erbach: Jamaikaner randaliert in Ausländerbehörde*

Ein 48 Jahre alter Jamaikaner wirft im Erbacher Landratsamt (Hessen) unter Drogeneinfluß einen Computermonitor nach einer Mitarbeiterin der Ausländerbehörde. Zudem randaliert der Mann. So vergreift er sich an mehreren Computerarbeitsplätzen und verursacht so einen Schaden von schätzungsweise 2000 Euro. Von Mitarbeitern des Landratsamts alarmiert, halten Beamte der Erbacher Polizeistation den aufgebrachten Mann auf und nehmen ihn fest. Der Jamaikaner verlor während eines Gesprächs über seinen Aufenthalt in Deutschland die Fassung. Nach dem Vorfall begibt er sich freiwillig in psychiatrische Behandlung.

**21. Januar 2010**

*Frankfurt a. M.: Massenrangelei wegen Personenkontrolle eines Marokkaners*

Während einer Personenkontrolle werden zwei Beamte von einem 27jährigen Marokkaner angegriffen und verletzt. Der sich »ohnehin schon aggressiv verhaltende Mann« schlägt mit den Fäusten auf einen Beamten ein, so die Polizei in einer Pressemeldung. Anschließend versucht er zu flüchten, kann aber kurz darauf eingeholt werden. Seine vorläufige Festnahme versucht er, ebenfalls gewaltsam zu verhindern. Unter anderem zieht er eine Beamtin an den Haaren und schlägt ihr die Brille von der Nase. Zu diesem Zeitpunkt solidarisieren sich etwa 40 Personen mit dem Beschuldigten und umringen die Beamten. Erst mit starken Unterstützungskräften gelingt es, die Situation zu beruhigen. Aus der Gruppe heraus versucht ein 21jähriger Eritreer, den Festgenommenen zu befreien, indem er einen Beamten wegzuziehen versucht, was jedoch scheitert. Auf dem Weg zum Streifenwagen wirft jemand aus der Menschenmenge eine Getränkedose nach den Beamten. Diese verfehlt jedoch ihr Ziel und trifft eine unbeteiligte Frau am Kopf. Auf dem Revier trifft kurz nach diesem Vorfall erneut der bereits auffällige 21jährige Eritreer ein und beschwert sich über die Polizei. Einer der Beamten erkennt ihn wieder, so daß auch er vorläufig festgenommen wird.

Der 30jährige Polizist Carsten S. befindet sich auf dem Heimweg im Regionalexpress Duisburg–Emmerich, als es zum Streit mit einer Gruppe Jugendlicher kommt. Der Beamte weist die Jugendlichen darauf hin, daß sie das

**30. März 2010**
*Wesel: Muhammed und Cantekin verprügeln Polizisten, weil sie im Zug rauchen wollen*

Rauchverbot in Zügen zu respektieren haben. Als er sich als Polizist zu erkennen gibt, wird er mit »Fick die Bullen!« beleidigt. Als der Zug im niederrheinischen Wesel eintrifft, schlagen und treten dann zwei aus der Gruppe zu. Die Intensivtäter Muhammed A. (16) und Cantekin E. (21) sollen Carsten S. somit schwere Verletzungen am Kopf und im Unterleib zugefügt haben. Der Vorfall wird zunächst nicht publik, da die Polizei die Gewalttat zunächst verschweigt. Gegenüber dem *Spiegel* heißt es drei Wochen nach der Tat, der Fall sei nicht wichtig genug gewesen, da es inzwischen recht häufig Angriffe auf Polizisten gebe.

Sechs Männer stehen nachts auf der Straße, trinken Bier und verstellen einer Polizeistreife, die auf dem Weg zu einem überfallenen Ehepaar ist, den Weg. Die Bitte der Polizei, von der

**15. Juni 2010**
*Dortmund: Bande verstellt Polizei den Weg – »Das ist unsere Straße.«*

Straße zu gehen, kontern sie: »Das ist unsere Straße. Da machen wir, was wir wollen!« Vier weitere Streifenwagen müssen anrücken, um den Weg freizuräumen. Der Türke Metin A. (27) wird dabei festgenommen, weil er um sich getreten und einen Polizeiwagen beschädigt hat.

Eine Gruppe von rund 50 zumeist jungen Türken versammelt sich vor der Polizeiwache Mengede und skandiert in einer aggressiven Grundstimmung Parolen (unter anderem: »Mörder! Mörder!«). Sie nehmen Bezug auf den Tod eines 32jährigen Türken, der

**24. Juni 2010**
*Dortmund: Türken skandieren vor Polizeiwache »Mörder! Mörder!«*

unter Drogeneinfluß randalierte und nach dem Einsatz von Pfefferspray durch die Polizei verstarb. Die Staatsanwaltschaft stellte jedoch klar, daß die Polizei keinerlei Schuld am Tod des Türken habe.

**26. Juni 2010**

*Hamburg: Gruppe von Ausländern verletzt Polizisten bei Aufnahme von Personalien schwer*

Eine Gruppe von zumeist jungen Ausländern greift in Hamburg mehrere Polizisten an, als diese die Personalien eines 27jährigen Mannes aufnehmen, der sein Glied demonstrativ entblößte. Sie werfen mit Flaschen sowie Steinen nach den Beamten und attackieren sie. »Es wurden Gehwegplatten aus dem Boden gerissen, um mit ihnen auf die Kollegen zu werfen«, berichtet ein Polizist. Ein später als Intensivtäter identifizierter Tunesier tritt einem am Boden liegenden Polizisten sogar ins Gesicht. Die Täter können zunächst flüchten. Im Rahmen der Fahndung gelingt es aber, 16 Personen zwischen 15 und 32 Jahren vorläufig festzunehmen. Insgesamt werden fünf Polizisten verletzt. Ein 46jähriger Polizeibeamter erleidet lebensbedrohliche Kopfverletzungen (mehrere Brüche). Die weiteren Geschädigten müssen wegen Gesichts-, Nacken- und Rückenverletzungen ebenfalls in einem Krankenhaus behandelt werden.

**16. August 2010**

*Bremen: Arabische Großfamilie spricht Todesdrohungen in der Ausländerbehörde aus und geht Wachmann an*

Der *Weser Kurier* und andere Bremer Lokalmedien berichten von zwei Brüdern einer Großfamilie, die im »Stadtamt« einen Sicherheitsbeamten angegriffen haben und Morddrohungen aussprachen. Worum es bei diesem Streit ging, erfährt man nicht. Einzig, daß die Sicherheitsmaßnahmen nach diesem Vorfall verschärft wurden, erzählt man den Lesern. Ein Bild von Radio Bremen zeigt dann zumindest, wo sich der Vorfall zugetragen hat: in der Ausländerbehörde. Erst zwei Monate später berichtet der *Spiegel* über den Fall so, wie er sich wirklich zugetragen hat. Zwei polizeibekannte Brüder einer »berüchtigten kurdisch-arabischen Sippe« kommen im Ausländeramt mit ihrem Anwalt vorbei. Mohammed und Halil M. drehen durch, weil das Gespräch mit den Beamten nicht so läuft wie gewünscht. Sie beleidigen sie und gehen auf einen Wachmann los, der sich als Kickboxer jedoch zu wehren weiß. Bei der Polizei drohen die beiden weiter und kommen deshalb vorläufig in Haft. *Der Spiegel* kommt zu dem Schluß: »Mafiöse Ausländerclans mit Tausenden Mitgliedern haben sich unter Ausnutzung rechtlicher Schlupflöcher, sozialer Leistungen und internationaler Kontakte zu dominierenden Größen der organisierten Kriminalität entwickelt. Sie handeln mit Heroin und Kokain, kassieren in Bordellen oder sind im Schleusergeschäft aktiv. Die Brutalität, mit der sie dabei vorgehen, hat sie zur Macht im Milieu werden lassen, Polizisten fürchten sich vor ihnen. Der Staat schaut dem Treiben der Sippen meist tatenlos zu, die Politik ignoriert das Phänomen.«

Auf dem Oldenburger Stadtfest kommt es am letzten Tag zu insgesamt elf Körperverletzungsdelikten und einem Raub. Beim Einschreiten der Polizei solidarisieren sich mehrfach Stadtfestbesucher mit den Beschuldigten, ob-

**28. August 2010**

*Oldenburg: Ausschreitungen auf Stadtfest – Besucher solidarisieren sich mit Angreifern*

wohl sie den eigentlichen Anlaß gar nicht beobachtet haben. Unter Berufung auf Augenzeugen berichtet das Weblog »Blaulicht«, daß es sich um eine Zusammenrottung von Ausländern gehandelt habe. Die Polizei wird daran gehindert, die notwendigen Maßnahmen zu treffen. Hierbei kommt es durch Angriffe der Beschuldigten und deren Freunde zu sieben Widerstandshandlungen gegen Einsatzbeamte. Drei Beamte werden hierbei leicht verletzt, bleiben aber dienstfähig. Zweimal müssen zusätzliche Einsatzkräfte zur Absicherung angefordert werden, da ein Verbringen der Täter zur nahe liegenden Polizeidienststelle nicht möglich ist.

Ein Türke will zu später Stunde in Neu-Ulm noch einmal in die Türken-Diskothek »Mega Simarik«, obwohl diese schon Betriebsschluß hat. Der Streit mit dem Türsteher führt schließ-

**7. November 2010**

*Neu-Ulm: 100 Türken greifen Polizei an und beleidigen diese mit »Sieg Heil!«*

lich dazu, daß die Polizei kommen muß. Diese führt den Türken zum Streifenwagen, als zwei Landsmänner des Täters die Beamten attackieren. Als die drei Männer festgenommen werden, bildet sich eine Gruppe von etwa 100 zumeist türkischen Männern, die die Beamten mit »Sieg Heil!«- und »Heil Hitler«-Rufen beleidigen. Erst mit dem Einsatz von sieben weiteren Streifenwagen (insgesamt elf) und Pfefferspray kann die Gruppe zerstreut werden. Währenddessen fliegen Steine auf die Polizisten: Drei Polizisten werden verletzt, einer davon so schwer, daß er notoperiert werden muß. Die Beamten nehmen dennoch nur die drei Täter fest, die den Streit ausgelöst haben. Die Kripo ermittelt aber anhand von Bildmaterial wegen des Verdachts auf Landfriedensbruch. Am 28. November 2010 kommt es wieder zu Ausschreitungen vor der Diskothek »Mega Simarik«, die auf ihrer Internetseite auf Türkisch für ihre Veranstaltungen wirbt.

**20. November 2010**
*Duisburg: Nach Beleidigung einer jungen Frau folgen Angriffe auf Polizeibeamte*

Zwei Südländer (20–25) beleidigen eine 18jährige in einem Bus. In diesem Bus befinden sich auch zwei Polizisten (46 und 53 Jahre), die privat unterwegs sind. Beide ermahnen die Täter zur Ordnung und geben sich als Polizeibeamte zu erkennen. Darauf attackieren die Südländer die Beamten, treten einem ins Gesicht und schlagen dem anderen mit Fäusten gegen Kopf und Oberkörper. Nach dem Nothalt des Busses flüchten die Täter in unbekannte Richtung. Die leicht verletzten Polizisten müssen sich in ärztliche Behandlung begeben.

## Teil 4: Sexuelle Gewalt

Quellen zu den Fällen unter www.deutscheopfer.de
(Datum in die Suchmaske eingeben).

**10. Juni 2007**
*Hamburg/Kiez: Fünf
Ausländer vergewaltigen
betrunkene junge Frau*

Saskia K. (18) feiert auf dem Kiez in Hamburg. Das Mädchen trinkt eine halbe Flasche Wodka. An einer Tankstelle trifft sie einige Männer. Am nächsten Morgen wacht Saskia plötzlich im Krankenhaus wieder auf und weiß nicht mehr, was in der Nacht geschehen ist. Vor Gericht müssen sich ein Jahr später Dragan, Murat, Gökhan, Altan und Erkan verantworten. Laut Anklage füllten sie die Frau an der Tankstelle weiter ab. Am Tag danach wurden zwei Promille diagnostiziert. Dann brachten sie Saskia mit einem Taxi zum Grindelberg. Dort nahmen sie an einer Skateranlage sexuelle Handlungen an ihr vor. Das Urteil: Altan, Erkan und Murat erhalten drei Jahre Freiheitsstrafe wegen gemeinschaftlichem, sexuellem Mißbrauch einer widerstandsunfähigen Frau. Gökhan wird zu einer Jugendstrafe von zwei Jahren und drei Monaten verurteilt. Dragan hat vermutlich nur »Schmiere« gestanden, wie die *Bild* berichtet, und bekommt deshalb wegen unterlassener Hilfeleistung eine Geldstrafe von 1000 Euro.

**29. Juni 2007**
*Dillingen: Irakischer Asylbewerber belästigt Zwölfjährige
auf Schultoilette*

In der katholischen St.-Bonaventura-Realschule im bayerischen Dillingen wird ein zwölfjähriges Mädchen von einem 20jährigen irakischen Asylbewerber auf eine Toilette gezerrt, unsittlich berührt und mehrmals geküßt. Der Mann kann von der Polizei verhaftet werden, als er anderntags erneut die Schule aufsucht.

**23. Februar 2008**

*Bielefeld: Schwerer sexueller Mißbrauch eines zwölfjährigen Mädchens im Freizeitbad »Ishara«*

In Bielefeld wird ein zwölfjähriges, behindertes Mädchen im Duschbereich des Freizeitbades »Ishara« sexuell mißbraucht. Bei den Tätern handelt es sich um zwei Jugendliche. Die Ermittlungen ergeben, daß die Tat zwei türkische Cousins (14 bzw. 15) begangen haben, die vor Gericht gestehen. Sie werden zu jeweils zweieinhalb Jahren Jugendstrafe verurteilt. Außer der lokalen Presse, die bei den Tätern wiederholt einzig von »Jugendlichen« spricht, berichten nur rechtsgerichtete Weblogs und Internetforen von dem sexuellen Mißbrauch.

**24. März 2008**

*Hamburg-Neu-Allermöhe: Versuchte Vergewaltigung einer 16jährigen*

Ein etwa 30 Jahre alter Südländer versucht, im Hamburger Stadtteil Neu-Allermöhe eine 16jährige zu vergewaltigen. Auf dem Weg vom Bahnhof zur Wohnung ihrer Eltern fällt der Täter, der nur gebrochen Deutsch spricht, gegen 5.30 Uhr von hinten über das Mädchen her. Auf einem nahen Grillplatz reißt er ihr die Kleidung vom Leib. Die 16jährige kann sich jedoch erfolgreich wehren. Der Täter flüchtet daraufhin unerkannt.

**22. August 2008**

*Chiemsee: Mehrere Vergewaltigungen durch »Schwarze« auf Reggae-Festival*

Beim »Chiemsee Reggae Summer« kommt es neben vieler Alkoholleichen und etwa 200 Drogendelikten zu zwei Vergewaltigungen. Eine 16jährige schläft vor ihrem Zelt ein und wird von einem »schwarzen« Konzertbesucher vergewaltigt. Zwei Tage später wird eine 17jährige Schülerin von einem weiteren »Farbigen« sexuell mißbraucht. Der Versuch eines dritten »Farbigen«, das Mädchen ebenfalls zu vergewaltigen, scheitert. Die Männer flüchten und können nicht gefaßt werden. Polizeisprecher Fritz Braun mutmaßt später, es könnten noch mehr Mädchen auf dem Festival vergewaltigt worden sein.

Am Vormittag ist in Duisburg ein 13jäh- **23. August 2008**
riges Mädchen auf dem Heimweg und *Duisburg: Türke vergewaltigt*
wird unvermittelt von einem Mann an- *13jährige*
gegriffen, mit einer Schußwaffe be-
droht und durch das Gebüsch an das Ufer des Töppersees gezerrt.
Dort kommt es zu sexuellen Handlungen. Anschließend flüchtet der
vermummte Täter türkischer Herkunft in unbekannte Richtung.

Ein junger Mann, der türkisch spricht **6. Oktober 2008**
und von »südländischem Aussehen« *Köln/Ehrenfeld:*
ist, versucht in Köln-Ehrenfeld, unweit *Südländer belästigt junge*
der künftigen Großmoschee, eine junge *Deutsche sexuell*
Frau (19) zu vergewaltigen. Diese wehrt
sich jedoch und kann wegrennen. Die eingeleitete Fahndung bleibt
ohne Ergebnis.

Ein etwa 25jähriger Südländer zerrt **27. November 2008**
am helllichten Tag im Norderstedter *Norderstedt: Vergewaltigung*
Rathaus eine 18jährige Schülerin auf *im Rathaus*
die Toilette und vergewaltigt sie. Der
Täter sprach nach Angaben des Opfers nur gebrochen Deutsch.

Nach einer Silvester-Reggaeparty be- **1. Januar 2009**
findet sich eine 21jährige in Freiburg *Freiburg: 21jährige*
auf dem Heimweg, als sie unfreiwillig *auf Friedhof von Schwarzafri-*
von einem Schwarzafrikaner (Mitte *kaner vergewaltigt*
20) begleitet wird. Die beiden laufen
über den Hauptfriedhof, als der junge Mann über die Frau herfällt
und sie vergewaltigt.

Opfer einer Vergewaltigung wird eine **14 Juni 2009**
20jährige im Stadtteil Rohrbach in Hei- *Heidelberg: 20jährige von*
delberg. Die junge Frau ist zu Besuch *Südländern vergewaltigt*
bei ihrer Schwester und beschließt ge-
gen vier Uhr, nach Hause zu gehen. An ihrer Haltestelle hält zunächst ein dunkler Volvo an, der mit zwei Südländern (Türken oder
Albaner) besetzt ist. Der Beifahrer fragt die 20jährige, ob man sie
nach Hause fahren solle. Sie lehnt ab und versteckt sich vor den
Männern. Nur wenige Meter nach Beginn eines Feldweges fällt dann

ein unbekannter Mann über die junge Frau her, drückt sie zu Boden und vergewaltigt sie. Währenddessen steht ein weiterer Mann daneben. Möglicherweise handelt es sich bei dem Täter um denjenigen, der ihr als Beifahrer in dem Volvo schon einmal begegnet ist. Kurze Zeit später werden die Täter offenbar von einem vorbeifahrenden Auto gestört. Sie lassen von ihrem Opfer ab und flüchten.

### 22. August 2009
*Duisburg: Hilfeschreie retten vor Vergewaltigung durch Südländer*

Ein etwa 25 Jahre alter Südländer verfolgt eine 23jährige Frau in Duisburg, nachdem sie aus der Straßenbahn ausgestiegen ist. Kurz darauf greift der Täter sie an und zerrt sie in ein Gebüsch, wo er versucht, die junge Frau zu entkleiden. Durch Hilfeschreie bekommen Anwohner die drohende Vergewaltigung mit und der Täter flüchtet.

### 29. August 2009
*Karlsruhe: Im Asylantenheim von drei Jugoslawen vergewaltigt*

Drei aus dem ehemaligen Jugoslawien stammende Männer im Alter von 20, 21 und 27 Jahren vergewaltigen gemeinschaftlich über mehrere Stunden eine 19jährige Frau in einem Zimmer in ihrem Asylantenheim. Die Frau hatte die Männer kurz zuvor flüchtig kennengelernt. Die Polizei nimmt die Asylanten wenige Zeit nach der Tat fest. Einen Tag später ergeht ein Haftbefehl gegen die drei Männer.

### 19. September 2009
*Ahlen: Versuchte Vergewaltigung? Südländer zerren Frau vom Fahrrad und schlagen Helfer zusammen*

Ein 21jähriger Mann aus Ahlen bemerkt beim Radfahren, wie eine Frau von drei jungen Südländern (15–18) vom Fahrrad gezerrt wird und vermutlich vergewaltigt werden soll. Als er sich einmischt, bekommt er von einem Täter sofort einen Faustschlag ins Gesicht. Die zwei weiteren Südländer schlagen ihn schließlich zu Boden und machen auch dann noch weiter. Als weitere Zeugen am Tatort eintreffen, flüchten die Südländer. Das Opfer erleidet eine stark blutende Wunde an der Nase, die im Krankenhaus behandelt werden muß.

Eine 38 Jahre alte Frau wird im Stadtteil Bremen-Gröpelingen Opfer einer Vergewaltigung. Der südländische Täter (ca. 30) flüchtet. Auf ihrem Spaziergang wurde die Frau bereits auf

**23. November 2009**
*Bremen: Körperliche*
*Auseinandersetzung und*
*Vergewaltigung*

den späteren Täter aufmerksam, als dieser stehend urinierte oder onanierte. Nachdem die Frau den Mann zurechtgewiesen und ihren Weg fortgesetzt hatte, verfolgte dieser sie mit seinem Fahrrad, fuhr mehrfach an ihr vorbei und stieß dabei auch einmal gegen ihre Schulter. In dieser Situation wies die Frau den Täter erneut zurecht, was zur Folge hatte, daß dieser sich der Frau in den Weg stellte und sie schließlich im Bereich eines Grabens zu Boden brachte. Dort kam es zunächst zu einer körperlichen Auseinandersetzung, in deren weiterem Verlauf der Täter die Frau sexuell mißbrauchte. Schließlich konnte sich die Frau aus dem Griff des Täters befreien und um Hilfe schreien. Der Täter floh mit dem Fahrrad.

Ein etwa 25 Jahre alter Südländer verfolgt eine 30jährige Kölnerin nach einer Diskonacht, fragt sie zunächst nach einem Feuerzeug und zerrt sie

**20. Dezember 2009**
*Köln: Versuchte Vergewaltigung nach einer Diskonacht*

dann in einen Hauseingang. Dort schlägt er sie zu Boden und versucht, sie zu entkleiden. Die Frau kann fliehen und wird dann von anderen Diskogängern beschützt.

In den frühen Morgenstunden kommt es in Witten (NRW) zu einer Vergewaltigung. Gegen fünf Uhr wartet eine junge Wittenerin an der Kronenschule

**1. Januar 2010**
*Witten: Türke vergewaltigt*
*18jährige zu Silvester*

auf eine Freundin. Plötzlich taucht ein maskierter Mann auf, hält ihr ein Teppichmesser an den Hals und fordert sie auf, ihn auf den Schulhof zu begleiten. Dort schreibt er ihr vor, sich komplett auszuziehen, und nimmt dann sexuelle Handlungen an der 18jährigen vor. Anschließend entwendet der Sexualstraftäter die Unterwäsche des Opfers sowie ihr Portemonnaie und flüchtet. Die Frau beschreibt den Täter als 20 bis 30 Jahre alten Türken.

**16. Januar 2010**
*Hamburg: Überfall und ver-*
*suchte Vergewaltigung*

Eine 20jährige wird von einem um die 30 Jahre alten Südeuropäer überfallen, der versucht, die junge Frau auch zu vergewaltigen. Er wird dabei gestört, als eine Autofahrerin auf die Situation aufmerksam wird. Der Täter flüchtet daraufhin. Zuvor versuchte er, das Opfer zu entkleiden, was ihm jedoch aufgrund der dicken Winterbekleidung nicht sofort gelang. Bereits vor dem Überfall hatte er die Frau angesprochen.

**17. Januar 2010**
*Krefeld: 16jähriges Mädchen*
*wehrt sich erfolgreich gegen*
*türkische Gruppe*

Fünf unbekannte Täter vergreifen sich in Krefeld an einem 16 Jahre alten Mädchen. Sie wird gegen ihren Willen von den Männern festgehalten und betatscht. Das Mädchen kann sich jedoch mit Schreien, Treten und Beißen nach einiger Zeit befreien. Zwei der Täter beschreibt sie später der Polizei: Es sollen »Südländer« gewesen sein, die miteinander sowohl deutsch als auch türkisch sprachen.

**18. Januar 2010**
*Hamburg: »Mißbrauch oder*
*Gruppensex mit drei*
*Libanesen?«*

Die 18jährige Nicole D. lernt den jungen Libanesen Bakri El H. (22) kennen und trifft sich mit ihm am Hamburger Hauptbahnhof. Zum vereinbarten Treffen mit dem Türsteher kommt allerdings auch sein Kollege und angeblicher Cousin Mohamad Z. (25). Zu dritt fahren sie zu einer Wohnung, wo ein dritter Mann, Hamade Adel A. (21), ein syrischer Türsteher, wartet. Was danach geschieht, ist umstritten. Die *Bergedorfer Zeitung* fragt in ihrer Berichterstattung über den späteren Prozeß: »Mißbrauch oder Gruppensex mit drei Männern?« Die Indizien sprechen dabei für die erste Version: Nicole D. trägt von der vermutlichen Vergewaltigung deutliche Kampfspuren am Hals und den Armen davon. Der vorbestrafte Mohamad Z. soll Nicole D. an den Haaren festgehalten haben, währenddessen Bakri El H. sie mißbrauchte. Dies sei nicht die einzige Vergewaltigung an diesem Tag gewesen: Auch Hamade Adel A. habe sich an den sexuellen Übergriffen beteiligt, so die Anklage.

Die Polizei nimmt einen 22jährigen Türken vorläufig fest. Seine Nachbarn in Hamburg-Billstedt werfen ihm die Vergewaltigung eines 17jährigen Mädchens vor. Laut Polizeiangaben hatte das Mädchen schwere Prellungen am

**21. Januar 2010**
*Hamburg-Billstedt: Junger Türke vergewaltigt 17jähriges Mädchen und schlägt ihr heftig ins Gesicht*

rechten Auge und Verletzungen an der rechten Hand erlitten. Sie verbrachte den Abend mit dem Beschuldigten und dem 20jährigen Mieter der Wohnung. Mit zunehmendem Alkoholkonsum aber wurde der Beschuldigte immer aggressiver und bedrängte sie. Das Mädchen wehrte sich. Als der Mieter jedoch das Zimmer verließ, habe der Türke sie auf ein Bett gedrängt und vergewaltigt. Ihre Gegenwehr brach er durch heftige Schläge ins Gesicht. Den zurückkehrenden Mieter warf er kurzerhand aus dem Zimmer. Nach einem erneuten Interventionsversuch des Mieters gelang der 17jährigen die Flucht. Nachbarn hatten mittlerweile die Polizei alarmiert. Der Beschuldigte trat bereits mit mehreren Körperverletzungsdelikten gegen Frauen in Erscheinung.

Auf einer öffentlichen Toilette belästigt ein Ausländer ein 16jähriges Mädchen, indem er sie an intimen Körperstellen anfaßt. Zu einer Vergewaltigung kommt es nicht. Nach kurzer Zeit hatte eine Zeugin an die Tür der Toilette geklopft.

**31. Januar 2010**
*Hildesheim: Versuchte Vergewaltigung auf öffentlicher Toilette*

In einem Regionalzug in Bremen kommt es zu einer versuchten Vergewaltigung mit anschließendem Raub. Drei unbekannte junge Südländer (ca. 17–18) greifen zwei Frauen im Alter von 19 und 20 Jahren an und verlet-

**27. Februar 2010**
*Bremen: Drei Südländer wollen zwei Schwestern erst vergewaltigen, dann rauben sie sie aus*

zen sie dabei schwer. Die Südländer belästigen die beiden Schwestern zunächst sexuell. Die jüngere Schwester wehrt sich und erhält deshalb einen Faustschlag ins Gesicht, durch den sie das Bewußtsein verliert. Die Männer rauben daraufhin die Jacken beider Frauen mit ihren Mobiltelefonen und Ausweisen und fliehen.

**16. März 2010**
*Solingen: Rumäne vergewaltigt Elfjährige*

In einem sehr bürgerlichen Wohnviertel in Solingen vergewaltigt ein 20jähriger Rumäne eine elfjährige Schülerin in der elterlichen Wohnung. Unter einem Vorwand hatte er geklingelt. Als das Mädchen sagte, sie sei allein zu Hause, fiel der Mann über sie her. Vor Gericht gesteht der Rumäne und erhält eine Jugendstrafe von siebeneinhalb Jahren. Strafmildernd wirkte sich für ihn aus, daß er in Rumänien unter schwierigen Bedingungen leben mußte (er arbeitete als Schäfer) und angeblich selbst Opfer sexueller Gewalt wurde. Das Gericht wertete es als ein Indiz für Unreife, daß der junge Mann nach Deutschland kam. Dies hätte den Ausschlag für das Jugend- und gegen Erwachsenenstrafrecht gegeben. Die Staatsanwaltschaft hatte für Erwachsenenstrafrecht plädiert.

**21. März 2010**
*Hannover: Bewährungsstrafe für Vergewaltigung*

Eine 21jährige Frau will in Hannover nach einem Diskobesuch mit einem Taxi heimfahren und wird vom 30jährigen, türkischen Fahrer Sansel A. vergewaltigt. Kollegen von ihm sagen aus, daß er schon einmal eine junge Frau belästigt habe. Angeblich stand er am liebsten an Plätzen in der Nähe von Diskotheken, um junge Frauen nach Hause zu fahren. Bei der Polizei war er bereits wegen Körperverletzung bekannt, aber nicht verurteilt. Vor Gericht räumt Sansel A. die Tat auf Anraten seines Anwalts ein und entschuldigt sich laut *Bild* halbherzig bei dem Opfer. Er erhält zwei Jahre auf Bewährung und muß 1500 Euro Schmerzensgeld zahlen. Das Taxiunternehmen entläßt ihn.

**16. April 2010**
*Aachen: Südländer zwingen 23jährige zu sexuellen Handlungen*

Eine 23jährige Frau wird in Aachen in der Nacht von zwei Männern attakkiert, die sie an einen abgelegenen Ort drängen und dort zu sexuellen Handlungen zwingen. Die Frau beschreibt die Sexualtäter als 30 bis 35 Jahre alte Südländer.

Drei junge Südländer (zwei Kolumbianer und ein Dominikaner) bespucken im Zug auf der Fahrt nach Bremen eine Schaffnerin und verprügeln sie. Zudem zieht sich einer der Männer die Hose herunter und belästigt die Schaffnerin sexuell. Die 38jährige hatte das Quartett beim Schwarzfahren erwischt. Die Polizei kann die Täter wenig später festnehmen.

**21. Mai 2010**
*Zug Hamburg–Bremen in Höhe Lauenbrück: Verprügelt, sexuell belästigt und angespuckt*

Eine 21jährige Frau schaut in der Innenstadt mit einigen Freunden Fußball und macht sich danach auf den Weg zur Wohnung eines Bekannten, in der sie verabredungsgemäß übernachten will. Auf dem Weg dahin wird sie von drei Südländern attackiert. Der mit einem Deutschlandtrikot bekleideten Frau wird der Mund zugehalten. Zudem ziehen zwei Männer an ihren Armen und Beinen. Gemeinsam schleppen sie die junge Frau in eine abgelegene Ecke. Hier vergewaltigt ein Täter die 21jährige, während seine Komplizen sie festhalten. Anschließend flüchten die Täter.

**19. Juni 2010**
*Köln: In Deutschlandtrikot vergewaltigt*

Vier Türken im Alter von 17 und 18 Jahren bedrohen mehrfach zwei 14jährige Mädchen. Zwei der Täter vergewaltigen sie in einer Heilbronner Tiefgarage und bedrohen sie dabei mit einem Messer. Ihre beiden Komplizen filmen die Tat mit dem Handy. Die Mädchen offenbaren sich erst, als die Türken sie erneut bedrohen. Die bereits polizeibekannten Jugendlichen werden kurz darauf festgenommen.

**15. Juli 2010**
*Heilbronn: Türken filmen Vergewaltigung*

**17. Juli 2010**
*Hannover: Südländer versucht, Frau zu vergewaltigen und schlägt ihr ins Gesicht*

Ein etwa 25jähriger Südländer versucht während einer Feier im Volksbad Limmer in Hannover, eine junge Frau zu vergewaltigen. Die 20Jährige geht zum Austreten in ein Gebüsch. Der Täter folgt ihr und fällt über sie her. Die 20jährige schreit und wehrt sich. Der Südländer schlägt ihr daraufhin so lange mit der Faust ins Gesicht, bis sie das Bewußtsein verliert. Die Frau muß später ins Krankenhaus und berichtet dort, was geschehen ist. Der Veranstalter im Volksbad sagt die nächste geplante Feier ab.

**7./8. August 2010**
*Gersthofen bei Augsburg: Gemeinschaftliche Vergewaltigung einer 18jährigen*

Auf einem Parkplatz einer Diskothek kommt es zu einer gemeinschaftlichen Vergewaltigung einer 18jährigen durch drei Türken und einen Afghanen. Einen der 19 bis 23 Jahre alten Täter lernte die junge Frau in der Diskothek kennen. Er lockte sie hinaus auf den Parkplatz. Dort vergewaltigt er sie. Danach kommen mehrere seiner Freunde und vergehen sich ebenfalls an der 18jährigen. Im März 2011 erhebt die Staatsanwaltschaft Augsburg Anklage gegen die vier Männer. Ihnen wird gemeinschaftliche Vergewaltigung und gefährliche Körperverletzung vorgeworfen. Die junge Frau ist seit dem Vorfall in psychiatrischer Behandlung.

**13. August 2010**
*Köln: Zwei Südländer entführen 16jährige und vergewaltigen sie*

Gegen 23 Uhr ruft eine 16jährige ihre Eltern aus einer Telefonzelle an, um sich abholen zu lassen. Während sie auf ihren Vater wartet, wird sie zunächst von einem Mann angesprochen. Der Südländer fragt das Mädchen, wo es hinwolle. Der Aufforderung des Mädchens, daß er sich entfernen solle, kommt der Fragende nicht nach. Daraufhin geht die 16jährige weg. Plötzlich wird sie von einem zweiten Südländer von hinten angepackt und ihr Mund zugehalten. Beide Angreifer ziehen das Mädchen dann auf die Rückbank eines dunkelroten Pkw. Im Wagen werden der Schülerin die Augen verbunden. Nach kurzer Zeit hält das Fahrzeug an und die Täter nehmen vermutlich abwechselnd sexuelle Handlungen an der 16jährigen vor. »Irgendwann bin ich dann bewußtlos geworden«, erklärt die Überfallene später. Als sie wieder aufwacht, befindet sie sich auf einem Gehweg in Köln-Mülheim. Die 16jährige gelangt von dort nach Hause.

Eine junge Frau (19) wird von einer Gruppe belästigt, als »geile Lady« tituliert und dann von einem Südländer attackiert. Er drückt sie gegen eine Hauswand, fordert sie zu sexuellen

**21. August 2010**
*Köln: Südländer attackiert junge Frau und belästigt sie sexuell*

Handlungen auf und schlägt ihr ins Gesicht. Erst als Passanten vorbeikommen, läßt der Täter von seinem Opfer ab und flüchtet. Die Geschädigte beschreibt den zur Tatzeit stark alkoholisierten Täter als Südländer, der gebrochen Deutsch sprach.

Ein Südländer (etwa 40) versucht in Köln, eine 29jährige Joggerin zu vergewaltigen. Er zieht sie an Armen und Kleidung ins Gebüsch. Aufgrund ihrer

**30. August 2010**
*Köln: Südländer versucht, Joggerin zu vergewaltigen*

heftigen Gegenwehr gelingt es der Frau, sich loszureißen. Sie entkommt schließlich.

Eine 23jährige Frau fährt in Hamburg mit der U-Bahn. Danach geht sie zu Fuß weiter. Ein 20 bis 30 Jahre alter Südländer verfolgt sie die ganze Zeit. Vor dem Hauseingang eines Studen-

**10. September 2010**
*Hamburg: Niedergeschlagen und zu sexuellen Handlungen aufgefordert*

tenwohnheimes wirft der Mann die 23jährige schließlich zu Boden. Er setzt sich auf sein Opfer, würgt es und fordert sexuelle Handlungen von der jungen Frau. Als ein Bewohner des Wohnheims hinzukommt, flüchtet der Täter.

Ein gebrochen Deutsch sprechender Taxifahrer vergewaltigt in Langenfeld zwei alkoholisierte Frauen (18 und 32). Bei der 32jährigen handelt es sich um

**3. Oktober 2010**
*Langenfeld: Zwei alkoholisierte Frauen vergewaltigt*

eine Gehbehinderte. Die beiden Frauen seien nach dem Einstieg ins Taxi eingeschlafen. Diesen Moment nutzte der südländisch aussehende Taxifahrer, um beide an zwei verschiedenen Standorten sexuell zu mißbrauchen. Danach ließ er sie aussteigen und konnte flüchten.

**17. Oktober 2010**
*Hamburg: Mit Messer bedroht und sexuell genötigt*

Eine 20jährige fährt in Hamburg in der Nacht mit der S-Bahn bis zur Haltestelle Barmbek. Von dort aus will sie zu Fuß nach Hause gehen. Ein Südländer verfolgt sie vom Bahnhof aus und bedroht sie kurz darauf mit einem Messer. Dabei berührt er das Opfer auch unsittlich. Die junge Frau kann den Täter beruhigen und einen günstigen Moment zur Flucht nutzen. Der Täter flüchtet ebenfalls. Die 20jährige kommt mit einem Schock ins Krankenhaus, bleibt ansonsten aber unverletzt.

**17. Oktober 2010**
*Wattenscheid: 26jährige wehrt sich gegen Sexualstraftäter*

Eine Frau (26), die in Wattenscheid zu Fuß unterwegs ist, bemerkt gegen drei Uhr, daß ein Mann hinter ihr her ist. Plötzlich ergreift der etwa 25 bis 35 Jahre alte Südländer die 26jährige von hinten, hält ihr mit der Hand den Mund zu und drückt sie zu Boden. Die junge Frau tritt sofort mit ihren Stiefeln auf den Täter ein, nutzt ihre Tasche als Schlagwerkzeug und schreit lautstark um Hilfe. Diese heftige Gegenwehr zeigt Wirkung. Der Mann kann sein Opfer nicht weiter festhalten, läßt von ihr ab und flüchtet zu Fuß. Die Polizei geht von einer versuchten Vergewaltigung aus.

**24. Oktober 2010**
*Scheeßel bei Rotenburg: Albaner vergewaltigt Schülerin*

Auf dem Parkplatz der Diskothek »Codex« in Scheeßel vergewaltigt ein Albaner eine 16jährige Schülerin. Sie lernte den etwa 20 Jahre alten Mann beim Tanzen in der Disko kennen. Nach einiger Zeit geht sie mit ihm auf den Parkplatz der Diskothek, um eine Zigarette zu rauchen und folgte ihm zu einem dunklen BMW. Als die 16jährige sich in das Fahrzeug setzt, vergewaltigt der Täter sie, obwohl sie sich heftig wehrt. Das Opfer offenbart sich ihren Eltern, die sofort die Polizei informieren.

# Anmerkungen

## Vorbemerkung

Monographien und Aufsätze werden nur bei der ersten Nennung vollständig aufgeführt, bei späteren Nennungen als Kurztitel. Der Nachweis von Meldungen und Artikeln aus Zeitungen und Zeitschriften erfolgt entweder nach der Druckausgabe oder der Netzseite, jeweils mit dem entsprechenden Datum. Auf den Abdruck des ausführlichen Netzverweises (Link) wird, abgesehen von einigen schwer auffindbaren Ausnahmen, verzichtet, da die Meldungen und Artikel über die Suchfunktion der angegebenen Netzseiten leicht zu erreichen sind. Der letzte Aufruf der Nachweise erfolgte im April 2011. Die Nachweise für die einzelnen Fälle der Chronik sind unter www.deutscheopfer.de hinterlegt.

## Kapitel 1 Deutsche Opfer, fremde Täter – warum dieses Buch?

1    www.schoeppinger-friede.de.

2    »Hier steht Kevins feiger Mörder vor Gericht«, *bild.de,* 3.2.2010.

3    Diese und die folgenden Presseberichte sind dokumentiert auf der Internetseite www.deutscheopfer.de.

4    Institut für Staatspolitik (Hrsg.): *Zuwanderung nach Deutschland. Chancen, Mythen, Risiken,* Berlin 2001.

5    »Kinder der Finsternis«, *Der Spiegel* 18/2011, S. 32–44.

6    Kirsten Heisig: *Das Ende der Geduld. Konsequent gegen jugendliche Gewalttäter,* Freiburg 2010.

7    »Kinder der Finsternis«, *Der Spiegel,* S. 34.

8    Ebd., S. 35.

9    »Das Problem explodiert«, *Spiegel*-Streitgespräch mit dem Berliner
     Oberstaatsanwalt Roman Reusch und dem Hamburger
     Strafrechtsprofessor Bernd-Rüdiger Sonnen, *spiegel.de*, 7.5.2007.
10   Jan Fleischhauer: »Strafe muß wehtun«, *spiegel.de*, 2.5.2011.


## Kapitel 2 Die Entdeckung der Deutschenfeindlichkeit

11   Thilo Sarrazin: »Ich hätte eine Staatskrise auslösen können«,
     *Frankfurter Allgemeine Zeitung (FAZ)*, 24.12.2010.
12   Thorsten Schmitz: »Die Schweinefleischfresser«,
     *Süddeutsche Zeitung*, 9.11.2010.
13   »Böhmer fordert Maßnahmen gegen Deutschenfeindlichkeit«,
     *dpa*, 8.10.2010.
14   »Die 2,7 Millionen Menschen aus türkischen Familien, die in
     Deutschland leben, gehören zu uns, sie sind ein wichtiger Teil unserer
     Gesellschaft. Diese Menschen mit ihrer vielfältigen Kultur, ihrer
     Herzlichkeit und ihrer Lebensfreude sind eine Bereicherung für
     uns alle.« Zitiert nach der Meldung »Mehrzahl der Türken fühlt sich in
     Deutschland unerwünscht«, *spiegel.de*, 12.3.2008.
15   »Wie Araber und Türken deutsche Schüler mobben«,
     *morgenpost.de*, 4.10.2010.
16   Andrea Posor/Christian Meyer: »Deutschenfeindlichkeit in Schulen.
     Über die Ursachen einer zunehmenden Tendenz unter türkisch- und
     arabischstämmigen Jugendlichen«, *blz* 11/2009,
     www.gew-berlin.de/blz/19635.htm.
17   »Debatte um Mobbing gegen Deutsche«, *focus.de*, 10.10.2010.
18   »Warum wurden Sie als deutsche Schlampe beschimpft?«, *bild.de*, 1.11.2010.
19   »Wer Deutsche beschimpft, fliegt raus – abenteuerliche Thesen in der
     Hessen-CDU«, Manuskript zum Beitrag in »Panorama« Nr. 692 vom
     24.1.2008; Stellungnahme Schröders (damals noch Kristina Köhler)
     unter www.kristinaschroeder.de/bundestag/reden/2008/stellung-
     nahme-zur-panorama-sen/.
20   Abgeordnetenhaus Berlin, Drucksache 16/3649 vom 17.11.2010.
21   Abgeordnetenhaus Berlin, Plenarprotokoll 16/71 vom 7.10.2010, S. 6693ff.
22   »Auch Bouffier spricht von Deutschen-Diskriminierung«, *dpa*, 11.10.2010.

23   »Dieser Polizist redet Klartext im Kanzleramt«, *bild.de*, 3.11.2010.

24   »Gefeuert, weil er die Wahrheit sagte?«, *bz-berlin.de*, 9.11.2010.

25   »GEW will Deutschenfeindlichkeit abschaffen«,
     *tagesspiegel.de*, 18.11.2010.

26   Eike Sanders/Rona Torenz: »Von der Teutophobie zur Deutschenfeind-
     lichkeit«, *apabiz-monitor 48*, Dezember 2010, S. 1–3. Der Beitrag
     wurde aus dem Rundbrief des eng mit der linksextremen Szene
     vernetzten »antifaschistischen presse- und bildungszentrums berlin«
     (apabiz) leicht abgewandelt von der SPD-nahen *Sächsischen Zeitung*
     übernommen (»Wie deutschenfeindlich geht es an deutschen Schulen
     zu?«, *sz-online.de*, 26.1.2011).

27   Yasemin Shooman: »›Deutschenfeindlichkeit‹. Zur problematischen
     Verwendung des Begriffs«, *blz* 12/2010,
     www.gew-berlin.de/blz/21343.htm.

28   »Deutschenfeindlichkeit ist Rassismus«,
     *Frankfurter Allgemeine Sonntagszeitung (FAS)*, 10.10.2010.

29   Vom »Geschwätz« eines »törichten Mädchens« sprach beispielsweise
     Hans-Ulrich Jörges: »Wo der Schweinehund knurrt«, *stern.de*, 12.11.2010.

30   Norbert Bolz: »Linke Lebenslügen«, *taz.de*, 6.12.2010.

31   Artikel 2.1 der UNESCO-Erklärung über »Rassen« und rassistische
     Vorurteile vom 27.11.1978, in der Übersetzung der Deutschen UNESCO-
     Kommission; www.unesco.de/erklaerung_rassist_vorurteile.html.

32   Rahmenbeschluß 2008/913/JI des Rates der Europäischen Union vom
     28.11.2008 zur strafrechtlichen Bekämpfung bestimmter
     Formen und Ausdrucksweisen von Rassismus und
     Fremdenfeindlichkeit, Artikel 1.1.a.

33   Posor/Meyer: »Deutschenfeindlichkeit in Schulen«.

34   Sanders/Torenz: »Von der Teutophobie«.

35   Der Fall »Ermyas M.« – Chronik einer Debatte, April 2008; www.
     opferperspektive.de/service/get_file?file=Der_Fall_Ermyas_M.pdf.

36   Vgl. »Linkspartei will ›Rasse‹ aus Gesetzestexten streichen«,
     *jungefreiheit.de*, 8.12.2010.

37   Michèle Tribalat: *Les yeux grands fermés. L'immigration
     en France*, Paris 2010.

38    Samuel P. Huntington: *Der Kampf der Kulturen. The Clash of Civili-*
      *zations. Die Neugestaltung der Weltpolitik im 21. Jahrhundert,*
      München/Wien 1996, S. 53ff. Die weiteren Kulturkreise sind der
      sinische, japanische, hinduistische, lateinamerikanische und
      afrikanische.

39    Shooman: »Deutschenfeindlichkeit«.

40    Roman Reusch: »Migration und Kriminalität. Rechtstatsächliche und
      kriminologische Aspekte und Lösungsansätze für eine erfolgreiche
      Integration«, Vortragsmanuskript, Hanns-Seidel-Stiftung, 7.12.2007, S. 21f,
      www.hss.de/fileadmin/migration/downloads/071207_
      VortragReusch.pdf.

41    Die »deutschtürkische Pädagogin« Sanem Kleff vom Netzwerk »Schule
      ohne Rassismus« im Interview mit *telepolis,* 4.10.2010,
      www.heise.de/tp/r4/artikel/33/33491/1.html.

42    Ebd.

43    Güner Balci: »Einschüchterung in der Ghetto-Schule – Deutsche als
      Minderheit«, Beitrag im Fernsehmagazin »Panorama« Nr. 711 vom
      7.5.2009, Sendungsmanuskript, http://daserste.ndr.de/panorama/media/
      panoramaleiharbeiter114.pdf.

44    Shooman: »Deutschenfeindlichkeit«.

45    Balci: »Einschüchterung in der Ghetto-Schule«.

46    Yasemin Shooman/Evelin Lubig-Fohsel: »Unter Kartoffeln«,
      *taz.de,* 7.10.2010.

47    Gunnar Heinsohn: »Das Grundgesetz schützt die
      Integrationsverweigerer«, *welt.de,* 7.9.2010.

48    Irenäus Eibl-Eibesfeldt: »Zukunft multikulturelle Gesellschaft?«,
      *Einwanderungsland Europa?,* Graz 1993, S. 129–142, hier S. 134.

49    Ders.: *Der Mensch – das riskierte Wesen. Zur Naturgeschichte*
      *menschlicher Unvernunft,* München 1991, S. 195.

50    Paradigmatisch: Heiner Geißler: *Zugluft. Politik in stürmischer Zeit,*
      München 1990, S. 177ff.

51    Robert Hepp: »Different but equal«, in: Volker Beismann/Markus
      Josef Klein (Hrsg.): *Politische Lageanalyse. Festschrift für*
      *Hans-Joachim Arndt zum 70. Geburtstag am 15. Januar 1993,*
      Bruchsal 1993, S. 65–104, hier S. 66.

52  Robert Hepp: »Multa non multum: Kulturkritische Anmerkungen zur
›multikulturellen Gesellschaft‹«, www.konservativ.de.

53  Udo Ulfkotte: *Kein Schwarz. Kein Rot. Kein Gold. Armut für alle
im »Lustigen Migrantenstadl«*, Rottenburg 2010, S. 146. Das Buch
vermittelt durch eine Fülle von Beispielen eine Ahnung der Dimensionen
von Abkassieren und Geldvernichtung durch die Integrationsindustrie.

54  Stefan Luft, Zusammenfassung der Beiträge für das Seminar der
Universitätsförderung der Hanns-Seidel-Stiftung: »Migration ohne
Integration? Möglichkeiten zur Wende in der Integrationspolitik«,
Vortragsmanuskript, Hanns-Seidel-Stiftung, 7.12.2007, S. 6f.,
www.hss.de/fileadmin/migration/downloads/071207_Vortrag-Luft_01.pdf.

55  Meinhard Miegel: *Die deformierte Gesellschaft. Wie die Deutschen ihre
Wirklichkeit verdrängen*, Berlin 2003, S. 39.

56  Unverblümt: Claus Leggewie: *MULTI KULTI. Spielregeln für die
Vielvölkerrepublik*, Berlin 1990.

57  Hepp: »Different but equal«.

58  »Merkel erklärt Multikulti für gescheitert«, *spiegel.de*, 16.10.2010.

59  Luft: Zusammenfassung.

60  Seyran Ates: *Der Multikulti-Irrtum. Wie wir in Deutschland besser
zusammenleben können*, Berlin 2008, S. 14f.

61  »Wowereit tadelt Schulen in Kreuzberg«, *tagesspiegel.de*, 7.12.2006.

62  Daniel Cohn-Bendit/Thomas Schmid: »Wenn der Westen
unwiderstehlich wird«, *Die Zeit* 48/1991.

63  Ates: Der Multikulti-Irrtum, S. 15.

64  Bassam Tibi: *Europa ohne Identität? Die Krise der multikulturellen
Gesellschaft*, München 1998, S. 104.

65  Ebd., S. 183.

66  Carl Schmitt: *Der Begriff des Politischen. Text von 1932 mit einem
Vorwort und drei Corollarien*, Berlin 1963, S. 54.

67  Zum Beispiel in Horst Seehofers »Sieben-Punkte-Plan« während der
Integrationsdebatte vom Herbst 2010, cf. »Merkel erklärt Multikulti für
gescheitert«, *spiegel.de*, 16.10.2010.

68  Josef Schmid: »Deutschland – Einwanderungsland?
Wie Hypermoral falsche Weichen stellte«, *Deutschlandradio*,
Politisches Feuilleton, 13.10.2010,
www.dradio.de/dkultur/sendungen/politischesfeuilleton/1294298.

69    Hierzu: Gérard Bökenkamp: »Wohlfahrtsstaat oder Einwanderungsland: Der Kampf um die Torte«, *ef-magazin.de*, 1.7.2020.

70    Herwig Birg: »Grundkurs Demographie – erste Lektion: Deutschlands Weltrekorde«, *FAZ*, 22.2.2005.

71    Gunnar Heinsohn: »Die Schrumpfvergreisung der Deutschen«, in: Jürgen Bellers (Hrsg.): *Zur Sache Sarrazin*, Berlin: 2010, S. 106f.

72    Gunnar Heinsohn: »Ausländer sind die Lösung ...«, *Focus* 30/2010, S. 42f.

73    Herwig Birg: »Grundkurs Demographie – sechste Lektion: Mängel der Sozialversicherung«, *FAZ*, 28.2.2005.

74    Herwig Birg im Interview mit Roger Köppel, *Weltwoche* 3/2009.

75    Herwig Birg: »Grundkurs Demographie – vierte Lektion: Deutschlandbericht«, *FAZ*, 25.2.2005.

76    Herwig Birg: »Grundkurs Demographie – achte Lektion: Demographische Konflikte«, *FAZ*, 2.3.2005.

77    Martin Neuffer: »Die Reichen werden Todeszäune ziehen«, Der *Spiegel* 16/1982, S. 37–47, hier S. 45 (Auszug aus Neuffers Buch *Die Erde wächst nicht mit. Neue Politik in einer überbevölkerten Welt*, München 1982).

78    Siegfried Kohlhammer: »Das Ende Europas? Ansichten zur Integration der Muslime«, *Merkur* 731/2010, S. 337-347.

79    Ebd.

80    Michael Hanfeld: »Entweder Broder – die Deutschland-Safari. Unentbehrlich, unbezahlbar, nicht zu schlagen«, *FAZ*, 7.11.2010.

81    »Türken sind die Sorgenkinder der Integration«, *welt.de*, 17.4.2010.

82    Studie des NRW-Integrationsministeriums von 2009; vgl. www.stern.de/kultur/tv/juhshow/tuerken-und-fernsehen-warum-guckst-du-nicht-ard-1502769.html.

83    Kohlhammer: »Das Ende Europas?«

84    »Erdogans Kölner Rede«, *FAZ*, 15.2.2008.

85    »Die besten deutschen Schüler stammen aus Vietnam«, *welt.de*, 6.2.2011.

86    Kenan Kolat: »Wie sind Integration und Demokratiesystem bei Migranten umsetzbar«, in: Thüringer Staatskanzlei, Europäisches Integrationszentrum Thüringen (Hrsg.): *Migration im Zuge der EU-Erweiterung und Globalisierung: Herausforderung und Chancen für die Europäische Union*, Erfurt 2006, S. 161–164.

87    »Türkischer Lobbyist will ›Integration‹ abschaffen«,
      *jungefreiheit.de*, 14.5.2009.
88    »Gemeinsame Leitkultur«, Interview mit Armin Laschet,
      *Der Spiegel* 46/2005, S. 18.
89    Stefan Luft: »Assimilation, Integration, Identität«, *FAZ*, 15.2.2008
90    Reinhard K. Sprenger: »Trennung ist ebenso wichtig wie gute
      Integration«, *welt.de*, 10.10.2010.
91    Zitiert nach Johannes Leithäuser: »Wider den Multikulturalismus.
      Beifall für die Münchener Rede David Camerons«, *FAZ*, 8.2.2011.
92    Richard Wagner, »Integriertes Deutschland«,
      *Die Achse des Guten*, 15.10.2010, www.achgut.com/dadgdx/
      index.php/dadgd/article/integriertes_deutschland/.

## Kapitel 3 Staatsversagen

93    Stefan Luft: *Abschied von Multikulti. Wege aus der Integrationskrise*,
      Gräfelfing 2006, S. 40.
94    Ebd., Luft zitiert einen Beitrag des DGB-Vorstandsmitglieds
      Günter Stephan von 1969.
95    Besonders perfide: Armin Laschet: *Die Aufsteiger-Republik – Zuwanderung
      als Chance*, Köln 2009, der nach der Eingliederung der Ostvertriebenen
      und der Wiedervereinigung die Einwandererintegration als »dritte
      Einheit« verstanden wissen will.
96    Thilo Sarrazin: *Deutschland schafft sich ab. Wie wir unser Land aufs
      Spiel setzen*, München 2010, S. 259.
97    »Wieviel Anatolien verträgt Europa?«, Interview mit Helmut Schmidt,
      *abendblatt.de*, 24.11.2004.
98    Der Terminus »Gastarbeiter« kommt in vertraglichen oder Verwaltungs-
      texten nicht vor, hat sich aber im öffentlichen und schließlich auch
      politischen Sprachgebrauch bald durchgesetzt und lange gehalten, nicht
      zuletzt da er die ursprünglich intendierte Befristung des Aufenthalts
      prägnant auf den Punkt bringt.
99    Luft: Abschied von Multikulti, S. 101 ff.

100 Heike Knortz: *Diplomatische Tauschgeschäfte. »Gastarbeiter« in der westdeutschen Diplomatie und Beschäftigungspolitik 1953–1973,* Köln 2008, insbesondere S. 61ff.

101 Ebd., S. 77.

102 Ebd., S. 129.

103 Als eine von zahllosen Stimmen: die »Ausländerbeauftragte der Bundesregierung« Marieluise Beck gegenüber der *Bild*-Zeitung, zitiert nach »Altkanzler Schmidt: Was hat er zur Integration beigetragen?«, *stern.de,* 25.11.2004.

104 Kohlhammer: »Das Ende Europas?«

105 Gunnar Heinsohn: »Deutschland verschläft den Kampf um Talente«, *FAZ,* 26.6.2010.

106 Jan Motte/Rainer Ohliger: »Im Rückblick: 50. Jahrestag der Anwerbeabkommen mit Spanien und Griechenland«, *Newsletter Migration und Bevölkerung* 3/2010, www.migration-info.de. In Deutschland lebende Spanier schließen besonders häufig binationale Ehen, was als wichtiger »Integrationsindikator« gilt.

107 »Die Türken kommen – rette sich, wer kann«, *Der Spiegel* 31/1973, S. 24–34.

108 Zitiert nach: »Bündnis der Weggucker«, *Der Spiegel* 37/2010, S. 21–28, hier S. 28.

109 Knortz: Diplomatische Tauschgeschäfte, S. 165.

110 Stefan Luft: *Ausländerpolitik in Deutschland. Mechanismen, Manipulation, Mißbrauch,* Gräfelfing 2003, S. 148.

111 »Die Türken kommen – rette sich, wer kann«, *Der Spiegel* 31/1973.

112 Statistik des Bundesministeriums für Arbeit und Soziales, abzurufen unter: www.bmas.de/portal/6928/.

113 *ZEITpunkte,* Heft 1/1993.

114 Eibl-Eibesfeldt: Der Mensch, S. 187.

115 Luft: Ausländerpolitik in Deutschland, S. 138f.

116 Titel einer Studie im Auftrag des Bundesverbands deutscher Wohnungsunternehmen aus dem Jahre 1998; ausführlich zitiert in Luft: Ausländerpolitik in Deutschland, S. 164ff.

117 »Die Türken kommen – rette sich, wer kann«, *Spiegel* 31/1973.

118     Z.B. Jack Schneider: »Escape From Los Angeles: White Flight from Los Angeles and Its Schools, 1960–1980«, *Journal of Urban History* 34/2008, S. 995–1012. In der Automobilstadt Detroit war der »white flight« eine direkte Folge der großen Rassenunruhen von 1967.

119     »Ethnic middle classes join the ›white flight‹«, *The Observer*, 20.4.2008.

120     Günther Lachmann: *Tödliche Toleranz. Die Muslime und unsere offene Gesellschaft*, München: Piper 2005, S. 65.

121     Bundeskanzler Helmut Schmidt (SPD) auf einer DGB-Veranstaltung in Hamburg im November 1981, zitiert nach *Sarrazin lesen*, Sonderheft *Sezession* (Oktober 2010), S. 48f.

122     *Neue Osnabrücker Zeitung*, 13.9.1980, zitiert nach *Sarrazin lesen*, Sonderheft *Sezession* (Oktober 2010), S. 48f.

123     »Stand und Weiterentwicklung der Integration der ausländischen Arbeitnehmer und ihrer Familien in der Bundesrepublik Deutschland«, Manuskript, Bonn, September 1979, S. 5, www.migration-online.de/data/khnmemorandum_1.pdf.

124     *Quick*, 15.1.1981, zitiert nach *Sarrazin lesen*, Sonderheft *Sezession* (Oktober 2010), S. 48f.

125     Neuffer: »Die Reichen werden Todeszäune ziehen«, *Spiegel* 16/1982, S. 39.

126     Alle Zitate dieses Absatzes sind dokumentiert in *Sarrazin lesen*, Sonderheft *Sezession* (Oktober 2010), S. 48f.

127     Text mit Vergleich der beiden Fassungen: www.schutzbund.de/heidelberger_manifest.htm.

128     Z.B. Herbert Leuninger: »Kirche und Heidelberger Manifest«, *Zeitschrift für Ausländerrecht und Ausländerpolitik* 3(1983), S. 117–124.

129     Auszüge u.a. hier: www.marokko-dabg.de/volkerverstaendigung.html.

130     »Noch zwei Generationen Zeit«, Interview mit Theodor Schmidt-Kaler, *Junge Freiheit* 50/2004.

131     Lachmann: Tödliche Toleranz, S. 28ff.

132     Neuffer: »Die Reichen werden Todeszäune ziehen«, *Spiegel* 16/1982, S. 47.

133     Vgl. hierzu: Ralf Ghadban: *Die Libanon-Flüchtlinge in Berlin. Zur Integration ethnischer Minderheiten*, Berlin: 2000, ausführlich zitiert auch bei Luft: Ausländerpolitik in Deutschland, S. 156ff.

134    Neuffer: »Die Reichen werden Todeszäune ziehen«, *Spiegel* 16/1982, S. 39.

135    www.telegraph.co.uk/comment/3643823/Enoch-Powells-Rivers-of-Blood-speech.html.

136    »For these dangerous and divisive elements the legislation proposed in the Race Relations Bill is the very pabulum they need to flourish. Here is the means of showing that the immigrant communities can organise to consolidate their members, to agitate and campaign against their fellow citizens, and to overawe and dominate the rest with the legal weapons which the ignorant and the ill-informed have provided. As I look ahead, I am filled with foreboding; like the Roman, I seem to see ›the River Tiber foaming with much blood‹«.

137    Lorenz Jäger: »Vergil in der Banlieue«, *FAZ*, 10.11.2005.

138    »Race riot flared after Muslims were urged to confront right-wing protests«, *The Times*, 7.9.2009.

139    http://en.wikipedia.org/wiki/2005_Birmingham_race_riots.

140    »We are living in broken Britain – and almost half of us want to emigrate, says poll«, *Daily Mail*, 9.2.2010.

141    »Zum Glück verbrennen sie nur Autos«, *nzz.ch*, 6.11.2005.

142    »77 Polizisten bei neuen Unruhen in Frankreich verletzt«, *AP*, 27.11.2007.

143    »Gewaltpotenzial in den Banlieues«, *nzz.ch*, 20.7.2010.

144    »Auch wir sind davor nicht gefeit«, *faz.net*, 7.11.2005.

145    Luft: Ausländerpolitik in Deutschland, S. 173.

146    »Deutschland 2014: Muslimische ›No-Future-Kids‹ werden sich an Deutschland rächen«, *Financial Times Deutschland*, 12.8.2004.

147    Gunnar Heinsohn: *Söhne und Weltmacht. Terror im Aufstieg und Fall der Nationen*, Zürich 2003, S. 157.

148    Vgl. Klaus Farin/Eberhard Seidel-Pielen: *Krieg in den Städten. Jugendgangs in Deutschland*, Berlin 1991.

149    Ebd., S. 50.

150    Ebd., S. 51.

151    http://de.wikipedia.org/wiki/Mordanschlag_von_Solingen.

152    Shooman: »»Deutschenfeindlichkeit«».

153    »Gedenken gegen das Vergessen«, *Solinger Tageblatt*, 27.5.2003.

154    »Nach Brandanschlag auf Türken in Solingen Jugendlicher wegen Mordverdachts verhaftet«, *Süddeutsche Zeitung*, 1.6.1993.

155     Anni Mursula: »Auch die dümmsten Ausländer durchschauen
        die Mechanismen«, *jungefreiheit.de*, 19.2.2011.

156     »Vorwurf der Aufstachelung zum Türken-Haß«,
        *Süddeutsche Zeitung*, 3.4.1997.

157     »Giftige Gazetten«, *Focus* 17/1997, S. 54f.

158     »Klar sehen hinter der Rauchwand«, *Süddeutsche Zeitung*, 3.4.1997.

159     »Spiegel stellt jüdischen Neuaufbau in Frage«,
        *Stuttgarter Zeitung*, 4.10.2000.

160     »Was dem Appell zum ›Aufstand der Anständigen‹ folgte«, *taz*, 4.10.2010.

161     Rolf Stolz: *Deutschland, deine Zuwanderer. Fakten – Analysen – Chancen*,
        München 2002, S. 172.

162     »›Deutschländer‹ für Schröder«, *jungefreiheit.de*, 4.10.2002.

163     Minette Marrin: »Labour's secret scheme to build multicultural Britain«
        *Sunday Times*, 1.11.2009.

164     »Streit wegen einer Million neuer Deutscher«, *welt.de*, 6.2.2011.

165     Hepp: »Different but equal«, S. 69.

166     »Ausländerfeindlichkeit seit 2008 offenbar deutlich gewachsen«,
        *AFP*, 13.10.2010.

167     Jochen Kummer: *Ausländerkriminalität. Legenden und Fakten
        zu einem Tabu*, Frankfurt a.M./Berlin 1993, S. 15ff.

168     Ders.: »Angst und Ohnmacht in der Göttinger Siedlung Grone Süd«,
        *Welt am Sonntag*, 8.9.1996.

169     Eike Bleibtreu: »Was hat Wuppertal mit Rostock gemein?«, *der kriminalist*
        11/1992, zitiert bei Kummer: Ausländerkriminalität, S. 164ff.

170     Interview mit Elisabeth Noelle-Neumann, *International
        Herald Tribune*, zitiert bei Kummer: Ausländerkriminalität, S. 167.

171     Kummer: »Angst und Ohnmacht«.

172     Michael Klonovsky: »Streitfall Ausländerkriminalität«,
        *Focus* 6/1994, S. 68–73, hier S. 69.

173     »In den großen Bundesländern hat sich die Zahl der verurteilten
        Ausländer verdoppelt«, *Welt am Sonntag*, 19.5.1996.

174     Konrad Freiberg: »Ausländerkriminalität«, Manuskript, Hamburg,
        Oktober 1994.

175     »Ausländer sind 2,6mal höher belastet als Deutsche«,
        *Welt am Sonntag*, 9.11.1997.

176     »Verbrecher im Visier«, *Focus* 31/1997, S. 20.

177      Bundeskriminalamt: *Polizeiliche Kriminalstatistik 2008*, S. 105.

178      Darauf weist der Vize-Vorsitzende des Bundes Deutscher Kriminalbeamter (BDK), Rolf Jaeger, hin:»Deutsche werden in der Statistik
kriminalisiert«, *welt.de*, 18.7.2006.

179      Klonovsky:»Streitfall Ausländerkriminalität«, S. 71.

180      Kummer: Ausländerkriminalität, S. 65ff.

181      Rainer Geißler:»Das gefährliche Gerücht von der hohen Ausländerkriminalität«, *Aus Politik und Zeitgeschichte* B35/1995, S. 30–39.

182      Statistisches Bundesamt: *Statistisches Jahrbuch 2010*, S. 48f.

183      Ausführlicher Überblick vom Institut für Demographie:»Kinderzahlen
von Migranten: Die Wahrheit der Stammtische«, Nachricht der
Woche 5–6/2011, www.i-daf.org/32-0-Nachricht-der-Woche.html.

184      *Gewalt von Jungen, männlichen Jugendlichen und jungen Männern
mit Migrationshintergrund in Berlin*, Bericht und Empfehlungen einer
von der Landeskommission Berlin gegen Gewalt eingesetzten Arbeits-
gruppe, Berlin 2007, S. 19f.

185      Christian Pfeiffer: *Kriminalität junger Menschen im vereinigten
Deutschland – Eine Analyse auf der Basis der Polizeilichen
Kriminalstatistik 1984–1994*, Hannover 1995, S. 60.

186      »Das Problem sind die sozialen Gegensätze«, Interview mit Christian
Pfeiffer, *Stuttgarter Zeitung*, 11.3.1997.

187      Zusammengefaßt in: Christian Pfeiffer/Peter Wetzels: *Junge Türken
als Täter und Opfer von Gewalt: Erweiterte Fassung eines Zeitungs-
artikels, erschienen in der FAZ am 30.4.2000, S. 14. Synopse in
türkischer und deutscher Sprache*, Hannover 2000, S. 14f.

188      Dirk Baier/Christian Pfeiffer: *Gewalttätigkeit bei deutschen und
nichtdeutschen Jugendlichen – Befunde der Schülerbefragung 2005
und Folgerungen für die Prävention*, Hannover 2007.

189      Ebd., S. 21.

190      Ebd., S. 22.

191      Ebd., S. 4.

192      »Polizeipräsident nach Äußerung zur Ausländergewalt in der Kritik«,
*jungefreiheit.de*, 24.2.2011.

193      Baier/Pfeiffer: Gewalttätigkeit, S. 35.

194      »Polizeipräsident nach Äußerung zur Ausländergewalt in der Kritik«,
*jungefreiheit.de*, 24.2.2011.

195 »Schutz nationaler Minderheiten vor Verwendung diskriminierender Minderheitenkennzeichnungen durch Polizeibehörden«, *Staatsanzeiger für das Land Hessen*, Nr. 26, 23.6.2008, S. 1610f.

196 »Leitlinien für die Polizei des Landes Nordrhein-Westfalen zum Schutz nationaler Minderheiten vor Diskriminierungen«, Runderlaß des Innenministeriums vom 15.12.2008, Ministerialblatt NRW 2009, Nr. 2, 27.1.2009, S. 19–34.

197 Nachzulesen unter www.presserat.info.

198 Martin Lichtmesz: »Jugendliche‹ waren's«, *Junge Freiheit* 9/2011.

199 Udo Ulfkotte: *Vorsicht Bürgerkrieg! Was lange gärt, wird endlich Wut*, Rottenburg 2009, S. 163.

200 »Ministerin will Medien Inhalte vorgeben«, *Nordwest-Zeitung*, 23.7.2010.

201 Hans-Ulrich Jörges: »Wo der Schweinehund knurrt«, *stern.de*, 12.11.2010.

202 Das dokumentierte nicht zuletzt der ritualisierte Proteststurm nach dem vorsichtigen rhetorischen Abrücken des neuernannten Bundesinnenministers Friedrich von dem Wulff-Diktum Anfang März 2011.

203 Karlheinz Weißmann: »Islam als politisches Modell«, *Sezession* 40/2011, S. 6–9.

204 »Majority of Muslims want Islam in politics, poll says«, *Los Angeles Times*, 6.12.2010, über die Ergebnisse einer Umfrage in sieben Ländern mit großer islamischer Bevölkerung.

205 Zitiert nach der Online-Ausgabe des australischen Magazins *Quadrant*, www.quadrant.org.au/blogs/qed/2011/01/on-muslim-integration.

206 »Muslime bereiten selbst Musterland Kanada Probleme«, *welt.de*, 18.9.2010.

207 »Türkische ›Machokultur‹ ist Integrationshindernis«, *welt.de*, 6.11.2010.

208 »NRW – Mehr als ein Viertel der Muslime lebt vom Staat«, *welt.de*, 16.1.2011.

209 Sarrazin: Deutschland schafft sich ab, S. 264.

210 »Das ist ein kulturell muslimisches Problem«, Interview mit Heinz Buschkowsky, *tagesspiegel.de*, 6.10.2010.

211 Dirk Baier/Christian Pfeiffer/Susann Rabold/Julia Simonson,/Cathleen Kappes: *Kinder und Jugendliche in Deutschland: Gewalterfahrung, Integration, Medienkonsum. Zweiter Bericht zum gemeinsamen Forschungsprojekt des Bundesministeriums des Innern und des KFN*, Hannover 2010, S. 116.

212    Ebd., S. 67, 66.

213    Sonja Haug: *Jugendliche Migranten – muslimische Jugendliche. Gewalttätigkeit und geschlechterspezifische Einstellungsmuster. Kurzexpertise für das Bundesministerium für Familie, Senioren, Frauen und Jugend*, Regensburg, Oktober 2010.

214    »Schröder: Junge Muslime haben erhöhtes Gewaltpotenzial«, *AFP*, 26.11.2010.

215    Ahmet Toprak/Katja Nowacki: »Gewaltphänomene bei männlichen, muslimischen Jugendlichen mit Migrationshintergrund und Präventionsstrategien. Expertise im Auftrag des Bundesministeriums für Familie, Senioren, Frauen und Jugend«, Dortmund, Oktober 2010.

216    »Experience of discrimination, social marginalisation and violence: A comparative study of Muslim and non-Muslim youth in three EU Member States«, The European Union Agency for Fundamental Rights (FRA), Wien, 27.10.2010.

217    Karl Doehring: »Niemand kann zwei Herren dienen«, *FAZ*, 23.9.2010.

218    Gespräch mit Karl Albrecht Schachtschneider, *Sezession* 40/2011, S. 35.

219    Udo Ulfkotte: *Der Krieg in unseren Städten. Wie radikale Islamisten Deutschland unterwandern*, Frankfurt a.M. 2003, S. 11.

220    Ders.: *Heiliger Krieg in Europa. Wie die radikale Muslimbruderschaft unsere Gesellschaft bedroht*, Frankfurt a.M. 2007, S. 72ff.

221    Annette Ramelsberger: *Der deutsche Dschihad. Islamische Terroristen planen den Anschlag*, Berlin 2008, S. 69.

222    »Islamisten-Bomber beleidigen Innenminister Schäuble«, *bild.de*, 4.9.2008.

223    Ulfkotte: Der Krieg in unseren Städten, S. 11.

224    Hans-Peter Raddatz: *Die türkische Gefahr? Risiken und Chancen*, München: Herbig 2004, S. 242ff.

225    Lachmann: Tödliche Toleranz, S. 95.

226    Aussage eines befragten Muslims in: Karin Brettfeld/Peter Wetzels: *Muslime in Deutschland – Integration, Integrationsbarrieren, Religion sowie Einstellungen zu Demokratie, Rechtsstaat und politisch-religiös motivierter Gewalt. Ergebnisse von Befragungen im Rahmen einer multizentrischen Studie in städtischen Lebensräumen*, Hamburg, Juli 2007, S. 461.

227    »Spuren des Airport-Killers«, *spiegel.de*, 4.3.2011.

228    Lachmann: Tödliche Toleranz, S. 107.

229 Ebd., S. 133.

230 »Ein Gefühl der Überlegenheit«, Interview mit dem Islamwissenschaftler
Rainer Glagow, *Junge Freiheit* 06/2007.

231 Henryk M. Broder: »Die Opferlüge«, *Cicero* 09/2006 (Vorabdruck aus
*Hurra, wir kapitulieren!*).

232 »Straßenraub beim Eckensee«, *stuttgarter-nachrichten.de*, 5.2.2011.

233 In Hohenhaslach; Opferprotokoll, aufgenommen von M. Paulwitz.

234 Zahlen nach Ulfkotte: Heiliger Krieg, S. 20.

235 »Ein Gefühl der Überlegenheit«, Interview mit dem Islamwissenschaftler
Rainer Glagow, *Junge Freiheit* 06/2007.

236 Vgl. Henryk M. Broder: *Hurra, wir kapitulieren!* Berlin 2006.

237 Sabine Leutheusser-Schnarrenberger: »Jeder Religion die gleiche
Chance«, *FAZ*, 10.2.2011.

238 Patrick Bahners: »Die Panikmacher«, *FAS*, 13.2.2011, *FAZ*, 16.2.2011;
Vorabdrucke aus ders.: *Die Panikmacher. Die deutsche Angst vor dem
Islam. Eine Streitschrift*, München 2011.

239 André F. Lichtschlag: »Feindbild Muslim: Tatsächlich ist es ein
unschönes Spiegelbild«, *ef-magazin.de*, 28.11.2009. Vgl.: Ders.:
*Feindbild Muslim: Schauplätze verfehlter Einwanderungs- und
Sozialpolitik*, Waltrop 2010.

240 »Vural Öger legt nach«, *focus.de*, 26.5.2004.

241 »Ministerpräsident Erdogan ermuntert Türkinnen zum Kinderkriegen«,
*volksblatt.li*, 11.3.2008.

242 »Österreicher, ihr könnt euch entspannen«, Interview mit Egemen Bagis,
*derstandard.at*, 24.1.2010.

243 Hamed Abdel-Samad: *Der Untergang der islamischen Welt. Eine Prognose*,
München 2010, S. 16.

244 »Das ständige Beleidigtsein ist unsere Schweinegrippe«,
*zeit.de*, 26.1.2010.

245 Henryk M. Broder: »Die Opferlüge«, *Cicero* 09/2006.

246 Ulfkotte: Heiliger Krieg, S. 94.

247 Abdel-Samad: Der Untergang, S. 101.

248 »Jüdische Schüler fliehen vor Nazis und aggressiven Muslimen«,
*spiegel.de*, 7.12.2006.

249 »Zentralrat der Juden warnt vor Rechtsruck in Deutschland«,
*AFP*, 16.10.2010.

250 Necla Kelek: »Das ist Kulturrelativismus«, *FAZ*, 15.2.2011.

251 Necla Kelek: »Das Minarett ist ein Herrschaftssymbol«, *FAZ*, 7.6.2007.

252 Vgl. Ernst Nolte: *Die dritte radikale Widerstandsbewegung: Der Islamismus*, Berlin 2009.

253 Senatsverwaltung für Bildung, Wissenschaft und Forschung: *Islam und Schule. Handreichung für Lehrerinnen und Lehrer an Berliner Schulen*, 2. Aufl., Oktober 2010.

254 »Schulen sollen Rücksicht auf Muslime nehmen«, *welt.de*, 17.1.2011.

255 Necla Kelek: »Das ist Kulturrelativismus«, *FAZ*, 15.2.2011.

256 »Erdogans Kölner Rede«, *FAZ*, 15.2.2008; »Das sagte Ministerpräsident Erdogan in Köln«, *welt.de*, 11.2.2008.

257 »Sie sind meine Staatsbürger!«, *FAZ*, 1.3.2011.

258 »Turkish immigrants fear spread of xenophobia in German society«, *hurriyetdailynews.com*, 14.10.2010.

259 »Türken fordern Erfassung muslimfeindlicher Taten«, *welt.de*, 25.11.2010.

260 »Verbände wollen mehr Schutz für Moscheen«, *welt.de*, 12.1.2011.

261 »Türkei vermutet Brandstiftung«, *tagesspiegel.de*, 5.2.2008. Nach einer Reihe von Brandstiftungen in Berliner Türkenwohngebieten, bei denen die Polizei »fremdenfeindliche« Motive ausschließt, versuchte Erdogan im Frühjahr 2011 diese Karte wieder zu spielen, allerdings ohne große Beachtung zu finden: »Erdogan wirft Deutschen Rassismus vor«, *jungefreiheit.de*, 30.3.2011.

262 »Das braune Blut der Deutschen«, *fr-online.de*, 28.4.2009.

263 Jan Fleischhauer: *Unter Linken: Von einem, der aus Versehen konservativ wurde*, Berlin 2010, S. 269.

264 Haarsträubende Beispiele hierzu bei Ulfkotte: Kein Schwarz, S. 126ff.

265 »Ey, Bruder, da ist Bierhoff dran«, Interview mit dem Berliner Rapper Bushido, *spiegel.de*, 12.7.2010.

**Kapitel 4 »Kartoffeln«, »Schweinefresser«, »Deutsche Schlampen«**

266 »Migranten-Gewalt: Täglicher Terror auf Berlins Straßen«, *focus.de*, 5.3.2007.

267 Anna Reimann: »Gangs in Berlin. Auf der Straße erzogen«, *spiegel.de*, 5.2.2007.

268     Siehe die Definition von »Migrantengewalt« bei Stefan Hug: *Migranten-*
        *gewalt. Wie sich unser Staat selbst entmachtet,* Beltheim 2010, S. 30.

269     Vgl. Thorsten Hinz: *Zurüstung zum Bürgerkrieg. Notizen zur*
        *Überfremdung Deutschlands,* Schnellroda 2008.

270     Einen Fall erwähnt z.b. der Jugendrichter Günter Räcke: »Zivilisa-
        torische Standards gelten nicht mehr«, Interview mit den Richtern
        Kirsten Heisig und Günter Räcke, *tagesspiegel.de,* 23.11.2006.

271     Udo Ulfkotte: *Vorsicht Bürgerkrieg! Was lange gärt, wird endlich Wut,*
        Rottenburg 2009, S. 150f.

272     »Er würde es möglicherweise lebend nicht wieder verlassen.
        Ex-Regierungssprecher Heye warnt schwarze WM-Gäste vor Reisen
        nach Brandenburg«, Interview, Deutschlandfunk, 17.5.2006,
        www.dradio.de/dkultur/sendungen/interview/501431/.

273     »Vier Südländer stechen jungen Mann nieder: Deutschlandfahne als
        Auslöser?«, *welt.de,* 13.6.2006.

274     »Wer zuerst Nazi brüllt ...« Der Fall Sarrazin und die Streitkultur in
        Deutschland, Thea Dorn im Gespräch mit Kathrin Hondl,
        Deutschlandfunk, 30.8.2010,
        www.dradio.de/dlf/sendungen/kulturheute/1260911/.

275     Sascha Lehnartz: »Deutschland, du Opfer!«, *FAS,* 27.1.2008.

276     »Wieder Randale in Bussen«, *berliner-zeitung.de,* 12.1.2008.

277     Ebd.

278     Frank Schirrmacher: »Junge Männer auf Feindfahrt«, *FAZ,* 15.1.2008.

279     »Baden-Württemberg will deutschfeindliche Parolen bestrafen«,
        *spiegel.de,* 18.1.2008.

280     »Schimpfworte und ihre Folgen«, *berliner-zeitung.de,* 19.1.2008.

281     »Schimpfkanonade gegen Ausländer«, *landes-zeitung.de,* 18.3.2011.

282     »Zivilisatorische Standards gelten nicht mehr«, Interview mit den
        Richtern Kirsten Heisig und Günter Räcke, *tagesspiegel.de,* 23.11.2006.

283     Frank Schirrmacher: »Junge Männer auf Feindfahrt«, *FAZ,* 15.1.2008.

284     Sascha Lehnartz: »Deutschland, du Opfer!«, *FAS,* 27.1.2008.

285     Heisig: Das Ende der Geduld, S. 118.

286     *Homophobie in der Einwanderungsgesellschaft,* Hrsg. von Senats-
        verwaltung für Integration, Arbeit und Soziales – Landesstelle für
        Gleichbehandlung / gegen Diskriminierung, Berlin 2009, S. 36.

287     »Schweinefleisch macht schwul«, *welt.de,* 15.4.2007.

288 Heisig: Das Ende der Geduld, S. 117.

289 Ebd. S. 144.

290 Vgl. Arye Sharuz Shalicar: »*Ein nasser Hund ist besser als ein trockener Jude*«. *Die Geschichte eines Deutsch-Iraners, der Israeli wurde*, München 2010.

291 »Im Wedding konnte ich nur als Krimineller überleben«, Interview mit Arye Sharuz Shalicar, *FAS*, 7.11.2010.

292 »Jüdische Schüler fliehen vor Nazis und aggressiven Muslimen«, *spiegel.de*, 7.12.2006 – die pflichtschuldig miterwähnten »Nazis« werden in der Reportage nirgends konkretisiert.

293 »Nach Messerangriff – No-go-Areas im Westen?«, *welt.de*, 8.9.2007.

294 Richard Herzinger: »Europa lässt sich von den Judenhassern täuschen«, *welt.de*, 27.12.2010.

295 »Juden in Holland fürchten um ihr Leben«, *derwesten.de*, 7.12.2010.

296 »Zentralrat der Juden warnt vor Rechtsruck in Deutschland«, *AFP*, 16.10.2010.

297 »Blutige Messerstecherei in Göttinger Innenstadt«, *goettinger-tageblatt.de*, 15.1.2011.

298 »Statussymbol Messer«, *tagesspiegel.de*, 30.5.2006.

299 »Knife crime soars despite amnesty and tougher penalties«, *The Independent*, 9.8.2006.

300 »Gang culture leads to big rise in knife crime«, *The Telegraph*, 20.8.2007.

301 »Robberies at knife-point have doubled within past two years«, *The Times*, 20.8.2007.

302 Rüdiger Holecek: »Gewalt gegen Polizeibeamte. Wenn das Schutzschild zur Zielscheibe wird«, *Deutsche Polizei*, Heft 5/2008, S. 10–15, hier S. 11.

303 Reusch: »Migration und Kriminalität«, S. 8.

304 Ebd., S. 1.

305 »300 jugendliche Intensivtäter in Duisburg«, *rp-online.de*, 3.2.2011.

306 Holecek: »Gewalt gegen Polizeibeamte«, S. 13.

307 Sabine Behn/Heinz Joachim de Vries: »Jugendgewalt im öffentlichen Raum. Verschiedene Sichtweisen auf Täter- und Opfererfahrungen«, *Berliner Forum Gewaltprävention* Nr. 12, S. 74 (Zitat aus einer Befragung von Jugendlichen).

308 Heisig: Das Ende der Geduld, S. 154.

309     Die Staatsanwaltschaften zählen unterschiedlich: In Duisburg zählt als Intensivtäter, wer mindestens fünf Straftaten im Jahr begeht, in Berlin sind zehn Straftaten das Kriterium.

310     Heisig: Das Ende der Geduld, S. 32; »300 jugendliche Intensivtäter in Duisburg«, *rp-online.de*, 3.2.2011.

311     Reusch: »Migration und Kriminalität«, S. 3ff. Die Zahlen beziehen sich auf den Stand vom 4.12.2007 mit 495 eingetragenen Intensivtätern. Bemerkenswert ist, daß 44 Prozent der Araber aber nur 35 Prozent der Türken einen deutschen Paß haben, was nicht nur die Mär von der angeblich integrationsfördernden Einbürgerung erschüttert, sondern auch die Sanktionierung mit aufenthaltsbeendenden Maßnahmen praktisch unmöglich macht.

312     Ulfkotte: Kein Schwarz, S. 19 geht von mehr als 7500 in ganz Deutschland aus.

313     Regina Mönch: »Falsche Toleranz«, *FAZ*, 15.1.2008.

314     Güner Yasemin Balci: *Arabboy. Eine Jugend in Deutschland oder Das kurze Leben des Rashid A.*, Frankfurt a.M. 2008, S. 19.

315     Vgl. im folgenden Heisig: Das Ende der Geduld, S. 81ff.

316     Balci: Arabboy, S. 95. Heisig: Das Ende der Geduld, S. 123 berichtet aus Neukölln von Rivalitäten zwischen Türken und Arabern, die sich in der »Hackordnung ganz oben« sähen.

317     Reusch: »Migration und Kriminalität«, S. 10.

318     Heisig: Das Ende der Geduld, S. 79.

319     Holecek: »Gewalt gegen Polizeibeamte«, S. 13.

320     Alice Schwarzer im Interview mit Roger Köppel, *Weltwoche* 49/2003.

321     »Is sex abuse grooming a growing problem in the UK?«, *BBC News*, 7.1.2011.

322     »Pakistanische Muslime vergewaltigten englische Mädchen«, *tagesspiegel.de*, 11.1.2011.

323     »Er schmeichelt ihr, sie glaubt ihm«, jetzt.de, 26.7.2009; der *Spiegel* drückt sich in seiner Reportage um die Benennung des ethnisch-kulturellen Kontexts: »Morgens Mathe, mittags Hure«, *spiegel.de*, 5.7.2010.

324     »Jack Straw: Some white girls are ›easy meat‹ for abuse«, *BBC News*, 8.1.2011.

325     Balci: Arabboy, S. 184ff.

326     »Tunesier (30) tötet seine deutsche Ehefrau (49)«, *bild.de*, 27.2.2008.

327 »Acht Jahre Haft für tödlichen Stich am Tegeler See«, *welt.de*, 10.1.2008.

328 »Eine furchtbare Bilanz«, *zeit.de*, 16.9.2010.

329 Ebd.

330 »149 Todesopfer rechtsextremer und rassistischer Gewalt seit 1990«, www.mut-gegen-rechte-gewalt.de/news/chronik-der-gewalt/ 149-todesopfer/.

331 Gerd Nowakowski: »Mund halten?«, *tagesspiegel.de*, 22.10.2006.

332 Katja Füchsel: »Der tägliche Terror«, *tagesspiegel.de*, 25.1.2007.

333 Im *Tagesspiegel*-Online-Archiv sind die Kommentare gelöscht; außer im Archiv des Verfassers sind repräsentative Lesermeinungen in der *Jungen Freiheit* 06/2007 dokumentiert.

334 Richard Stoltz: »Eine Zeitung steuert um«, *Junge Freiheit* 06/2007.

335 Armin Lehmann: »Grenzen zeigen«, *tagesspiegel.de*, 23.1.2007.

336 »Warum wurden Sie als deutsche Schlampe beschimpft?«, Interview mit *bild.de*, 1.11.2010.

337 »CDU/CSU-Fraktionschef Volker Kauder: Mitarbeiterin von Ausländern niedergeschlagen«, *bild.de*, 22.1.2010.

338 Hans-Olaf Henkel: »Der deutsche Migrations-Skandal«, *Cicero* 10/2007.

339 »Bande mißhandelt Schüler brutal auf Hinterhof«, *mopo.de*, 5.11.2007.

340 »St. Pauli ist zu einer No-go-Area geworden«, Interview mit Mathias Frommann, *welt.de*, 6.11.2007.

341 Holecek: »Gewalt gegen Polizeibeamte«, S. 13.

342 »Gewalt im Nahverkehr in Duisburg an der Tagesordnung?«, *derwesten.de*, 4.1.2011.

343 »Bedrohungen gehören zum Alltag in Bus und Bahn in Duisburg«, *derwesten.de*, 7.3.2011.

344 »Gewaltiges Problem«, tagesspiegel.de, 3.11.2008.

345 Ulfkotte: Vorsicht Bürgerkrieg, S. 144.

346 »Bedrohungen gehören zum Alltag in Bus und Bahn in Duisburg«, *derwesten.de*, 7.3.2011.

347 Christian Dorn/Curd-Thorsten Weick: »›No-go‹-Zonen für Deutsche«, *Junge Freiheit* 06/2007 schildern ein Beispiel.

348 »Schutz vor jugendlichen Pöblern und Randalierern«, *bild.de*, 9.6.2008.

349 »Prinzenbad-Chef greift hart durch«, *morgenpost.de*, 10.6.2008.

350 »Lebenslanges Badeverbot für Randalierer«, *bild.de*, 16.5.2008.

351 »50 Störer aus Columbiabad gewiesen«, *tagesspiegel.de*, 4.8.2009.

352 »Faustrecht auf dem Fußballfeld«, *FAZ*, 3.1.2007.
353 »Nur Verlierer nach Massenschlägerei«,
www.reviersport.de/42428---muelheim-hallenstadtmeisterschaft-
endet-eklat-jagdszenen-turnierabbruch.html.
354 »Fußballer in der Schanze verprügelt«, *welt.de*, 7.5.2008.
355 »Karnevalist im Zug brutal verprügelt«, *rundschau-online.de*, 21.2.2007.
356 »Vermummte Schläger stürmen Erntedankfest«, *welt.de*, 18.8.2008.
357 »Täter sollen ›Scheiß-Deutsche‹ gerufen haben« *fr-online.de*, 20.8.2008.
358 www.youtube.com/watch?v=_kL_YoHNUu8&feature=player_embedded.
359 »Polizei faßt vier Männer«, *fr-online.de*, 30.9.2008.
360 »Merkel nennt Vorfall in Mügeln beschämend«, *welt.de*, 22.8.2007.
361 Hinrich Rohbohm: »Die Leute hier sind ganz normal«,
*Junge Freiheit* 27/2008.
362 »In Mügeln Ermittlungen gegen zwölf Verdächtige«, *FAZ*, 31.8.2007.
363 Ingrid Müller-Münch: *Zwei Welten – Protokolle aus einer
Stadt im Wandel*, Köln 2009.
364 »Täter flüchten nach Massenschlägerei im Kurpark«,
*general-anzeiger-bonn.de*, 27.8.2007.
365 »Bad Godesberg als Problemkiez«, DLF, 30.10.2009,
www.dradio.de/dkultur/sendungen/fazit/1061570/.
366 »Das Bad-Godesberg-Phänomen«, *fr-online.de*, 26.10.2009.
367 Ebba Hagenberg-Miliu: »Wir leben nicht in zwei Welten«,
*general-anzeiger-bonn.de*, 23.3.2011.
368 Ebba Hagenberg-Miliu: »Unsaubere Vermischung«,
*general-anzeiger-bonn.de*, 2.11.2009.
369 http://de.wikipedia.org/wiki/Knallhart.
370 »Knallhart Neukölln«, *tagesspiegel.de*, 10.2.2006.
371 »Neukölln ist härter«, *tagesspiegel.de*, 5.3.2006.
372 http://de.wikipedia.org/wiki/Wut_%28Fernsehfilm%29.
373 Martin Lichtmesz: »Krieg den Weicheiern«, *Junge Freiheit* 29/2007.
374 Ine Kayser: »No-Go-Areas für deutsche Jugendliche«, *blz* 4–5/2007,
www.gew-berlin.de/blz/6956.htm.
375 »U-Bahn-Raucher treten Münchner Rentner zusammen«, *dpa*, 22.12.2007.
376 »Das war Haß auf mich und das Leben«, *welt.de*, 30.12.2007.
377 »Du Scheiß-Deutscher!«, *Bild*, 24.12.2007 (Aufmacherschlagzeile).

378 »Junge Männer verprügeln Fahrgäste in Münchner U-Bahnhof«, *spiegel.de*, 1.1.2008; »Auf Scheiß-Deutscher folgten die Tritte«, *welt.de*, 30.12.2007.

379 »Hetzjagd auf Hamburger: 15 Jugendliche schlugen zu«, *abendblatt.de*, 3.1.2008.

380 Stefan Dietrich: »Was die Leute bewegt«, *FAZ*, 3.1.2008.

381 »Im Namen des Volkes«, *Spiegel* 9/2011, S. 132.

382 »Koch beklagt ›zu viele kriminelle junge Ausländer‹«, *AP*, 28.12.2007.

383 »Regierung schließt sich Debatte über härtere Jugendstrafen an«, *AP*, 2.1.2008.

384 »Die kurze Begegnung mit der Wirklichkeit«, *Junge Freiheit* 3/2008.

385 Frank Schirrmacher: »Junge Männer auf Feindfahrt«, *FAZ*, 15.1.2008.

386 Sascha Lehnartz: »Deutschland, du Opfer!«, *FAS*, 27.1.2008.

387 Ebd.

388 »Hohe Haftstrafen für Münchner U-Bahn-Schläger«, *spiegel.de*, 8.7.2008.

389 »U-Bahn-Schläger: Polizei faßt Tatverdächtige«, *dpa*, 23.12.2007.

390 Eckhard Fuhr: »Das Feuilleton greift jetzt zu den Keulen«, *welt.de*, 17.1.2008.

391 Ruth Schneeberger: »Wenn sie losgelassen«, *sueddeutsche.de*, 21.1.2008.

392 »Prügel für die Geprügelten«, *Focus* 4/2008.

393 »Notruf der Rütli-Schule«, *spiegel.de*, 30.3.2006.

394 Anna Reimann: »Gewaltwelle an Berliner Schulen«, *spiegel.de*, 13.12.2006.

395 »Ein Diener für die Hausaufgaben«, *berliner-zeitung.de*, 12.11.2010.

396 »Das System ist krank«, Interview mit Helmut Hochschild, *Spiegel* 49/2006, S. 54–58, hier S. 58.

397 »Schüler greift Lehrer mit Kopfstoß an«, *welt.de*, 25.4.2007.

398 »Neunjähriger Schüler verprügelt drei Lehrer«, *welt.de*, 14.12.2007.

399 »Mutter des neunjährigen Schul-Schlägers erstattet Anzeige«, *tagesspiegel.de*, 17.12.2007.

400 »Wütende Mutter verprügelt Lehrerin«, *mopo.de*, 16.10.2010.

401 Wolfgang Schenk: »Ein Idealist packt aus«, *taz.de*, 18.12.2007; ein Bericht des ehemaligen Berliner Hauptschullehrers Wolfgang Schenk.

402 Luft: Abschied von Multikulti, S. 190.

403 Heisig: Das Ende der Geduld, S. 72.

404 Yasemin Shooman/Evelin Lubig-Fohsel: »Unter Kartoffeln«, *taz.de*, 7.10.2010.

405 Wolfgang Reith: »Die verdrängte Deutschenfeindlichkeit«, *Preußische Allgemeine Zeitung*, 6.11.2010. Wolfgang Reith war von 1973 bis 2009 Lehrer und Schulleiter einer Hauptschule im Duisburger Norden.

406 »Ich wurde gemobbt, weil ich Deutsch spreche«, *bild.de*, 5.10.2010.

407 Heinz Buschkowsky: »Kinder werden auf Schulhöfen als Kartoffeln beschimpft«, *bild.de*, 5.10.2010.

408 »Ins Essen gespuckt«, *Focus* 41/2010, S. 62.

409 »Ein Berliner Street-Worker packt aus«, *bild.de*, 7.10.2010.

410 »Ein Diener für die Hausaufgaben«, *berliner-zeitung.de*, 12.11.2010.

411 »Deutschenfeindlichkeit an Schulen«, *rp-online.de*, 4.10.2010.

412 Nicola Graef/Güner Balci: »Kampf im Klassenzimmer. Deutsche Schüler in der Minderheit«, Sendungsmanuskript, WDR, 22.7.2010.

413 Lutz Ackermann/Güner Balci: »Einschüchterung in der Ghetto-Schule – Deutsche als Minderheit«, Sendungsmanuskript, »Panorama« 711 vom 7.5.2009, http://daserste.ndr.de/panorama/media/panoramaleiharbeiter114.pdf.

414 »Iglu-Studie: Jeder vierte Berliner Grundschüler kann nicht lesen«, *welt.de*, 9.12.2008.

415 »Wie viele Migrantenkinder verträgt eine Schulklasse?«, *bild.de*, 23.7.2010.

416 Pressemitteilung der Universität Maastricht, 17.6.2010.

417 Nicole Rosenbach: »Hart und herzlich«, Sendungsankündigung, WDR, 1.9.2010.

418 Graef/Balci: »Kampf im Klassenzimmer«.

419 Anna Reimann: »Verprügelt, bedroht, ausgeraubt«, *spiegel.de*, 19.6.2007.

420 »Schüler greift Lehrer mit Kopfstoß an«, *welt.de*, 25.4.2007.

421 »Schüler Union fordert Polizei an deutschen Schulen«, *bild.de*, 6.3.2010.

422 »Regierung will mehr Migranten zu Lehrern ausbilden«, *welt.de*, 8.9.2010.

423 Graef/Balci: »Kampf im Klassenzimmer«.

424 Hans-Rüdiger Bein: »Ausländerschule in Berlin. Alle Deutschen weg«, *dpa*, 8.6.2005.

425 Ronald Gläser: »Aufruf zu einer geordneten Segregation«, *ef-magazin.de*, 22.7.2010.

426 Sarrazin: Deutschland schafft sich ab, S. 328.

427 »Das Problem explodiert«, *Spiegel*-Streitgespräch mit dem Berliner Oberstaatsanwalt Roman Reusch und dem Hamburger Strafrechtsprofessor Bernd-Rüdiger Sonnen, *spiegel.de*, 7.5.2007.

428 »Senatorin prüft Strafmaßnahmen gegen Oberstaatsanwalt«, *spiegel.de*, 11.5.2007.

429 Regina Mönch, Michael Hanfeld: »Hart, aber unfair«, *FAZ*, 8.1.2008.

430 Roman Reusch: »Migration und Kriminalität«.

431 »Deutschlands mutigster Oberstaatsanwalt: Die Wahrheit über kriminelle Ausländer«, *Bild*, 4.1.2008, Aufmacher und Seite 8.

432 »Staatsanwalt Roman Reusch abgesetzt«, *tagesspiegel.de*, 23.1.2008.

433 Beispiele bei Ulfkotte: Vorsicht Bürgerkrieg, S. 251ff.

434 »Richter schickt Koma-Schläger nach Hause«, *bild.de*, 29.5.2008.

435 »Bewährungsstrafe für Erdinc S.«, *ksta.de*, 12.12.2008.

436 »Nur ein Schläger muß in Haft«, *faz.net*, 28.5.2008.

437 Heisig: Das Ende der Geduld, S. 79.

438 Reusch: »Migration und Kriminalität«, S. 8.

439 Balci: Arabboy, S. 18.

440 Reusch: »Migration und Kriminalität«, S. 11.

441 »Neuköllner Modell – schnelle Strafen für junge Täter«, *welt.de*, 6.4.2010; Heisig: Das Ende der Geduld, S. 177ff.

442 »Das Problem explodiert«, *Spiegel*-Streitgespräch mit dem Berliner Oberstaatsanwalt Roman Reusch und dem Hamburger Strafrechtsprofessor Bernd-Rüdeger Sonnen, *spiegel.de*, 7.5.2007.

443 Heisig: Das Ende der Geduld, S. 141.

444 Sebastian Beck: »Verpißt euch von hier«, *sueddeutsche.de*, 20.7.2009.

445 Dorothea Jung: »Im Schatten der Justiz. Streitschlichtung in der Migranten-Community«, Deutschlandfunk, 24.1.2011, www.dradio.de/dlf/sendungen/hintergrundpolitik/1371773/.

446 »Staat kuscht vor kriminellen Clans«, *spiegel.de*, 26.10.2010.

447 Ebd.

448 Ebd.

449 Karim Saab: »Hinschauen, wegschauen. Ermyas M. und David F.: Über den Umgang mit schlechten Nachrichten«, *Märkische Allgemeine*, 13.12.2006.

450 *Harburger Anzeigen und Nachrichten*, 27.6.2010, www.han-online.de/Harburg-Stadt/article50938/Strassenblockade-fuer-Pascal.html.

451 Christian Schwägerl/Leonie Wild: »Der Wrangelkiez – die Banlieue von Berlin?«, *faz.net*, 20.11.2006.

452    »Ich nehme das Gefühl der Unsicherheit sehr ernst«, Interview mit Innensenator Ehrhart Körting, *pnn.de*, 8.12.2006.

453    Holecek: »Gewalt gegen Polizeibeamte.«, S. 12f.

454    »Polizisten von Menschenmenge angegriffen«, *tagesspiegel.de*, 30.11.2007.

455    Weitere Fälle bei Ulfkotte: Vorsicht Bürgerkrieg, S. 257ff.

456    »Rund 100 Disco-Besucher greifen 25 Polizisten an«, *schwaebische.de*, 8.11.2010.

457    »Mehr Gewalt gegen Polizisten«, *FAS*, 22.3.2009.

458    »Wenn du zuckst, hast du schon verloren«, *FAZ*, 22.3.2009.

459    »Fast jeder 2. Täter ist ein Migrant«, *bild.de*, 1.12.2010.

460    »Mehr Gewalt gegen Polizisten«, *FAS*, 22.3.2009.

461    Karlheinz Gärtner: »Was ein Polizist auf Streife in Neukölln erlebt«, *tagesspiegel.de*, 1.6.2010.

462    »Wenn du zuckst, hast du schon verloren«, *FAZ*, 22.3.2009.

463    »Kriminelle jugendliche Ausländer. Wenn es Nacht wird, explodiert die Gewalt«, *bild.de*, 8.1.2008.

464    Holecek: »Gewalt gegen Polizeibeamte«, S. 11.

465    »Fast jeder 2. Täter ist ein Migrant«, *bild.de*, 1.12.2010.

466    Jutta Redmann: »amnesty prangert neue Fälle von Rassismus in deutscher Polizei an«, *Frankfurter Rundschau*, 4.7.1997.

467    »Schuldig bei Verdacht. Wie amnesty international deutsche Polizisten zu militanten Ausländerfeinden machte«, *Focus* 7/1996, S. 38f.

468    Thomas Wolgast: »Bei den Ordnungshütern herrschen Wut und Bitterkeit«, *Stuttgarter Nachrichten*, 22.9.1994.

469    »Wenn du zuckst, hast du schon verloren«, *FAZ*, 22.3.2009.

470    Jörg Diehl: »Die Polizei, dein Feind und Gegner«, *spiegel.de*, 6.1.2009.

471    Holecek: »Gewalt gegen Polizeibeamte«, S. 13.

472    Jörg Diehl: »Die Polizei, dein Feind und Gegner«, *spiegel.de*, 6.1.2009.

473    Jörg Diehl: »Jugendliche schlagen Polizisten zusammen«, *spiegel.de*, 20.4.2010.

474    »Polizeischutz für Feuerwehrleute in Ludwigshafen«, *FAZ*, 7.2.2008

475    Ulfkotte: Vorsicht Bürgerkrieg, S. 149.

476    »Kriminelle jugendliche Ausländer. Wenn es Nacht wird, explodiert die Gewalt«, *bild.de*, 8.1.2008.

477    »Gewalttaten am Wochenende«, *Südwestpresse*, 7.12.2009.

478    »Gewaltexzeß am Ostbahnhof«, *sueddeutsche.de*, 9.12.2008.

479 »Prozesse um brutale Attacken auf Polizisten«, *tagesspiegel.de*, 19.7.2010.

480 »Was muslimische Migranten wirklich fürchten, ist abgeschoben zu werden«, Interview mit Nicolai Sennels, www.citizen-times.eu/was-muslimische-migranten-wirklich-furchten-ist-abgeschoben-zu-werden/. Sennels ist Autor des 2008 auf Dänisch erschienenen Buchs *Unter kriminellen Muslimen.*

481 »Polizistenmörder sollen französische Staatsbürgerschaft verlieren«, *AFP*, 6.9.2010.

482 »Gewerkschaft fordert türkische Polizisten in deutschen Städten«, *jungefreiheit.de*, 19.7.2010.

## Kapitel 5 Wie weiter?

483 »Wiesbadener Messerstecher stellt sich der Polizei«, *faz.net*, 24.5.2011.

484 »Labour: London borough becomes ›Islamic republic‹«, *Daily Telegraph*, 22.10.2010.

485 Walter Laqueur: *Die letzten Tage von Europa. Ein Kontinent verändert sein Gesicht*, Berlin 2008, S. 18f.

486 Christopher Caldwell: *Reflections on the Revolution in Europe. Immigration, Islam and the West*, London 2010, S. 270.

487 »Faktischer Multikulturalismus. Rhetorik und Praxis der Integrationspolitik in der Bundesrepublik«, *FAZ*, 18.4.2011 (Rezension zu Berthold Löffler: *Integration in Deutschland. Zwischen Assimilation und Multikulturalismus*, München 2011).

488 Karlheinz Weißmann: »Intellektueller Verrat«, *Sezession* 41/2011, S. 6–8.

489 Mariam Lau: »Zuwanderung – Abrechnung mit einem Mythos«, *welt.de*, 10.9.2009.

490 Zitiert nach Mariam Lau: »Zuwanderung. Abrechnung mit einem Mythos«, *welt.de*, 10.9.2009.

491 Vgl.: Heinsohn: Söhne und Weltmacht.

492 Institut für Staatspolitik (Hrsg.): *Das hier ist Krieg. Die Rassenunruhen in Frankreich und die Zukunft der multikulturellen Gesellschaft*, Berlin 2005, S. 37f.